JN239001

成功事例に学ぶ
# マーケティング戦略の教科書

MARKETING STRATEGY CASES

ブレインゲイト代表取締役
Mitsuo Sakai
**酒井光雄** 編著

ブレインゲイト取締役
Masayuki Takeda
**武田雅之** 著

かんき出版

## はじめに 6つのマーケティング戦略を43社の企業事例を通して学ぶ

「販売価格の下落が止まらない」

「マーケティングのブレイクスルーが見つからない」

「業界における自社のポジショニングが時代に合わなくなっている」

「インターネットを活用した新興企業の攻勢を受け、リアルの市場が侵食されている」

「大手メーカーが受託生産するPB（プライベートブランド）にシェアが奪われている」

「顧客に尋ねても、欲しいものが見つからない」

「新興国企業の猛烈な追い上げに対して、日本企業としての独自性が見出せない」

「技術偏重型商品戦略だけでは、競争優位性が長く続かない環境になった」

絶えず変化を続ける最先端のビジネス環境において、世のビジネスパーソンは自社を取り巻くこのような課題に対応を迫られ、日々頭を悩ませているだろう。過去の経験則に基づいた取り組みだけでは通用しない状況に直面し、必死で課題解決に取り組んでいることと思う。

一方で、価格競争に巻き込まれることなく、独自の市場を創造して高収益を上げている企業や、魅力あるブランドを生み出して、世界中にファンを生み出している日本企業も数多く存在する。成功をつかみ取る企業の数々を丹念に見ていくと、①「マーケティング理論」を基礎力として

しっかり備えた上で、②さらに経営者とマーケティングの担当者たちが、独自に考え出した発想と思考を基に、「先駆的なマーケティング戦略」を立案し、実行に移して結果を出している、ということがわかる。

本書は、そうした優れた企業の取り組みを、「6つのマーケティング戦略」で紹介していく。6つのマーケティング戦略とは次のものである。

1 環境分析によって市場への導入時期を踏まえたマーケティング戦略
2 セグメンテーションに重点を置いたマーケティング戦略
3 ブランドによるマーケティング戦略
4 サービスによる差別化に重点を置いたマーケティング戦略
5 イノベーションに主眼を置いたマーケティング戦略
6 マーケティング3・0時代の新戦略

これら6つに分類したのは、今のビジネスパーソンがマーケティング戦略を学ぶ上で必須の知識であるからだ。1と2はマーケティング戦略を立案する上で核となる要素であるし、3は現在のマーケティング活動において競争優位を実現する上で必須の要素であるからだ。また、4は近年とみに進む社会のサービス化に対応した欠かせない視点であり、5と6は最新のマーケティング戦略を形づくる中心的な概念だからである。43社におよぶ企業事例を掲載した本書を読むこと

で、マーケティングの知識やマーケティングに基づいた分析と発想のプロセスを、具体性をもって学んでほしい。

筆者らが事例企業を選ぶ際は、マスメディアで頻繁に報道されるよく知られた企業だからではなく、過去数年にわたり業績が伸長しているかどうかを判断基準の中心に置いて選択した（無論、優れたマーケティング戦略である場合はその限りではない）。その結果、誰もが知る企業であっても、実はよく知られていない取り組みだったり、また企業の知名度こそ高くはないが、優れた取り組みを行っている事例を紹介することになった。

CHAPTER1では、まず全体像をつかんでもらうために、マーケティング戦略の立案プロセスおよび、その際に持つべき視点や考え方について解説する。

CHAPTER2「1 環境分析によって市場への導入時期を踏まえたマーケティング戦略」では、マクロ・ミクロの環境分析を行い、自社が狙っている市場がプロダクト・ライフサイクルのどこに該当するかを踏まえた上での、マーケティング戦略の組み立て方を解説する。

CHAPTER3「2 セグメンテーションに重点を置いたマーケティング戦略」では、自社の市場をどこに、どのように設定するかを検討するセグメンテーションの着眼点とその重要性について解説する。これが決まれば想定する市場と顧客、市場における自社商品のポジショニングも決まる。

CHAPTER4「3 ブランドによるマーケティング戦略」では、ブランドを創造し、それを

高めていくことで価値を創造し、「競争優位」を実現する「ブランドづくり」について解説する。

CHAPTER5「4 サービスによる差別化に重点を置いたマーケティング戦略」では、近年急速に進む社会のサービス化に対応し、企業と商品のサービス化にどう取り組み、成功につなげていくかを解説する。

CHAPTER6「5 イノベーションに主眼を置いたマーケティング戦略」では、イノベーションによって、マーケティングの仕組み自体を高度化させていく取り組みについて解説する。

CHAPTER7「6 マーケティング3・0時代の新戦略」では、ブログやSNSなどのソーシャルメディアによる「参加の時代」の到来、グローバル化が生んだ「パラドックス（逆説）」、そして人間の仕事がよりいっそう創造的な内容に変質していく「クリエイティブ性」によって、マーケティング戦略がどう高度化しているかについて解説する。

多忙な読者は企業事例を先に読み、刺激を受けた事例から自社のマーケティングに活用できる視座を見つけても良いだろう。

本書はマーケティングの知見や経験が少ない人でも容易に学習できるように配慮するとともに、すでに一定のマーケティングの視点と知識を持ち、それをどう応用すべきかという視点を学びたい人にも役立つような内容に工夫して執筆した。

本書を有効に活用し、世界を魅了する企業を担う人材として活躍してほしい。

2013年5月

酒井光雄

**CONTENTS**

成功事例に学ぶ
マーケティング戦略の
教科書

はじめに──6つのマーケティング戦略を43社の企業事例を通して学ぶ......003

## CHAPTER01 マーケティング戦略の立案、およびマーケティング視点とその思考プロセス

01 | マーケティングの役割と機能は進化を続けている......018
コトラー、ドラッカーが語るマーケティングの定義
マーケティング1.0から2.0、そして3.0へ

02 | マーケティング戦略の立案プロセス......023
マーケティング戦略を立案する4つの手順

03 | マーケティング戦略立案の前に必要な環境分析......030
ミクロ環境分析とマクロ環境分析

04 | STPによるマーケティング......033

05 | 4C+4Pでマーケティング・プログラムを構築する......040
商品や商品ブランドを市場でどうアピールするか？

企業の論理だけでは優れた商品・サービスは展開できない

## 06 未来を踏まえたマーケティング …… 043
ネットワーク・コンピューティングが生み出したもの

---

CHAPTER02 ‥‥ LIFE CYCLE

# 環境分析によって市場への導入時期を踏まえたマーケティング戦略

## 環境分析によって自社の優位性を発見する
ライフサイクルに応じて異なる顧客の特徴をどう見極めるか …… 048

▶CASE 01 導入期の市場導入戦略① **トヨタ自動車のプリウス** …… 054
ハイブリッド市場創出にあたって最重視したものとは？

▶CASE 02 導入期の市場導入戦略② **花王のヘルシア緑茶** …… 059
積極的に対策を講じていない男性を対象に、新市場を創出

▶CASE 03 成長期の市場導入戦略① **ファミリーマートの海外出店戦略** …… 064
成功するローカライゼーションの秘訣とは？

▶CASE 04 成熟期の市場導入戦略① **アリアケジャパン** …… 069
業務用市場で成長できる分野に焦点を合わせ、2桁成長を続ける

- CASE 05 成熟期の市場導入戦略② **ピジョン** ...... 074
少子高齢化に対応し、国内市場で先手を打つ

- CASE 06 衰退期から再成長に向けた市場導入戦略① **サントリーの角ハイボール** ...... 079
20年以上衰退してきたウイスキー市場を活性化

- CASE 07 衰退期から再成長に向けた市場導入戦略② **タニタ** ...... 084
情報コンテンツとサービスの創出で市場を活性化

# CHAPTER03 SEGMENTATION

# セグメンテーションに重点を置いた マーケティング戦略

## STPプロセスの要はセグメンテーションによる独自発想だ
4つの視点に基づくセグメンテーションの具体的な方法 ...... 090

- CASE 08 地理的細分化のセグメンテーション① **パーク24** ...... 096
過去のビジネスモデルをさらに細分化して独自の市場を創造

- CASE 09 地理的細分化のセグメンテーション② **オオゼキ** ...... 101
「地理」の視点から独自に市場を細分化し、優位性を発揮

- CASE 10 人口動態的視点のセグメンテーション① 大塚製薬の男性スキンケア
自らの手で新市場を発見し、そこで自社商品を必ず開花させる ...... 106

- CASE 11 人口動態的視点のセグメンテーション② ベネッセコーポレーション
企業理念との整合を図り、事業拡張の際にも一貫性のある事業形態を実現 ...... 111

- CASE 12 サイコグラフィック的視点のセグメンテーション① アニコム損害保険のペット保険
ライフスタイルに着目して新分野を開拓し、独自のポジショニングを確立 ...... 116

- CASE 13 サイコグラフィック的視点のセグメンテーション② ジェイアイエヌのJINS
需要がなかった人に、需要を顕在化させるセグメントで新市場を創造 ...... 121

- CASE 14 行動変数視点のセグメンテーション① ハウス食品のウコンの力
消費行動の決定要因を分析し、継続購入のポイントを探り当てる ...... 126

- CASE 15 生産財のセグメンテーション視点① 三菱航空機のMRJ
後発で市場参入する際にどこに着眼したか？ ...... 131

CHAPTER 04　BRAND

# ブランドによるマーケティング戦略

## ブランドづくりとそのコントロールが競争優位性を発揮する

ブランド構成とブランド資源づくりのために何をするか …… 138

- CASE 16 企業ブランド展開企業① **KUMON（公文教育研究会）**
グローバル企業として成功した5つのポイント …… 143

- CASE 17 企業ブランド展開企業② **マルホ**
「スペシャリティーファーマ」として国内ナンバーワンの売上シェア …… 148

- CASE 18 サブ・ブランド型ブランド展開企業① **TOTO**
海外市場でハイエンド領域に絞り込み、高品質ブランドの地位を確立 …… 153

- CASE 19 サブ・ブランド型ブランド展開企業② **富士フイルムのアスタリフト**
新市場へ参入して一からどうブランドを確立したか …… 158

- CASE 20 サブ・ブランド型ブランド展開企業③ **カゴメ**
ブランドステートメントで事業の拠り所と好循環をつくり出す …… 163

- CASE 21 個別ブランド型ブランド展開企業① **ひらまつ**
ブランド・ポートフォリオ戦略を持ち込み、ブランド価値を毀損しない …… 168

- CASE 22 個別ブランド型ブランド展開企業② アシックス（オニツカタイガー）
  復活ブランドを活用してファッション市場を開拓 ...... 173

# CHAPTER 05 SERVICE

# サービスによる差別化に重点を置いた マーケティング戦略

## すべての企業は顧客にとってサービス業である ...... 180

企業は顧客とどう共創関係をつくり出すか
サービス・ドミナント・ロジックで考える

- CASE 23 モノの生産をともなうサービス提供企業① ホギメディカル
  自社商品を顧客が求めるサービスとソリューションに変換 ...... 185

- CASE 24 モノの生産をともなうサービス提供企業② ブリヂストンのリトレッド事業
  商品をサービス化させ、サポートサービスを考え出す ...... 190

- CASE 25 モノの生産をともなうサービス提供企業③ ネスレのネスプレッソ
  「時間」に価値を置く生活者の心をつかむ ...... 195

- CASE 26 モノの生産をともなうサービス提供企業④ エフピコ
  取引先の価値向上と売上に貢献するメーカーに変身 ...... 200

# CHAPTER06 INNOVATION

# イノベーションに主眼を置いたマーケティング戦略

## 今なぜイノベーションが必要なのか ……216
ビジネスのルールは、イノベーションによって変えられてしまう
イノベーションを阻む要因はどこにあるのか

### CASE 29 技術の変化はともなわないが、意味の劇的変化をともなう企業① IKEA
「価格とサービスをトレードオフする」販売で独自性を発揮 ……222

### CASE 30 技術の変化はともなわないが、意味の劇的変化をともなう企業② コメリ
あえて競合他社には魅力のない商圏を選び、主要顧客を大事にして成功 ……227

### CASE 31 技術の変化はともなわないが、意味の劇的変化をともなう企業③ カルビー
ロングセラーに依存せず、新市場創出により企業イメージを刷新 ……232

### CASE 27 モノの生産をともなわないサービス提供企業① ヤマト運輸
顧客の需要を創造するトータルソリューションカンパニーに脱皮 ……205

### CASE 28 モノの生産をともなわないサービス提供企業② オリエンタルランド
ESを重視してCSを高め、圧倒的なリピーターづくりに成功 ……210

# マーケティング3.0時代の新戦略

CHAPTER07 MARKETING3.0

- CASE 32 **技術と意味の劇的変化をともなう企業① ゼンリン** ...... 237
  情報をデジタル化させてコンテンツプロバイダーに事業転換

- CASE 33 **技術と意味の劇的変化をともなう企業② アイロボットのルンバ** ...... 242
  画期的な視点に立脚し、商品そのものの意味を変えてしまう

- CASE 34 **技術と意味の劇的変化をともなう企業③ セコム** ...... 247
  事業範囲を明確に定めながら、新たな事業モデルを構築し領域を拡張

- CASE 35 **技術と意味の劇的変化をともなう企業④ エムスリー** ...... 252
  医師の情報収集効率を高め、製薬会社のコスト圧縮と営業活動支援を両立

## マーケティングは進化を続ける ...... 258
何が企業をマーケティング3.0に向かわせているのか

- CASE 36 **価値共創のマーケティング① 良品計画の無印良品** ...... 261
  顧客の声に耳を傾け、顧客との共創関係をつくり出す

- CASE 37 価値共創のマーケティング② **レゴ** ……266
  熱烈な顧客層を味方につけて商品開発に参画してもらう

- CASE 38 価値共創のマーケティング③ **永谷園の永谷園生姜部** ……271
  あえてオフィシャルではない活動によって社会を巻き込む

- CASE 39 地域に根ざした企業文化や独自の企業文化によるマーケティング① **モンベル** ……276

- CASE 40 地域に根ざした企業文化や独自の企業文化によるマーケティング②
  モノづくりには儲けることよりも大事なことがある

- CASE 41 地域に根ざした企業文化や独自の企業文化によるマーケティング③ **伊那食品工業** ……281
  あえて売上の数値目標を設定しないことで持続的な成長を実現

- CASE 42 感動のマーケティング① **住友化学** ……291
  少子高齢化時代は、「大人」を魅了する業態にシフトチェンジする

- CASE 43 感動のマーケティング② **ダノングループのボルヴィック** ……296
  命を救う事業を実践する企業

  個人の商品購入が人命を救う社会貢献につながるシステム

おわりに……301

参考図書一覧……303

カバーデザイン◎冨澤崇
本文デザイン・DTP◎
高橋明香（おかっぱ製作所）

CHAPTER

# 01

マーケティング戦略の立案、およびマーケティング視点とその思考プロセス

CHAPTER01_01

# マーケティングの役割と機能は進化を続けている

## コトラー、ドラッカーが語るマーケティングの定義

「マーケティングとは何か」という問いに対して、近代マーケティングの父、フィリップ・コトラーは著書『コトラーのマーケティング・コンセプト』（恩藏直人監訳　東洋経済新報社）において、平易で具体的な表現で説明してくれている（引用し一部要約）。

「マーケティングは生産物の処分方法を見つける技術などではなく、本物の顧客価値を生み出す技術なのだ。同時に顧客の生活向上を支援する技術でもある」

「販売は製品が完成してはじめてスタートする。マーケティングは製品が存在する以前にスタートする。人々が求めているものは何か、自社は何を提供すべきか。その答えをあらかじめ探るのがマーケティングなのだ」

「マーケティングとは短期的な販売活動ではなく、長期的な投資活動なのだ」

「マーケティングの役割とは、たえず変化する人々のニーズを収益機会に転化することである」

「マーケティングは広告を制作したり、媒体を選択したり、ダイレクトメールを発送したり、顧客からの問い合わせに答えたりする部門に限定された活動ではない。何をつくるべきか、製品を

顧客のもとに届け、入手しやすくするにはどうすればよいか、ひきつづき購入したいと思わせるにはどうすればよいか。これらを組織全体で解明する、より大規模なプロセスなのである」

また、マネジメント研究の第一人者であるピーター・ドラッカーも、マーケティングの本質について次のような簡潔な言葉で説明している。

「マーケティングの目的は販売を不要にすることだ」（『マネジメント〈エッセンシャル版〉』上田惇生編訳　ダイヤモンド社より引用）

コトラーとドラッカーの言葉を読むと、マーケティングとは商品やサービスを顧客に購入してもらうための、企業にとって必須の機能、役割であるということがわかるだろう。

だが「マーケティング」の難しいところは、それが硬直化した理論でも、決まりきった方法論でもない点にある。なぜなら、マーケティングという概念は時代の変遷によって絶えず進化を続け、時代によってその役割と機能を拡張してきたからだ。そのことを理解するためには、マーケティングの進化の歴史をひとまず俯瞰してみると良いだろう。

## マーケティング1・0から2・0、そして3・0へ

米国で生まれたマーケティングは、モノ（製品や商品）中心の「マスマーケティング」からスタートし、生活者（顧客）中心の「生活者（顧客）志向のマーケティング」へと進化した。コトラーは、マスマーケティング時代を「マーケティング1・0」、生活者（顧客）志向のマーケティングを「マーケティング2・0」と呼んだ。

そして近年、マーケティングはさらに進化し、我々は「マーケティング3.0」の時代にいる。

これはコトラー、ヘルマワン・カルタジャヤ、イワン・セティアワンによって提唱された最新のマーケティング概念だ。彼らの言葉で説明するなら、マーケティング3.0とは「価値主導のマーケティング」という意味になる。これは生活者（顧客）志向をさらに推し進めたもので、企業は常に、「生活者（顧客）にとっての価値」を前提において商品・サービスを提供しなければならないとする考え方だ。なお、この新しいマーケティング3.0については、43ページで詳しく述べることにする。

話を前に戻そう。マーケティングにおいては長い間、マスプロダクツ（規格化された大量生産品）をすべての人たちに向けて販売するマスマーケティングの手法がとられてきた。

これは大企業を中心として、誰もが必要と思う商品を大量生産し、マスメディア（テレビ・ラジオ・新聞・雑誌）と交通広告（電車の中刷りや額面、駅に貼られるポスターなど）を用いて、大量の広告を投入して知名度と認知度を上げ、購入に結びつけるという方法だ。ただし、この方法はマスメディアや交通広告を使用するため膨大な広告経費が必要になり、大企業にだけ可能な方法でもある。

だが1990年代に入ると、従来のモノ中心のマスマーケティングは終焉を迎え、「生活者（顧客）志向のマーケティング」に取って代わられる。

これは、経済のサービス化や働き方の多様化、インターネットによる双方向型コミュニケーションの普及などによって、「生活者（顧客）」が選択と消費の主役になったからだ。その結果、

顧客の気持ちをつかむマーケティングが主流になっていく。

マーケティングは、生活者の欲求やニーズに応えることができる商品や販売方法、接客を始めとするサービスの開発と提供を考えることが必須となった。そこで市場を細分化（セグメンテーション）し、優位性を発揮できる市場で自社商品をアピールする動きが加速する。

それにともない、マスメディアによる一方的な情報発信ではなく、ネットを用いた双方向型コミュニケーションに重きが置かれるようになる。2000年代に入るとブログ、フェイスブックに代表されるSNS（ソーシャル・ネットワーキング・サービス）が登場して個人が情報を発信できるインフラが完成、この動きはさらに加速する。

これまでのマスメディアを用いた広告やプロモーションには、効果測定が正確に行えないデメリットがあった。だが、ネットの場合は効果測定が瞬時に可能で、臨機応変に対応できるため、企業もいっせいにネット活用にシフトしていく。

ネット活用においては、企業が購入したメディア（媒体）を使って、一方的に商品名を叫ぶ旧来の方法ではない。生活者から評価と信頼を得るために、ネットの中でのユーザーズボイス（使い手の評価や評判）や専門機関によるランキングや投票など、自社サイト以外にいかに多くのサイトでコメントとして紹介されるかが不可欠になるのだ。

また、マーケティングの顧客志向とは、当初の顧客満足（CS）に留まらず、働く人の満足（ES）を経て、生活者を顧客からファンに変える新たな価値の創造とブランディング（ブランドを生み出すためのあらゆる取り組み）へと進化していく。そしてその行き着いた先が、コト

ラーらが提唱した「顧客にとっての価値」を最重視する考え方、マーケティング3・0なのだ。

これまで解説してきたことを踏まえると、マーケティングが必要とされ、機能する領域とは、企業の商品やサービスに限定されているように見えるかもしれない。しかし、マーケティングがカバーする領域は、企業の商品やサービスを超えるものであるということを理解してほしい。

マーケティングとは、人々が想像する以上に企業の経営活動と密接に結びついており、考え方が自分たちの存在意義をアピールする上で、なくてはならない概念であり、考え方なのだ。

具体例を挙げるなら、「企業に投資する投資家」や新卒や中途入社によって有能な人材を獲得する際の「学生・社会人」に対して、企業の魅力を高めるマーケティングの考え方が必要だろう。なぜなら、魅力的でない企業に投資する投資家はおらず、また「そこで働きたい」と考える人たちが増えないと、有能な人材を企業は獲得できないからだ。

以上のことを踏まえて、筆者らはマーケティングについて次のように考えている。

「マーケティングとは人の心をつかむサイエンスであり、新たな価値を創造し、企業側から押し付けるのではなく顧客から『ぜひ売ってください』と口にされ、生涯にわたって必要とされ愛される企業や組織（NGOやNPOなどの非営利組織や政府・自治体なども含む）、そして商品になるためのあらゆる活動である」

# CHAPTER01_0 マーケティング戦略の立案プロセス

本書は、先駆的なマーケティング戦略に取り組む成功企業の事例を「6つのマーケティング戦略」のスキーム（枠組み）に分けて解説している。6つのマーケティング戦略とは次のものである。

1 環境分析によって市場への導入時期を踏まえたマーケティング戦略
2 セグメンテーションに重点を置いたマーケティング戦略
3 ブランドによるマーケティング戦略
4 サービスによる差別化に重点を置いたマーケティング戦略
5 イノベーションに主眼を置いたマーケティング戦略
6 マーケティング3・0時代の新戦略

6つの戦略はどれも基本的に、この章で解説していく「マーケティング戦略の立案プロセス」にしたがって組み立てられる。筆者らがこの6つのパターンに分けたのは、戦略の立案において「どこに重点を置いたのか」という点において、戦略の性質や方向性が分かれてくるからである。

したがって、6つのパターンを個別に解説していく前に、この章で「マーケティング戦略の立案プロセス」の基礎知識を押さえておく。すでに基礎知識を理解している方は、復習の意味で読んでいただきたい。

なお、本書で使用する「戦略」という言葉は、「企業や組織が未来を見通し、大局的かつ長期的視野に立った上で、自分たちにとって最善と考えられる目的を導き出し、その目的を達成するための道筋を言葉にしたもの」と定義する。また「戦術」という言葉は、「導き出された戦略に基づき、目的を達成するための具体的かつ実践的な方法」と定義する。

企業における戦略は毎年変更するような短期的視野に立つのではなく、熟慮して決定すべきものだ。その一方で、戦略に基づいて行動を起こす戦術は、実行して効果が現れない場合やより良い方法が見つかった際には変更し、あるいは修正を加えて最善の効果を狙う役割を果たす。

## マーケティング戦略を立案する4つの手順

企業のマーケティング戦略は、マーケティングの観点から単独で導き出すものではない。次の1～4のプロセスに従って立案する。その後、4で決めた戦略に沿って戦術を立案し、実行する。

### 1 企業の社会的役割とその使命（ミッション）を明確化する

企業がマーケティング戦略を立案する際、最初にすべきことは、まず自社が担う社会的役割とその使命に照らして、自分たちが行動を起こそうとしていることとの間に整合性がとれているかどうかを確認することだ。もしここで、自社の社会的役割と企業使命が定まっていなければ、その内容を決めることが先決である。

また過去に明確化された内容があっても、事業が拡大して組織が肥大化し、あるいは多くの部門が誕生して目指している姿が社内で見えなくなっていることもある。この場合は、「自社が相

## 2 企業の目的と目標の設定

「企業の社会的役割とそのミッション」を踏まえた上で、企業の経営に必要なレベルに合わせて、それを「具体的な目的と目標」になる言葉に変換する。たとえば、「日本国内において5年後に市場シェアを25%に拡大する」といったように、具体的な表現にする。

## 3 事業ポートフォリオの設計と基本戦略の策定

企業は自社の強みを活かして、市場の中で最もその力が発揮できる場所や、今後成長する可能性が高い機会を見つけることが必要だ。そのためには、企業として行っているすべての事業を、事業単位(ほかにも事業ブランド単位や同じカテゴリー内の商品単位など、自社内で評価しやすい単位で良い)に分けて、単位ごとに評価を行う。そして、その貢献度によってどれだけ経営資源を投入するかを決定する。この取り組みを「事業ポートフォリオ分析」と呼ぶ。

この分析を行う際によく利用されるのが、ボストン コンサルティング グループが開発した

手にすべき本当の顧客は誰なのか」「顧客に対して自社が提供する価値は何なのか」「自社の事業はどうあるべきなのか」という問いを自問自答し、考え方と行動が矛盾しないようにする。企業によっては、この役割と使命を「ミッションステートメント」の形にして社内に明文化し、社員の行動規範にすることがある。これをコトラーは「見えざる手」と表現している。

ミッションステートメントとしての文言は、時代や市場の環境に合った(時代の変化に適合するように配慮し、読む人に対しては動機付けとなるように文章として表現する。なお企業のミッションには、売上や利益を増やすといった文言は入れてはならない。

## 成長率・市場シェアマトリックス（ボストン・マトリックス）

```
          高
          ↑
          │  ┌─────────────────┐  ┌─────────────────┐
          │  │ 問題児(戦略事業)  │  │  花形事業        │
          │  │   (第2象限)      │  │   (第1象限)     │
市場       │  └─────────────────┘  └─────────────────┘
成長率     │  ┌─────────────────┐  ┌─────────────────┐
          │  │ 負け犬(低迷事業) │  │  金のなる木      │
          │  │   (第3象限)      │  │   (第4象限)     │
          │  └─────────────────┘  └─────────────────┘
          低
             低 ─────────────────────────────→ 高
                          市場シェア
```

「成長率・市場シェアマトリックス（ボストン・マトリックス）」だ。これは上の図のように縦軸に市場成長率、横軸に市場シェアを置いて次の4つの象限に分類して分析する表だ。

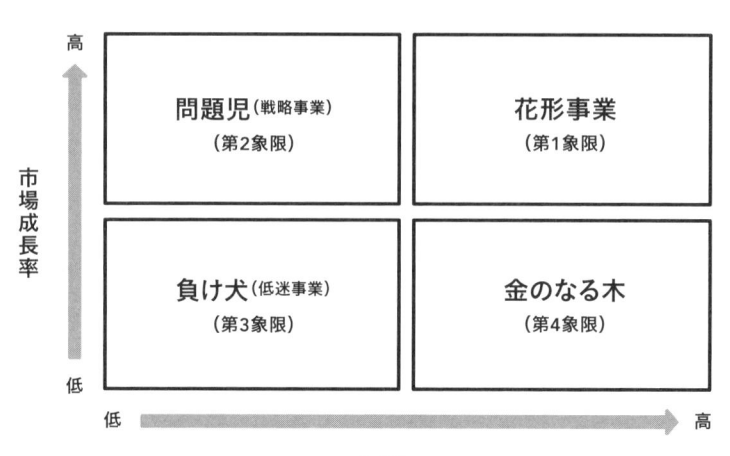

- 花形事業（第1象限）……市場成長率と自社の市場シェアがともに高い
- 問題児（戦略事業、第2象限）……市場成長率は高いが自社の市場シェアが低い
- 負け犬（低迷事業、第3象限）……市場成長率も自社の市場シェアもともに低い
- 金のなる木（第4象限）……市場成長率は低いが自社の市場シェアが高い

事業ポートフォリオ分析を行う際に留意すべきこととして、①前述したマトリックスなどによる手法では、分析を行う人の能力によって出力される内容の精度に違いが出ること、②企業が現在行っている事業を分類する際には極めて有効だが、まだその領域で着手していない未来

## 商品・市場拡大グリッド

|  | 既存商品 | 新商品 |
|---|---|---|
| 既存市場 | 市場浸透 | 商品開発 |
| 新規市場 | 市場開発 | 多角化 |

## 4 市場レベル、事業レベル、製品レベルそれぞれに、個別のマーケティング戦略を立案

企業は利益を生み出しながら成長することが宿命づけられている。そのため、成長をドライブさせるマーケティングは不可欠だ。上の図は、ポートフォリオ設計のための「商品・市場拡大グリッド」のマトリックスだ。これは、市場において機会を見つけ出し、どのような視点でマーケティングを展開するために有効である。縦軸に既存市場と新規市場、横軸に既存商品と新商品を置いてマーケティング戦略を

の事業とその計画については分析することが難しい、という2点が指摘できる。

当然のことだが、戦略を導き出すための万能なマトリックスなどは存在しない。既存のマトリックスとは、先に企業事例があり、その後に誰かが事例を分類しやすくするために考え出した後付け理論であることを認識しておいてほしい。

導き出す。このマトリックスは、企業の成長機会を「市場浸透」「商品開発」「市場開発」「多角化」の4つに分けて判断する。

● 市場浸透（既存市場において既存商品を展開）

商品に手を加えることなく、従来の顧客と市場に対して売上を伸ばすことを考える方法だ。具体的な打ち手としては、広告投入、価格プロモーション（お試し価格や期間限定のお値打ち価格の設定）、新たなサービス開発と付与、自社店舗の品揃えの見直しや店舗数の拡大などがある。

● 商品開発（既存市場で新商品を展開）

既存市場に新商品や既存商品の改良品を投入する方法だ。自社で新商品を投入するだけでなく、他社と協働して自店舗以外の市販ルートで、自社ブランドの商品を販売する方法も含める。

● 市場開発（新規市場で既存商品を展開）

これまで支持してくれた顧客とは別の層（大人向けを若者向けにするなど）や、新たな市場（国内市場から海外市場へ拡大するなど）に既存商品を投入して市場を拡大する方法だ。

● 多角化（新規市場で新商品を展開）

これまで自社で手掛けてきた既存商品や既存市場以外に、新たな事業を開始したり他社を買収したりして事業範囲を広げる方法だ。ただし、既存事業で強力なブランド力を備えている企業が、自社とはかけ離れた事業にまで多角化させると、ブランドイメージの希薄化や培ってきたブランド資源の毀損といったリスクがあるので注意が必要だ。こうした懸念を払拭するには、別会社を設立して別のブランドで展開したり、買収した企業とブランド名で展開したりする方法がある。

# マーケティング戦略立案プロセスの流れ

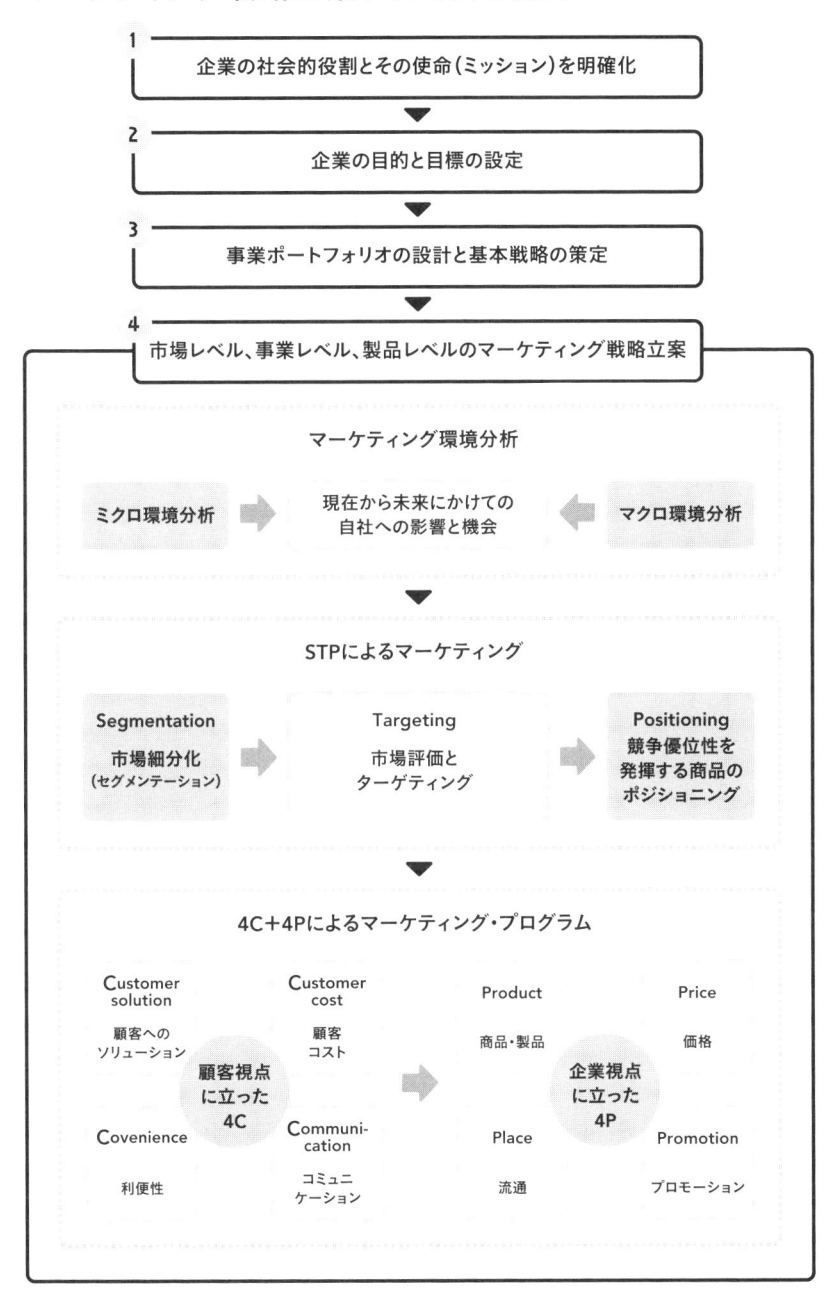

1. 企業の社会的役割とその使命(ミッション)を明確化

2. 企業の目的と目標の設定

3. 事業ポートフォリオの設計と基本戦略の策定

4. 市場レベル、事業レベル、製品レベルのマーケティング戦略立案

## マーケティング環境分析

ミクロ環境分析 → 現在から未来にかけての自社への影響と機会 ← マクロ環境分析

## STPによるマーケティング

**Segmentation** 市場細分化(セグメンテーション) → **Targeting** 市場評価とターゲティング → **Positioning** 競争優位性を発揮する商品のポジショニング

## 4C+4Pによるマーケティング・プログラム

**顧客視点に立った4C**
- Customer solution 顧客へのソリューション
- Customer cost 顧客コスト
- Covenience 利便性
- Communication コミュニケーション

→ **企業視点に立った4P**
- Product 商品・製品
- Price 価格
- Place 流通
- Promotion プロモーション

CHAPTER01_03

# マーケティング戦略立案の前に必要な環境分析

## ミクロ環境分析とマクロ環境分析

先に解説した個別のマーケティング戦略立案の前に、現在から未来にかけて、企業が「競争環境の中でどのような影響を受けるか」「社会からどのような影響を受けるか」の2点を検討する必要がある。このプロセスを「マーケティング環境分析」と呼ぶ。企業を取り巻く環境には「ミクロ環境」と「マクロ環境」があり、この2つを分析することで自社が受ける影響を検討する。

### 1 ミクロ環境

これは企業と密接に関係する要素で、おもに次の5つである。

● 企業の内部環境

経営、財務、研究開発、購買、製造、経理などすべての社内部門がマーケティングの意思決定に協力し、全部門が顧客のために価値と顧客満足を提供できる体制にあるかどうかを分析する。

● マーケティングチャネル環境

企業と顧客の間に入る資源の供給先、物流委託先、卸、営業（代理店）、金融機関など、自社と関係のある企業が、顧客に提供する価値を高める法人や組織であるかどうかを分析する。

- 顧客市場

    消費財市場、生産財市場、流通市場、公共機関市場、国際市場の中のどの市場でビジネスを展開するかを分析する。

- 競合他社

    同じ市場で競い合う他社と比べ、自社の優位性の有無や魅力、価値などを分析する。

- 利害関係先

    金融、マスメディア、ネット上で力をもつブロガーなどの情報発信者、政府、市民運動、地域社会、大衆、企業内部の社員など、利害関係が生じる可能性のある組織や団体との関連や影響を分析する。

## 2 マクロ環境

これは企業を取り巻くミクロ環境に大きな影響を与える社会的要因で、おもに次の6つがある。

- 人口動態的要因

    人口を規模、密度、エリア、年齢、性別、人種、職業などの見地から分析する。メディアでよく取り上げられる富裕層や中流階級、団塊の世代や熟年世代といった区分はこの中に含まれる。

- 経済的要因

    市場における生活者の購買力や支出に影響を与える要因を分析する。生活者の所得の変化(住宅ローンや子供の授業料負担、可処分所得の増減など)や支出(食費、衣服費、住宅費、交通費、教育費、医療費など)における構成比率の変化が該当する。

- 資源要因

大気や水、エネルギー資源（石油、石炭、原子力、代替エネルギーなど）、土壌などの環境問題、リサイクルなどが該当する。

- 技術的要因

技術力の向上や劇的な変化、研究開発投資、新技術開発、行政の規制などが該当する。

- 政治的要因

法律上の規制や政府など行政機関の執行力、企業倫理、企業の社会的責任などが該当する。

- 文化的要因

社会と生活者が持つ基本的な価値観・愛国心・自然環境への配慮、国民の社会性や好みなどが該当する。

企業は2つの環境分析と予測を踏まえ、各要因を踏まえて行動し、生活者と社会のためにより良い環境を創造して未来を先取りする企業意思と行動力を発揮することが必要だ。

また、未来に向けて企業がどのような行動を起こすかを考える際は、各要因について単語（少子高齢化など）を羅列して、表面的に理解していてはならない。「これからどうなるのか？」「自社はその問題に対してどこよりも早く対応できるか？」「新たな技術やインフラの登場で、既存の優位性が失われることはないか。もしその可能性があるなら、今から何をどう準備するか？」など、より深い洞察を加えて分析し予測することが求められる。なお、環境分析の活用に重点を置いたマーケティング戦略については、CHAPTER2で詳しく取り上げる。

# CHAPTER01_0
# STPによるマーケティング

## 商品や商品ブランドを市場でどうアピールするか?

環境分析後に行うマーケティング戦略立案の最初に来るのが、「STP（セグメンテーション、ターゲティング、ポジショニング）」だ。

今日はモノが溢れ、多様な選択肢が用意されている。その中で自社商品をすべての生活者（顧客）に購入してもらうことは不可能だ。これを踏まえ、現在の主流は「ターゲット・マーケティング」である。これは「STP」のことで、市場を細分化し（セグメンテーション）、最適な市場を抽出して設定し（ターゲティング）、選び出した市場で競合他社商品と比べ自社商品が最も競争力を発揮する場所を設定して（ポジショニング）、マーケティング戦略を立案する。STPの発想と手順は、マーケティング発想の基本スタンスだ。

▼ 第1ステップ　市場細分化（セグメンテーション）の方法

市場の細分化には、「マスマーケティング」「セグメント・マーケティング」「ニッチ・マーケティング」という4つの発想基軸がある。

1　マスマーケティング

市場を細分化することなく、すべての人を対象にする。単一の商品を大量に生産して、可能な限り数多くの販路に流通させる。マスメディアを中心に大規模な広告や販促活動（プロモーション）を行う。前述したように、この視点は現在少ない。

2　セグメント・マーケティング

市場を個別に分けて、自社商品に最適な市場を特定し、最適な商品、価格、プロモーションを組み合わせてマーケティングを展開する。たとえば富裕層向け商品（高額な時計や自動車）や妊婦さんや高齢者向け商品などが好例だ。

3　ニッチ・マーケティング

セグメントされた市場の中をさらに細分化して特定の市場に絞り込み、競合他社が少なく小規模な市場で展開するマーケティング方法だ。大企業が参入するには市場規模が小さい領域や、顧客となる数は少ないが顧客単価は高くできる市場などがある。

4　ミクロ・マーケティング

特定の地域に限定したり、顧客の個々人のニーズに対応したりするマーケティングを展開する方法だ。展開する場所や地域、あるいは店舗を限定することを「地域別マーケティング」と呼ぶ。ただしエリアニーズに応えすぎるとコストがかさみ、個別化させすぎてブランド全体のイメージと乖離してしまうデメリットが生じる場合がある。

顧客の個々人のニーズに対応したマーケティングを「個別マーケティング」「ワン・トゥ・ワ

## ▼第2ステップ　市場を細分化する視点

市場を細分化する際、どの企業にも活用できる最適な基準や方法が存在するわけではなく、自分たちの手で最善の方法を見つけ出すことになるが、その際の拠り所として消費財の場合には次の4つの視点がある。

**1 地理的細分化**

国（国内か海外か）、地域（国内なら東日本と西日本、海外の場合ならアジアといった具合）、都市の規模（大都市、中都市、小都市）、人口密度、気候などによって細分化する方法だ。

**2 人口動態的細分化**

年齢、性別、世帯構成、ライフステージ（独身、既婚、既婚で子供なしなどに分類する。ライフサイクルとも呼ぶ）、所得、職業、教育、宗教、人種、世代（団塊の世代など）、国籍などによって細分化する方法だ。

**3 サイコグラフィック的細分化**

サイコグラフィックとは、生活者の価値観などを調査することだ。社会的階層（中流や中の上、中の中など）、ライフスタイル、パーソナリティなどによって細分化する方法だ。

**4 行動による細分化**

購買状況、求められるベネフィット（品質やサービス、価格や利便性など）、使用者のタイプ（現在使用中、過去に使用した、使用したことがないなど）、使用率（よく使う、たまに使うな

ど)、ロイヤルティ(企業や商品に対する忠誠度の有無)、購買意向、商品に対する意識や態度(熱狂的・無関心・否定的など)などによって細分化する方法だ。

また生産財の場合には、次の5つの視点がある。

1 人口動態からの細分化

産業(どの業界にするか)、企業規模(どの企業規模に絞るか)、地域(地理的にどのエリアに絞るか)などによって細分化する方法だ。

2 オペレーティングからの細分化

技術(どの顧客技術に絞るか)、使い手のタイプ(大量に使用、中程度の使用など)、顧客の力量(サービスを必要とするかしないか)などによって細分化する方法だ。

3 購買方法からの細分化

購買機能の組織(購買組織が集中しているか、分散しているか、権力構造(取引先の部門間での力関係)、関係性(すでに強い関係性があるか、ないか、購買の基本スタンス(リースなのか、サービスやシステム購入まで求めるのか)、注文の規模(大口注文か小口注文か)などによって細分化する方法だ。

4 状況からの細分化

緊急性(製品やサービスの納入をどれくらい急いでいるか、いないか)、用途(幅広い用途か、特定の用途か)、注文の規模(大口注文か小口注文か)などによって細分化する方法だ。

5 人の特性からの細分化

販売者と購入者の類似性(価値観が類似しているか)、ロイヤルティ(仕入先に忠誠心を感じるかどうか)、リスクテイク(リスクをとるか、避けるか)などによって細分化する方法だ。

▼ 第3ステップ 市場の評価とターゲティング

市場の細分化によっていくつか有望な市場が浮き彫りになると、それぞれの「市場の規模と成長性」「市場が持つ構造的な魅力度」「企業の目標と経営資源」との整合性を照らし合わせて評価し、参入する市場や注力する市場を決定する。これを「市場のターゲティング」と呼ぶ。

市場の細分化でいくつかの市場が浮上したら、その中でどの市場にするかを決めるために、評価することが必要になる。その際に踏まえるべき3つの要素は、次のものである。

1 細分化されて浮かび上がった「市場の規模と成長性」

現状の市場の売上高や成長率、収益率などから分析する。ただし、市場の規模と成長性がともに高くても、自社の経営資源では対応できないケースもある。自社の力量を十分に勘案することが大事だ。

2 細分化されて浮かび上がった「市場が持つ構造的な魅力度」

市場の構造が魅力的かどうかを判断する。現状では中小企業や零細事業主の主戦場だとしても、ここに大企業が参入すれば総取りされる可能性が高い場合や、強力な競合企業や異業種の巨大企業がすでに参入している場合などは、市場の魅力は当然乏しくなる。

3 細分化されて浮かび上がった「市場と『企業の目標と経営資源』との整合性」

市場が魅力的であっても企業の目標に合致しない場合や、自社に資源がなく優位性を発揮でき

ない場合には、企業としての整合性がとれないので、選択すべきではない。

細分化された市場の評価が終わり、自社のマーケティングを展開する市場が決まると、次の3つのマーケティング戦略の中から、市場で展開が可能でかつ自社に最適な戦略を決定する。

**1 非差別型マーケティング**

すべての人に対して自社商品をアピールする方法だ。鉄鋼やアルミなどの素材産業のように商品が画一的な場合には採用されるが、近年はほとんど見られなくなってきている。

**2 差別型マーケティング**

大きな市場を独自に細分化し、それぞれの市場で最適な商品とマーケティングを展開する方法だ。この方法は化粧品、自動車、ヘアケア（シャンプーやリンス）などの業界でよく採用される。

**3 集中型マーケティング**

選択した市場の中で、特に自社の力が発揮できるより狭い領域（ニッチも含まれる）に絞り込んでマーケティングを展開する方法だ。全方位で自社の力を発揮するには体力がない場合や、経営資源に限界がある場合にとられる。

これら3つの戦略のどれを採用するかは、「経営資源」「商品の多様性」「商品ライフサイクル」「市場の多様性」「競合他社のマーケティング」という5つの要素を勘案した上で決定する。

▼ **第4ステップ　競争優位性を発揮する商品のポジショニング**

参入する市場が決まり、マーケティングの方法が選択されたら、次は自社商品が競合他社商品と比較して、生活者の意識の中にどのように位置付けられたいか（これがポジショニングだ）を

検討し、決定することになる。ポジショニングを選択するには、次の3つのプロセスを踏む。

1. 自社の競争優位性を明確化する
2. 明確化された競争優位性の中から、最も力を発揮できる競争優位性を選び出す
3. 自社商品のポジショニング戦略を決定する

以上を経て、商品や商品ブランドのポジショニングを決定する。商品や商品ブランドのポジショニングが確定する。商品や商品ブランドの利点や強み（ベネフィット）を基に、ポジショニングしたものを「価値提案」という。ただし多くの場合、これから参入しようとする細分化された市場には、すでに競合他社商品が存在する。したがって、先行商品よりもさらに魅力的な利点や強みを生み出し、顧客にアピールする必要が生じる。

ポジショニングする際の価値提案の領域として、

1. 最適な利点や最強の強みが多く、価格が高い
2. 最適な利点や最強の強みが多く、価格が同じ
3. 最適な利点や最強の強みが多く、価格が安い
4. 最適な利点や最強の強みが同じで、価格がより安い
5. 最適な利点や最強の強みが少なく、価格がより安い

の5つの中から1つを選び、商品や商品ブランドをポジショニングし、市場でアピールする。

以上、STPの第1〜第4のステップを経て、「マーケティング戦略の全体像」を決めていくことになる。なお、セグメンテーションに重点を置いた戦略については、CHAPTER3で詳しく取り上げる。

CHAPTER01_05

# 4C+4Pでマーケティング・プログラムを構築する

## 企業の論理だけでは優れた商品・サービスは展開できない

マーケティング戦略の全体像が決まると、次はマーケティング戦略を具現化させるための「マーケティング・プログラム」という方法を考える。また、これが最適化されたものを「マーケティング・ミックス」という。

マーケティング・ミックスとは、「顧客視点に立った4C」と「企業視点に立った4P」という2つの因子によって構成され、4Cを検討後に、自社独自の4Pを組み立てる。企業はともすれば自社都合の発想に陥り、自社資源だけでマーケティングを考えることが多い。社会と生活者（顧客）に求められる企業と商品になるためには、まず最初に顧客視点に立った4Cを考え、その後に企業視点に立った4Pを考えることが必要だと、コトラーも指摘している。

過去のマーケティングテキストでは、企業視点の4Pだけが解説されたものが多かった。だが今日、企業の論理だけでは優れた商品やマーケティングを展開することはできなくなった。

### 1 顧客視点に立った4C

次の4つの視点に立ち、自社の商品やサービスがどうあるべきか、またどのような要素を新た

に加味する必要があるかを検討し、抽出する。

● 顧客へのソリューション (Customer solution)

これまでに存在しなかった新たな価値の提供、無駄の削減、感動の提供など。

● 顧客コスト (Customer cost)

これまで必要とされた費用の削減、コストの削減や圧縮、有料だったことを無料化するなど。

● 利便性 (Convenience)

時間短縮、手間をなくす、自宅に居ながらできる、並ばずに済む、ネットで24時間対応など。

● コミュニケーション (Communication)

人に話したくなる内容や対応、ブログやフェイスブックに記述して人に知らせたくなる内容やサービスなど。

## 2 企業視点に立った4P

4Cの手順の後に、次の企業側の4視点で考えてみる。

● 商品・製品 (Product)

品質、機能、効能、技術、ブランド、デザイン（商品やパッケージなどに必要となるすべてのデザイン）、サービス（有形でなく無形のサービス商品や提供するすべてのサービス）、コア・コンピタンス（顧客に特定の利益をもたらす技術・スキル・ノウハウなどのこと）など。

● 価格 (Price)

商品の販売価格、卸価格、支払条件、割引価格など。

- 流通（Place）

販路、品揃え、輸送・ロジスティックス（物流）、小売業態・販売する場所（販売場所の制約の有無）など。

- プロモーション（Promotion）

人的販売（対面販売など）、マスメディアを使った広告、ネット上にあるブログやフェイスブックによる利用者の声（ユーザーズ・ボイス）、販売促進活動（たとえばプレミアムキャンペーンやサンプリング、お試しセールなど）、広報活動（メディアの記事や番組内で紹介されるように働き掛けるPR活動、政治家に働き掛けるロビー活動など）といったものがある。

4Pには、コトラーが①世論・広報（Public Opinion）、②政策・政治力（Political Power）の2つを後に追加している。

さらに、①人（People＝人によって提供されるサービスの質、社員の質）、②プロセス（Process＝商品の提供方法、商品を提供する流れ）、③物的証拠（Physical Evidence＝サービスを提供する空間、光や香り、商品や空間のデザイン、スタッフのユニフォームなど）の3つが追加されるという説もある。

ただし、4Cや4Pは代表的な単語の頭文字を使った便宜的な区分に過ぎない。前述した要素以外にも、独自に発想の拠り所（要素となる頭文字がCやPである必要はない）を見つけ、最善の方法を考え出すようにすることも必要だ。

CHAPTER01_06

## 未来を踏まえたマーケティング

### ネットワーク・コンピューティングが生み出したもの

マーケティングは「モノ(製品や商品)中心」のマーケティング1.0からスタートし、「生活者(顧客)中心」を経て、「ブランド中心」となるマーケティングはCHAPTER4で詳しく取り上げる)。

現在は、インターネットを駆使してあらゆる情報が入手できる。そして、ブログやSNSに代表されるソーシャルメディアの登場により、個人であっても、中小・零細企業であっても、情報の受発信と双方向コミュニケーションが可能な時代となった。

インターネットとコンピュータ(タブレット型端末やスマートフォンも含む)によるネットワーク・コンピューティングによって国の垣根がなくなり、人と人とのネットワークと交流が拡大。個人発の情報でも、価値あるものはまたたく間に拡散するようになり、口コミ(個人の評価・評判)が重視されるようになった。

一方で企業は、単に規模を拡大し収益を上げるだけでは、評価を受けられなくなった。数ある企業の商品やサービスの中から生活者に選ばれるのは、社会に貢献し、存在意義がある企業のも

CHAPTER01_マーケティング戦略の立案、およびマーケティング視点とその思考プロセス

のになってきた。

こうした社会の構造変化と科学技術の進展、さらには生活者の意識と価値観の変化に対応して、マーケティングもさらに高度化する必要に迫られた。それを踏まえて生まれた考え方が、生活者にとっての価値を前提とした「マーケティング3・0」だ。

ネットの登場によって生活者の知識や知恵が増大し、生活者は企業にコントロールされるような存在ではなくなった。その結果、あらゆるマーケティング活動は、企業が一方的につくり上げるものではなくなり、生活者と企業が協働する時代に入った。

生活者の中からは、世界をより良い場所にしようと自ら主体性を発揮し、自分たちが直面している問題を解決しようと行動を起こす者も現れている。

企業とマーケティングに求められているのは、生活者と協働し、消費を含めたあらゆる人間活動をより高次元の存在に高め、世界をより良い場所にしていくという姿勢、心意気だといえる。

コトラーは『コトラーのマーケティング3・0』(朝日新聞出版)の中で、マーケティングと「価値」を統合する際に踏まえるべき10の原則を挙げている。

- 原則①顧客には愛情を持って相対し、競争相手に敬意を持って接する
- 原則②時代が変化する時は、自分たちも時代とともに変化する
- 原則③価値を明確にして、決して放棄しない
- 原則④すべての顧客を相手にしようとせず、自社が最もメリットを提供できるセグメントを狙う

- 原則⑤ 品質に相応しい公正な価格を設定する
- 原則⑥ 自社の商品をいつでも顧客が見つけられ、入手できるようにする
- 原則⑦ 顧客とは生涯に渡ってお付き合いする存在だと認識する
- 原則⑧ サービス業に限らず、メーカーなどあらゆる企業がサービス業だと認識する
- 原則⑨ 自社のビジネス・プロセスを、品質・コスト・納期の観点から日々改善に取り組む
- 原則⑩ 経営者は財務的な観点だけでなく、あらゆる観点から情報を集め、知恵と経験に基づき、決定を下す

以上の指摘を見ると、もはやマーケティングは単なる収益を上げるための手段などではなく、企業や組織がグローバルに通用する倫理観を備え、世界をより良くするために事業を展開する「拠り所となる存在」にまでなっていることがわかる。

マーケティング3.0時代の戦略については、CHAPTER7で詳しく取り上げることにする。

CHAPTER

## 02

▶LIFE CYCLE

# 環境分析によって市場への導入時期を踏まえたマーケティング戦略

CHAPTER02

# 環境分析によって自社の優位性を発見する

マーケティングの環境分析において、特にミクロ環境分析は実務において活用される視点だ。ミクロ分析項目については、30ページで解説したもののほかに、「マーケティングの3C分析」という方法もとられる。これは次の 1 〜 3 にあるように、「顧客（Customer）」「競争相手（Competitor）」「自社（Company）」の3つの関連性と状況から自社を取り巻く現状と未来を分析し、最適な打ち手を導き出すものだ。

1 顧客分析
顧客の規模、購入頻度や購入場所、購入する際の視点、使用状況や使用場面などを分析し把握する。

2 競合他社分析
自社と同じ商品分野で競争する競合企業の状況を、今後の動きも含めて分析し把握する。

3 自社分析
自社の企業文化、技術力、商品力といった社内資源と、市場シェア、知名度（認知度）、ブランド力、企業イメージなどからなる市場での位置付けについて、自社の強みと弱みを分析し把握する。

# ライフサイクルに応じて異なる顧客の特徴をどう見極めるか

マーケティングの実務では、さらに優位性を発揮するために独自の視点を加味して環境分析を行う必要がある。この際に、マーケティングの3C分析に加えて、「市場への導入時期を踏まえた検討」という視点がよく用いられる。

市場がどのような環境と状況にあるかによって、投入する商品の設計から販路政策に至るまで、企業がとるべき施策は大きく変わる。また、新市場を誕生させるときと、すでに市場ができあがり飽和状態から衰退を始めているときとでは、マーケティングの内容がまったく異なる。

商品が市場に登場し、その役割を終えるまでの流れを「プロダクト・ライフサイクル」と呼ぶ。これは、「導入期」「成長期」「成熟期」「衰退期」という次に述べる4つの時期に分類される。

マーケティングを検討する際には、自社商品がどの時期にあるかを把握し、施策を検討すべきだ。たとえば社内では新商品だと思って投入していても、生活者からみれば既存品のリニューアルにしか見えず、導入期という時期に該当しないといったことはよくある。

## 1 導入期

先発商品や既存商品にはない新機能や優位性を備えた新商品を市場に投入し、生活者に認知されるまでの時期である。

この時期の特徴として、自社の新商品の知名度と認知度を高めるために、小売店には商品を販売してくれるように働きかけ、生活者には広告や販売促進などのプロモーション活動が必須とな

る。自社商品の市場ができていない場合には先行投資が必須で、多額の資金が必要になってくる。他社にない独自性や優位性を備えている新商品の場合には、競合する企業や商品が少ないため、市場を自社のものにできる可能性が高くなる。安売りする必要がないため販売価格を維持できるが、購入してくれる顧客が少ないため、当初は売上高が低いことが多い。

2 成長期

商品が生活者に知られ、売上が伸びる時期である。商品に力があれば需要が増えて売上は伸びるが、市場が大きくなると競合他社が多数参入してくるようになる。

ここで優位性を発揮するには、生産設備の増強やチャネルの拡大など、生産効率や販売効率を向上させることが重要になる。競合他社は改良改善型商品を投入してくるので、競合商品に対して、自社商品のポジションを明確にする必要に迫られる状況も増える。

価格競争に陥らないように商品価値を高め、顧客のマインドシェアを高める取り組みも欠かせない。同時に新商品開発に取り掛かり、競合商品と比べて、自社商品をさらに高度化させる必要も出てくる。市場でリーダーの地位を守るには、それなりの資金も必要だ。

3 成熟期

想定した顧客層に商品が行きわたり、買換え需要が中心になってくる時期である。需要の伸びがなくなり、売上が鈍化する傾向がある。トップメーカーの地位を獲得できていれば利益率はピークを迎え、市場での占有率は固定化する。この時期には、いかに既存顧客からリピート購入してもらえるかが重要なマーケティング視点になる。

## 4 衰退期

市場が飽和状態を迎え、しだいに需要が後退していく時期である。市場から競争相手の企業が撤退し、市場そのものが衰退していく。何も手を打たなければ商品の売上は徐々に低下し、需要も減少していく。市場を活性化する策を自ら講じないと、市場から撤退することもあり得る。

自社商品の商品寿命を判断し、社としての収益性を見ながら撤退を探るか、あるいは新たな技術や新機能を開発して、新市場に転換させるかといった方向性を決める時期だ。自社の市場を衰退させてしまうかどうかは、企業の意思とマーケティングの取り組みにかかっている。あきらめずに知恵を使えば、市場と商品は絶えず活性化できることを記憶しておいてほしい。

プロダクト・ライフサイクルのステージ別に、そこで中心的に動く顧客層を見ると、それぞれに特徴がある。これはエベレット・M・ロジャーズが発表した「イノベーター理論」と呼ばれるもので、新商品や新サービスの市場浸透に関する理論である。

### 1 イノベーター（革新者）

新商品が出ると最初に購入する人々で、市場全体の2.5％を構成するとされる。彼らの購買

# イノベーター理論とキャズム

**ロジャースのイノベーター理論**
新商品・新サービスの市場浸透に関する理論

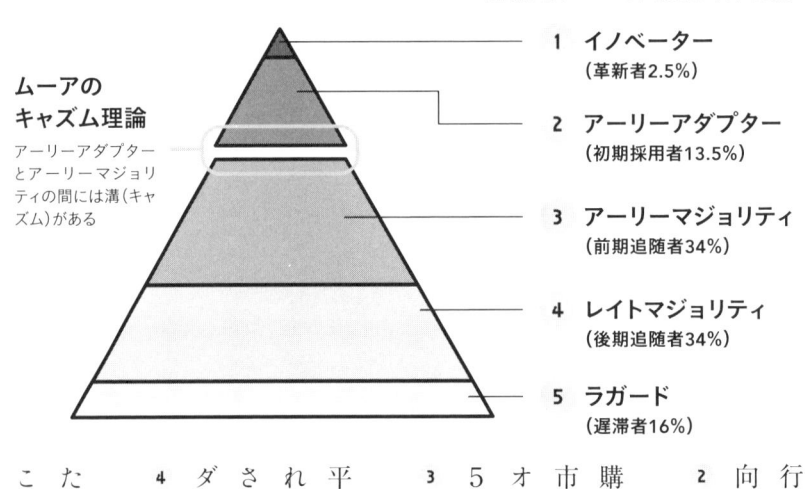

1 **イノベーター**
（革新者2.5%）

2 **アーリーアダプター**
（初期採用者13.5%）

3 **アーリーマジョリティ**
（前期追随者34%）

4 **レイトマジョリティ**
（後期追随者34%）

5 **ラガード**
（遅滞者16%）

**ムーアのキャズム理論**
アーリーアダプターとアーリーマジョリティの間には溝（キャズム）がある

行動は、商品の目新しさや革新性を重視する傾向にある。

2 アーリーアダプター（初期採用者）
流行に敏感で自ら積極的に情報収集を行い、購入するかどうかを判断する人々のことを指す。市場の拡大と商品普及の鍵を握るため、オピニオンリーダーとも呼ばれる。市場全体の13.5%を構成するとされる。

3 アーリーマジョリティ（前期追随者）
新しい商品やサービスには比較的慎重だが、平均的な人たちよりも早く新しいものを取り入れる傾向がある。市場全体の34%を構成するとされ、アーリーアダプター（オピニオンリーダー）から影響を受けやすい。

4 レイトマジョリティ（後期追随者）
消費行動が非常に慎重で、周囲の大多数の人たちが使うようになってから購入する人たちのことで、フォロワーズとも呼ばれる。市場全体

の34%を構成するとされる。

**5 ラガード（遅滞者）**

最も保守的な人々で、世の中の動きやトレンドなどへの関心が希薄で、商品やサービスが社会に定着するまで購入しない層だ。中には最後まで購入しない人も存在する。市場全体の16%を構成するとされる。

「イノベーター理論」に対して、米国のマーケティングコンサルタントであるジェフリー・A・ムーアは「キャズム理論」を提唱した。これは新商品や新サービスが登場しても、アーリーアダプターとアーリーマジョリティの間にあるキャズム（割れ目・谷という意味）を越えなくては、導入期や成長期のレベルで留まり、そこで成長は終わってしまうという考え方である。市場を拡大するには、イノベーター理論でいうアーリーアダプターへの対策を強化するだけでなく、アーリーマジョリティへのアプローチも重要だ。また、キャズム理論は技術革新が急速に進展する業界や、中長期的な視野に立ったブランド戦略の立案時に必要だといわれている。

CHAPTER02

・TOYOTA MOTOR

CASE
01 導入期の市場導入戦略①
トヨタ自動車のプリウス

従来存在していなかった機能を備えた新商品が投入されただけで、新規市場が誕生するわけではない。社会的問題や要請、そして生活者の価値観や意識変化など、多くの要因が生活者に作用し、そこに新商品が投入され生活者ニーズと合致したときに、巨大な新市場が生まれる。そして新市場を創造した企業には、大きな社会的評価と先行優位性がもたらされる。

## ハイブリッド市場創出にあたって最重視したものとは？

1990年代初頭に、石油など化石燃料を使用する自動車や工場から排出される二酸化炭素が温室効果ガスとなり、地球温暖化の原因になるという問題が浮上する。化石燃料はいつか必ず枯渇するというエネルギー問題も含め、自動車メーカーには大きな課題が課せられることになる。地球温暖化問題が生じる以前から、トヨタ自動車では「21世紀のクルマには何が求められ、どのようなビジョンで新しい時代に対応すべきか」を社内で検討していた。「G21」と呼ばれるこのプロジェクトの目標は、当初「1・5倍の燃費向上計画」だったが、奥田碩社長（当時）から「2倍の燃費向上」という高いハードルが示される。この条件を満たすために、ハイブリッドシステムを搭載したクルマの開発が始まり、そこで誕生したのが「プリウス」だ。

トヨタの「プリウス」に搭載されたハイブリッドシステムは、エンジンとモーターという複数の動力源を持ち、発進から低速域までは電気モーターを使用。ある程度走り始めるとエンジンが始動するという仕組みで、電気モーターによって低燃費走行が可能になった。減速時にブレーキを踏むと発生する熱エネルギーを電気エネルギーに変換する回生ブレーキシステムによって、再び動力源として回収して蓄積する機能も併せ持つ。

「プリウス」の市場導入に際して、トヨタが発売する1年前に計画して実施したのは、地球環境問題に取り組む企業姿勢をアピールする「TOYOTA ECO-PROJECT」の立ち上げだ。ここでは「あしたのために、いまやろう。」をスローガンに、環境問題に対する生活者の啓蒙活動をかねて、大規模な広告を用い、トヨタが取り組む環境対策をアピールした。

「TOYOTA ECO-PROJECT」を通じて、環境問題に取り組むトヨタの企業意思と企業姿勢がコミュニケーションされ生活者に認知された後に、「プリウス」は発売された。これは地球温暖化防止京都会議で京都議定書が採択される97年12月、というタイミングだ。**地球環境に優しく、しかも燃費効率に優れたエコカーである「プリウス」の商品特性が、これ以上ない時期に狙いを定めて市場導入されたわけだ。**

「プリウス」は日本と米国で大ヒットし、ハリウッドスターが愛用するという話題性も加味され、「地球環境問題に積極的に取り組むトヨタ」という企業イメージも急速に拡大する。

ところが販売面で見ると、2002年度までの国内の平均月間販売台数は目標の1000台をわずかに超える程度。「1ヵ月に3000台売れなければ量産車とはいえない」という水準から

▶POINT
................................................................................
新市場を創造するには、「手間」と「時間」、そして発売する前の「生活者への啓蒙活動」が必要になる。

すれば、普及したとはいえないレベルにあった。

03年に第二世代として投入された新型「プリウス」は、国内の月間販売目標を"量産車"レベルの3000台に設定。その後12年には、第三世代の「プリウス」が投入される。その結果、ハイブリット車のグローバル累計販売台数が500万台を突破（13年4月17日トヨタ発表。プラグインハイブリッド車を含む）という実績を打ち立てる。

トヨタのハイブリッド技術は「プリウス」に留まらず、SUV（スポーツ・ユーティリティ・ビークルの略でスポーツ用多目的車を指す）の「ハリアー」や、高級車ブランド「レクサス」など全車に搭載され、ハイブリッド市場を新たに創造したトップメーカーとしての地位を獲得。同時に、「トヨタが地球環境問題にどこよりも積極的に取り組んでいる」という企業イメージの形成にも成功した。

コトラーは米国のビッグ3が凋落する以前、著書『コトラーのマーケティング・コンセプト』においてこう指摘していた。欧州のプレミアムカーはポジショニングが曖昧になり、生活者に魅力が伝わらなくなっていると。フルラインナップメーカーといえばトヨタも同じだが、ハイブリッド市場を創造したことで、「地球環境に配慮したエコな企業」という新たなポジションを獲得したわけだ。

ビッグ3はオールラインナップの弊害でポジショニングが曖昧になり、商品ライフサイクルで見ると、導入期は赤字になることが多く、成長期から成熟期にかけて黒字化していく。それだけに、新市場を創造するには手間と費用が必要だ。トヨタの「プリウス」でさえ、巨大な新市場を創造するために、発売から15年もの月日をかけている。

## トヨタ自動車株式会社の概要

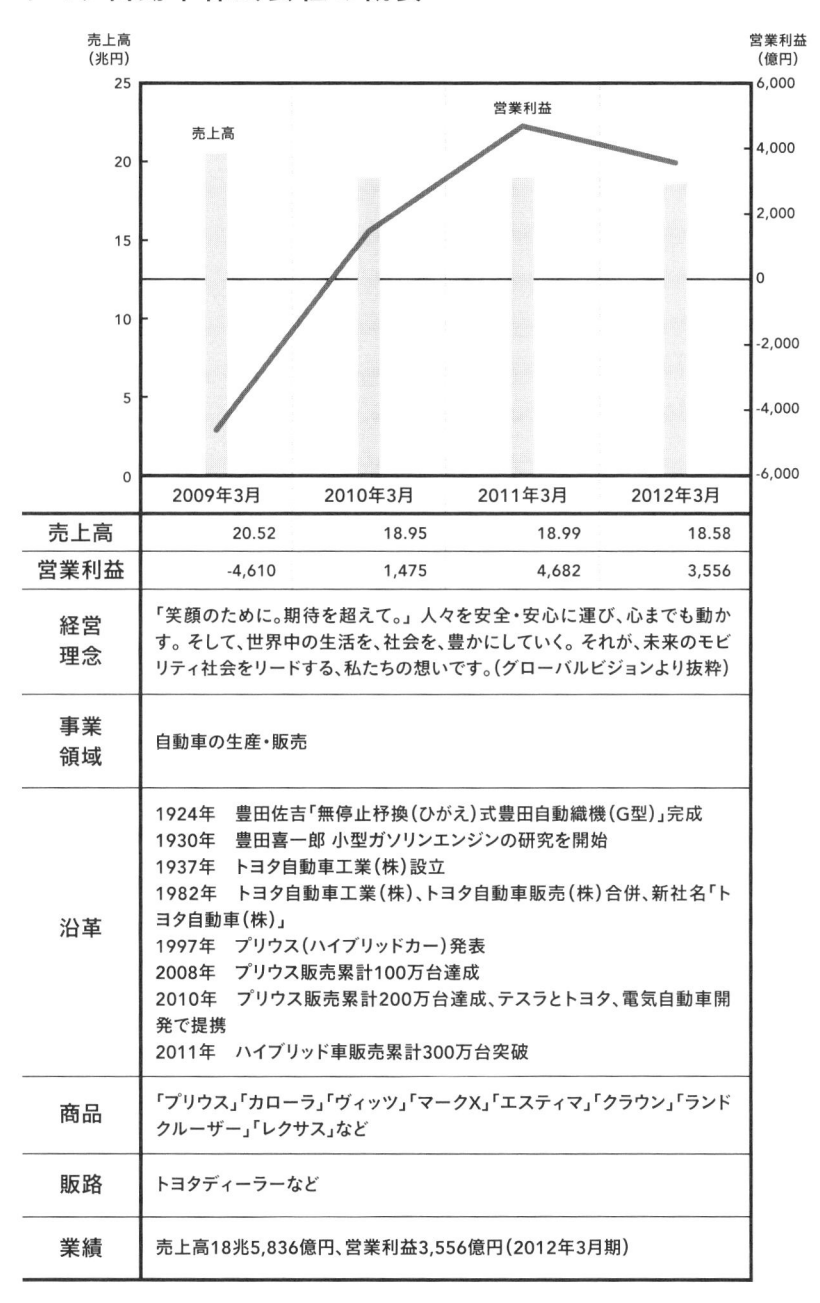

| | 2009年3月 | 2010年3月 | 2011年3月 | 2012年3月 |
|---|---|---|---|---|
| 売上高 | 20.52 | 18.95 | 18.99 | 18.58 |
| 営業利益 | -4,610 | 1,475 | 4,682 | 3,556 |

| | |
|---|---|
| 経営理念 | 「笑顔のために。期待を超えて。」人々を安全・安心に運び、心までも動かす。そして、世界中の生活を、社会を、豊かにしていく。それが、未来のモビリティ社会をリードする、私たちの想いです。(グローバルビジョンより抜粋) |
| 事業領域 | 自動車の生産・販売 |
| 沿革 | 1924年　豊田佐吉「無停止杼換(ひがえ)式豊田自動織機(G型)」完成<br>1930年　豊田喜一郎 小型ガソリンエンジンの研究を開始<br>1937年　トヨタ自動車工業(株)設立<br>1982年　トヨタ自動車工業(株)、トヨタ自動車販売(株)合併、新社名「トヨタ自動車(株)」<br>1997年　プリウス(ハイブリッドカー)発表<br>2008年　プリウス販売累計100万台達成<br>2010年　プリウス販売累計200万台達成、テスラとトヨタ、電気自動車開発で提携<br>2011年　ハイブリッド車販売累計300万台突破 |
| 商品 | 「プリウス」「カローラ」「ヴィッツ」「マークX」「エスティマ」「クラウン」「ランドクルーザー」「レクサス」など |
| 販路 | トヨタディーラーなど |
| 業績 | 売上高18兆5,836億円、営業利益3,556億円(2012年3月期) |

## ハイブリッド車市場推移

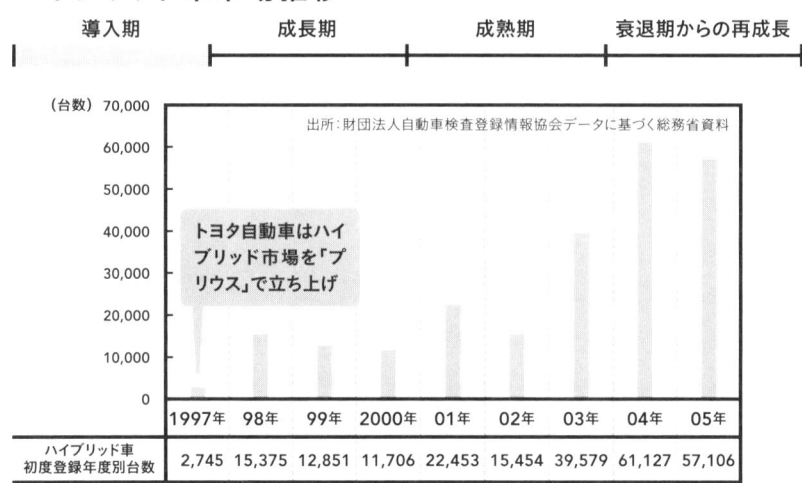

| | 導入期 | 成長期 | | 成熟期 | | 衰退期からの再成長 | | |
|---|---|---|---|---|---|---|---|---|

出所:財団法人自動車検査登録情報協会データに基づく総務省資料

> トヨタ自動車はハイブリッド市場を「プリウス」で立ち上げ

| | 1997年 | 98年 | 99年 | 2000年 | 01年 | 02年 | 03年 | 04年 | 05年 |
|---|---|---|---|---|---|---|---|---|---|
| ハイブリッド車初度登録年度別台数 | 2,745 | 15,375 | 12,851 | 11,706 | 22,453 | 15,454 | 39,579 | 61,127 | 57,106 |

## トヨタ自動車の市場導入戦略背景
(二酸化炭素総排出量と原油価格推移)

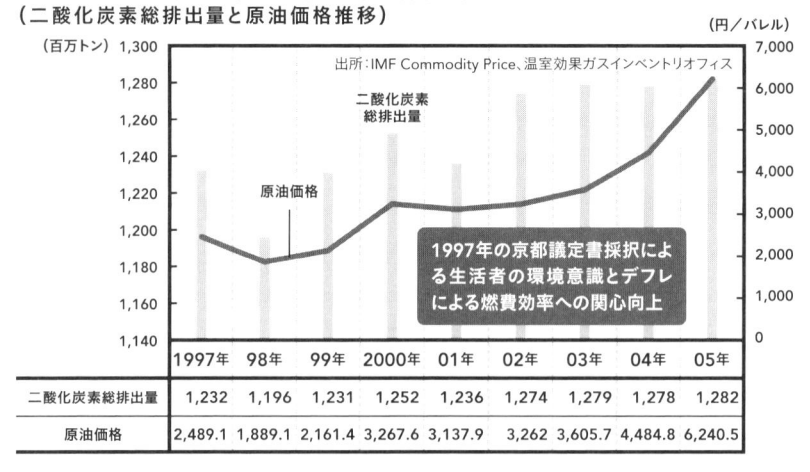

出所:IMF Commodity Price、温室効果ガスインベントリオフィス

> 1997年の京都議定書採択による生活者の環境意識とデフレによる燃費効率への関心向上

| | 1997年 | 98年 | 99年 | 2000年 | 01年 | 02年 | 03年 | 04年 | 05年 |
|---|---|---|---|---|---|---|---|---|---|
| 二酸化炭素総排出量 | 1,232 | 1,196 | 1,231 | 1,252 | 1,236 | 1,274 | 1,279 | 1,278 | 1,282 |
| 原油価格 | 2,489.1 | 1,889.1 | 2,161.4 | 3,267.6 | 3,137.9 | 3,262 | 3,605.7 | 4,484.8 | 6,240.5 |

▸TOYOTA MOTOR

「プリウス」でハイブリッド車市場をゼロから立ち上げたトヨタ自動車。1993年に始まった「G21」プロジェクトで年々増える二酸化炭素排出量と原油価格の高騰を見越して燃費が2倍、二酸化炭素排出量が半分の自動車開発を目指した。京都議定書の採択に合わせて1997年に上市。その後「環境のトヨタ」としてブランド確立に貢献。

CHAPTER02　環境分析によって市場への導入時期を踏まえたマーケティング戦略

CHAPTER02
CASE 02
Kao

## 導入期の市場導入戦略②
## 花王のヘルシア緑茶

前述したトヨタの「プリウス」でも触れたが、画期的な機能を備えた商品を開発して市場に投入しても、それだけで新市場が生まれるわけではない。生活者に問題意識が共有化され、継続的に商品が購入されて初めて市場は膨らむ。

これから解説する花王の新商品による新市場の創造は、想定顧客層に新商品の必要性が十分に認識され、自らが抱える問題を解決するために消費行動を起こしてもらい、さらにその行動が反復されて初めて、その市場が確固たる存在となった事例だ。

### 積極的に対策を講じていない男性を対象に、新市場を創出

1980年代に生活習慣病の三大要素である高血圧、糖代謝異常、高中性脂肪血症の3つに、上半身肥満が加えられ「死の四重奏」と命名された。98年にはWHO（世界保健機関）が「メタボリック症候群」という名称の診断基準を発表した。国内でも「メタボ」という呼称が一般に知られるようになり、メディアでもこの言葉がたびたび登場するようになる。

花王はもともと洗剤やヘアケア市場に強みを発揮する企業で、その事業領域に食品や飲料は当初存在していなかった。花王で本プロジェクトが開始された2000年初め頃、厚生労働省の国

▶POINT

新市場創造につながる新商品を成功させるためには、生活者が購入する気になる「事実」を周知徹底させることだ。

民健康・栄養調査で、30〜60代男性と60歳以上の女性の3人に1人が肥満であることが判明した。同社は80年から社内で取り組まれていた「栄養代謝」の研究を応用し、新たな健康価値商品を生み出す試みに着手する。これが「ヘルシア緑茶」が誕生する背景だ。

手軽に生活者が利用できる食品形状で、しかも体脂肪を低減する効果がある素材を探し、スキンケア領域で過去に使用したことがあるポリフェノールの中でも緑茶に含まれる「茶カテキン」に体脂肪低減効果があることをつかみ、茶カテキンを手軽に摂取する商品形状として、緑茶を検討した。

無糖茶飲料の中でも、当時緑茶飲料市場の伸びは高く、90年に約100億円だった市場は、02年には2792億円に成長（当時の伊藤園調べ）していたことも、緑茶の商品形状を決めた背景にある。

緑茶として旨みと苦味のバランスを追求し、飲料として飲みやすくする商品設計を行う一方、「茶カテキン」の機能性を立証するため2年以上をかけ600人におよぶヒト効能効果試験を行い、厚生労働省から「特定保健用食品」の表示許可を取得することに成功する。

そして03年、花王は満を持して「ヘルシア緑茶」を発売する。ペットボトル入り緑茶で容量は350ミリリットル、価格は通常のペットボトル入り緑茶より5割程度も割高の180円に設定。商品コンセプトとしては、茶カテキンを豊富に含む"体脂肪が気になる方に適した茶飲料"とした。

発売当初は関東甲信越のコンビニエンスストア（CVS）に限定し、その後順次商圏を拡大していく流通戦略を採用する。

花王は「ヘルシア緑茶」を発売するタイミングに合わせて、「現代サラリーマンの『健康・肥満』意識調査」というプレスリリースをマスコミに向けて配信。ここで働き盛りのビジネスマンの75％が「太っている」と自覚しているが、積極的に肥満対策をしているのは1割にも満たないという事実が明らかにされる。この事実の流布により、該当するビジネスマンに問題意識が醸成されていく。

ペットボトル入り緑茶飲料のように成熟した市場では、新商品が出ても既存商品のシェアを奪うのが一般的だ。しかし、「ヘルシア」は他社商品のシェアを奪うのではなく、緑茶市場全体を押し上げ、次年度には300億円の売上を達成する大型商品にまで成長する。

「ヘルシア」が新しい市場を開拓したポイントを探るために、当時の日経POS情報から発売直後の6月と8月の購入者層を比較すると、15歳未満の女子と30歳未満の青年男性がともに87％増と2倍近い伸びを示し、次いで中年男性（50歳未満）が72％増とこれに続いている。当初花王が想定した働き盛りのビジネスマンに加えて、肥満を気にする10代の女性層まで支持層を増やしたことになる。

本来緑茶飲料は、喉の渇きを癒す止渇性を目的に飲用される。また商品仕様は無糖の上に、機能性や付加価値を備えていない。商品価格を上げる理由が見つからないカテゴリーだった。しかし花王の「ヘルシア」は、高濃度茶カテキンを継続飲用すると、脂質が分解・燃焼しやすくなるという機能性を付与したことで、高価格で販売することに成功した。

# 花王株式会社の概要

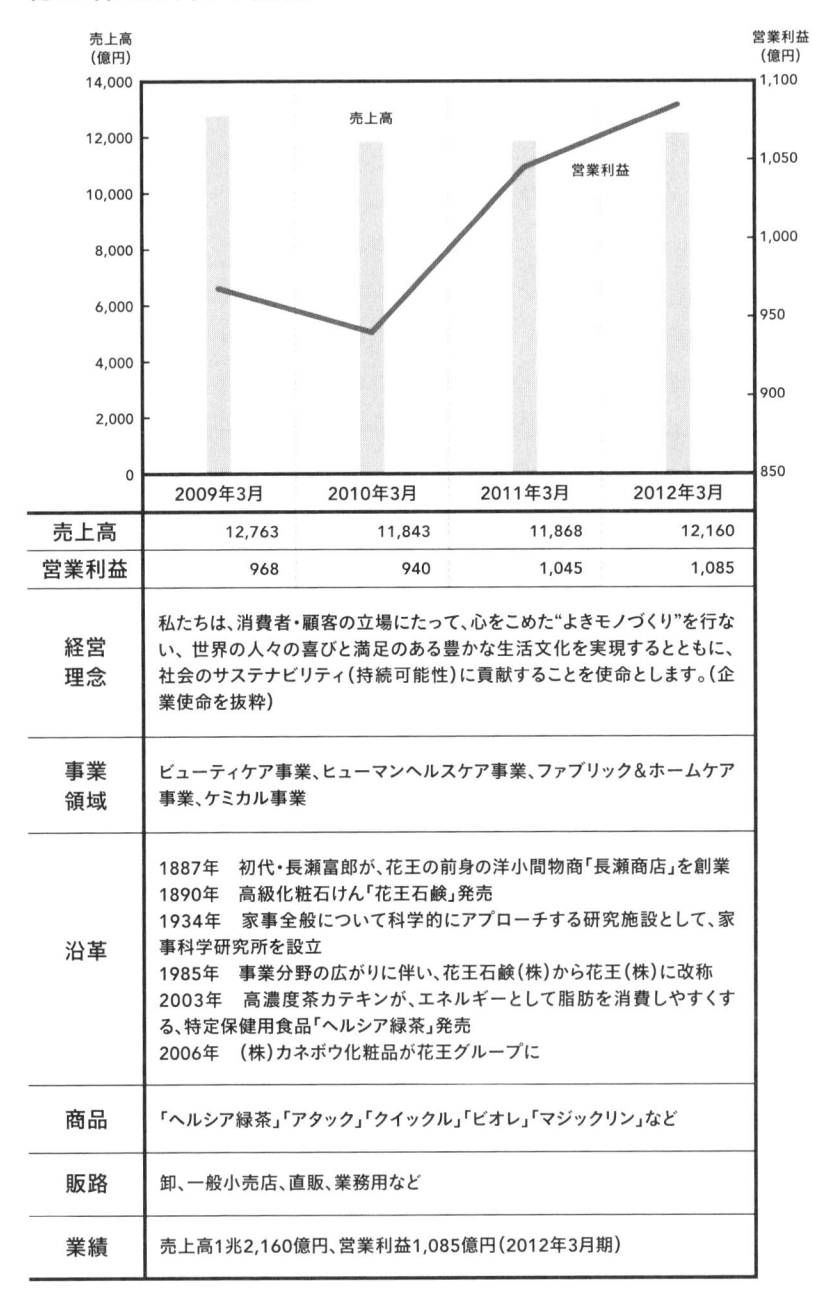

| | 2009年3月 | 2010年3月 | 2011年3月 | 2012年3月 |
|---|---|---|---|---|
| 売上高 | 12,763 | 11,843 | 11,868 | 12,160 |
| 営業利益 | 968 | 940 | 1,045 | 1,085 |

| | |
|---|---|
| 経営理念 | 私たちは、消費者・顧客の立場にたって、心をこめた"よきモノづくり"を行ない、世界の人々の喜びと満足のある豊かな生活文化を実現するとともに、社会のサステナビリティ(持続可能性)に貢献することを使命とします。(企業使命を抜粋) |
| 事業領域 | ビューティケア事業、ヒューマンヘルスケア事業、ファブリック&ホームケア事業、ケミカル事業 |
| 沿革 | 1887年　初代・長瀬富郎が、花王の前身の洋小間物商「長瀬商店」を創業<br>1890年　高級化粧石けん「花王石鹸」発売<br>1934年　家事全般について科学的にアプローチする研究施設として、家事科学研究所を設立<br>1985年　事業分野の広がりに伴い、花王石鹸(株)から花王(株)に改称<br>2003年　高濃度茶カテキンが、エネルギーとして脂肪を消費しやすくする、特定保健用食品「ヘルシア緑茶」発売<br>2006年　(株)カネボウ化粧品が花王グループに |
| 商品 | 「ヘルシア緑茶」「アタック」「クイックル」「ビオレ」「マジックリン」など |
| 販路 | 卸、一般小売店、直販、業務用など |
| 業績 | 売上高1兆2,160億円、営業利益1,085億円(2012年3月期) |

## 特定保健用食品（中性・体脂肪関連）の市場動向

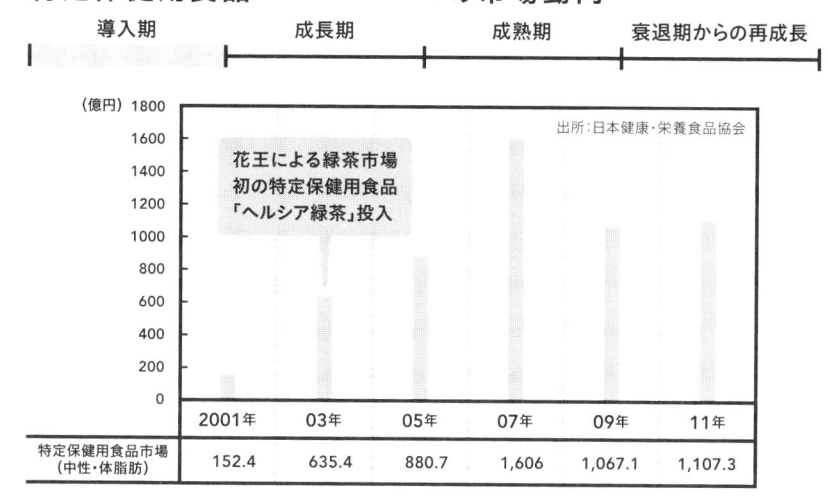

| 導入期 | 成長期 | 成熟期 | 衰退期からの再成長 |

| | 2001年 | 03年 | 05年 | 07年 | 09年 | 11年 |
|---|---|---|---|---|---|---|
| 特定保健用食品市場（中性・体脂肪） | 152.4 | 635.4 | 880.7 | 1,606 | 1,067.1 | 1,107.3 |

出所：日本健康・栄養食品協会

花王による緑茶市場初の特定保健用食品「ヘルシア緑茶」投入

## 花王の市場導入戦略背景（男性各年代別BMI25以上の割合推移）

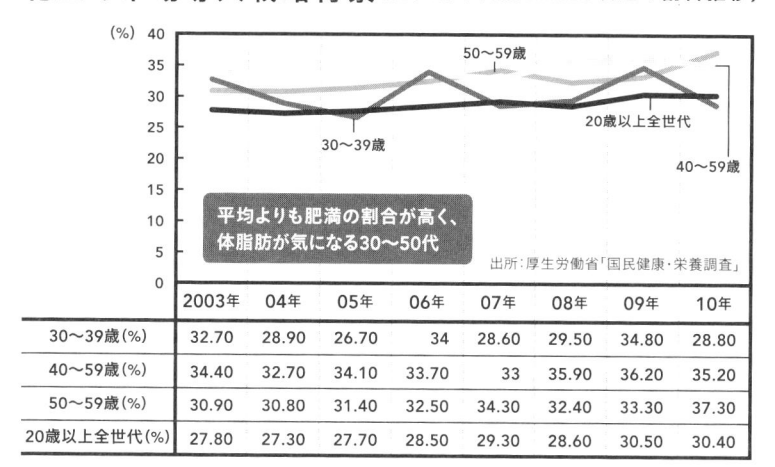

平均よりも肥満の割合が高く、体脂肪が気になる30〜50代

出所：厚生労働省「国民健康・栄養調査」

| | 2003年 | 04年 | 05年 | 06年 | 07年 | 08年 | 09年 | 10年 |
|---|---|---|---|---|---|---|---|---|
| 30〜39歳(%) | 32.70 | 28.90 | 26.70 | 34 | 28.60 | 29.50 | 34.80 | 28.80 |
| 40〜59歳(%) | 34.40 | 32.70 | 34.10 | 33.70 | 33 | 35.90 | 36.20 | 35.20 |
| 50〜59歳(%) | 30.90 | 30.80 | 31.40 | 32.50 | 34.30 | 32.40 | 33.30 | 37.30 |
| 20歳以上全世代(%) | 27.80 | 27.30 | 27.70 | 28.50 | 29.30 | 28.60 | 30.50 | 30.40 |

▶Kao

大手清涼飲料水メーカーがひしめく緑茶市場で、花王は「ヘルシア緑茶」で市場参入を果たす。緑茶市場初となる特定保健用食品の認可を受けて、他社との差別化に成功した。2008年のメタボ検診義務化に先駆けて、2003年から肥満が気になる30〜50代の男性に対象を絞ったことが成功の要因。2013年からは「ヘルシアコーヒー」が発売された。

CHAPTER02

・FamilyMart

CASE 03 — 成長期の市場導入戦略① ファミリーマートの海外出店戦略

企業が成長を考えるとき、選択肢は2つある。1つは、国内では今後人口が減少するため効率的な経営を行い、売上規模をさらに拡大するために異業種に参入してビジネスを拡大する方法だ。後者の場合、日本企業が海外に進出するエリアとしては、経済成長と人口増加が顕著なアジアがまず視野に入る。

もう1つは、市場を海外に求めて国内で培った事業を拡大する方法だ。

## 成功するローカライゼーションの秘訣とは?

本業に徹し、日本国内だけでなくアジアなど海外に市場を求める成長路線を主軸にしているのがファミリーマートだ。同社は、日本のCVSチェーンとして最も早く海外進出を果たした。海外には1万1556店舗が存在し、すでに国内より海外の店舗数のほうが多い。その内訳は、韓国7148店(業界1位)、台湾2809店(業界2位で株式上場)、タイ703店、中国868店(日系チェーンで初めて500店突破)、米国9店、ベトナム19店となっている(2012年4月末現在)。12年度からはさらに、インドネシアとフィリピンにも進出を予定している。

セブン-イレブンに代表される日本のCVSチェーンの多くは、米国からノウハウを導入したが、ファミリーマートは日本発祥のCVSだ。そのため海外展開する際には何ら制約がなく、有

望なマーケットであれば自由に進出できる強みがある。そこで同社は1988年の台湾出店から海外進出を始め、韓国、タイ、中国、米国、ベトナムと出店地域を順次拡大し、09年8月には海外店舗数が国内店舗数を逆転した。

アジアを中心とした海外市場に対して、同社は03年に「パン・パシフィック構想」として日本で進化したCVSという業態を輸出するため、アジアを中心に、都市部に人口が集中して夜間人口が多く、商習慣や文化が日本に似ていて、さらに日本の後を追う地域での展開が適しているという内容になっている。

「CVS事業は地元に根ざしたローカルビジネスだ」という考えの下、同社は現地パートナーと合弁会社を設立するスタイルを基本にする。合弁比率はパートナーがメジャーで、ファミリーマートがマイナーの形が原則だ。この背景には、①パートナーが責任感を持ち、事業への意欲を高めながらCVSビジネスに邁進してもらうこと、②資金調達を現地で実行する、という狙いがある。

既存地域の店舗網を拡大するとともに、成長性が見込める新規エリアへの出店も進め、15年度にはグローバル店舗を2万5000店、海外利益貢献度は20％を目指す考えだという。

海外展開をする場合、進出先の商品の品ぞろえや陳列方法、店舗づくり、そして接客などは、進出したエリアの人たちが求める商品も日本とは異なる。また、現地での経験の積み重ねが必要だ。それゆえ同社が持っているノウハウを、そのまま現地に押し付けることはしていない。

地元ならではのローカライゼーション（現地化）は、地元のパートナーでなければできないと

▶POINT

フランチャイズビジネスでも、ノウハウの押し付けに終わらず、現地パートナーとの「共創」の取り組みが必要だ。

いう考えに立脚し、現地パートナーが持つ情報とアイデアに、日本で培ったファミリーマートのノウハウを融合させ、売場づくりや商品開発を進めるというスタンスをとっている。

CVSの事業が軌道に乗ると、現地では商品展開の方向性などについて決断する案件が増え、現地からファミリーマート本社に問い合わせが入ることが増える。こうしたときに本社はPOSを含めたデータの分析手法や、判断するための考え方や経験を提供し、助言をサポートするスタッフ機能であり、店舗の立ち上げ時には人材供給部門としての役割も果たしている。

CVSは他の小売業と異なり、特有の仕組みを持つ。特に商品の品質管理は重要だ。弁当や惣菜などを製造して提供する中食ベンダーに始まり、販売する商品を集めて小分けにする物流センター、そして配送ネットワークといった仕組みが必要だ。POSシステムはもとより、新しいサービス商品を展開するには、ITシステムの整備も欠かせない。こうした仕組みを展開するには、機能して初めて、新鮮でおいしい商品が店頭に並ぶCVSになる。

新興国には日本の中食ベンダーに該当するところが少ないため、現地で食品工場を持っている企業と日本の中食ベンダーの協力を得て、惣菜を製造するラインをつくる。こういった現地の実情に合わせた仕組みを生み出して対応している。

海外でCVSを展開する際、CVSの基本的な仕組みは同じでも、現地でローカライズする部分は多く、単に国内で培ったノウハウを供与するだけでは事業は成立しない。ファミリーマートと現地パートナーがノウハウを持ち寄り、現地で最適な仕組みを構築して成功につなげている。

## ファミリーマート株式会社の概要

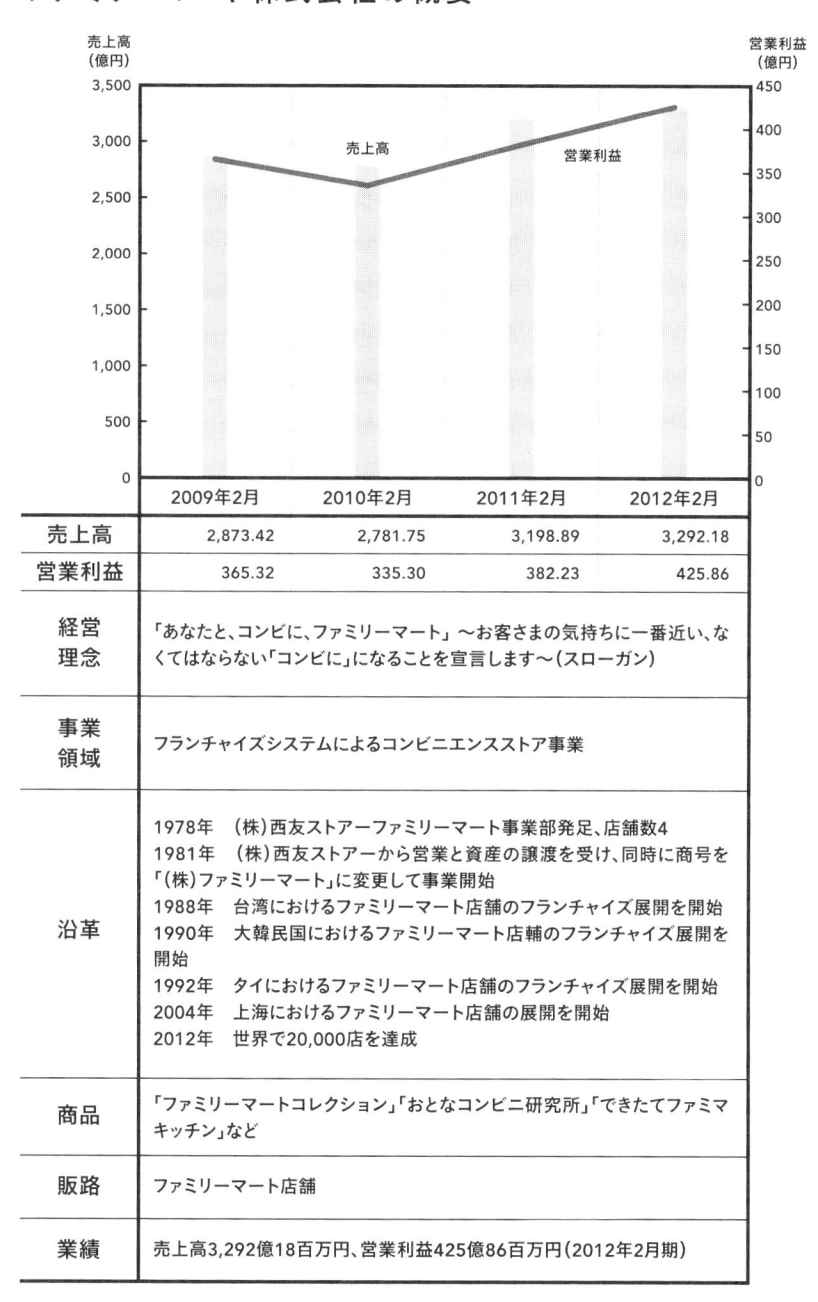

| | 2009年2月 | 2010年2月 | 2011年2月 | 2012年2月 |
|---|---|---|---|---|
| 売上高 | 2,873.42 | 2,781.75 | 3,198.89 | 3,292.18 |
| 営業利益 | 365.32 | 335.30 | 382.23 | 425.86 |
| 経営理念 | 「あなたと、コンビに、ファミリーマート」～お客さまの気持ちに一番近い、なくてはならない「コンビに」になることを宣言します～（スローガン） | | | |
| 事業領域 | フランチャイズシステムによるコンビニエンスストア事業 | | | |
| 沿革 | 1978年　（株）西友ストアーファミリーマート事業部発足、店舗数4<br>1981年　（株）西友ストアーから営業と資産の譲渡を受け、同時に商号を「(株)ファミリーマート」に変更して事業開始<br>1988年　台湾におけるファミリーマート店舗のフランチャイズ展開を開始<br>1990年　大韓民国におけるファミリーマート店舗のフランチャイズ展開を開始<br>1992年　タイにおけるファミリーマート店舗のフランチャイズ展開を開始<br>2004年　上海におけるファミリーマート店舗の展開を開始<br>2012年　世界で20,000店を達成 | | | |
| 商品 | 「ファミリーマートコレクション」「おとなコンビニ研究所」「できたてファミマキッチン」など | | | |
| 販路 | ファミリーマート店舗 | | | |
| 業績 | 売上高3,292億18百万円、営業利益425億86百万円（2012年2月期） | | | |

## アジア新興国の中間層※動向
※世帯年間可処分所得5,000ドル以上35,000ドル未満

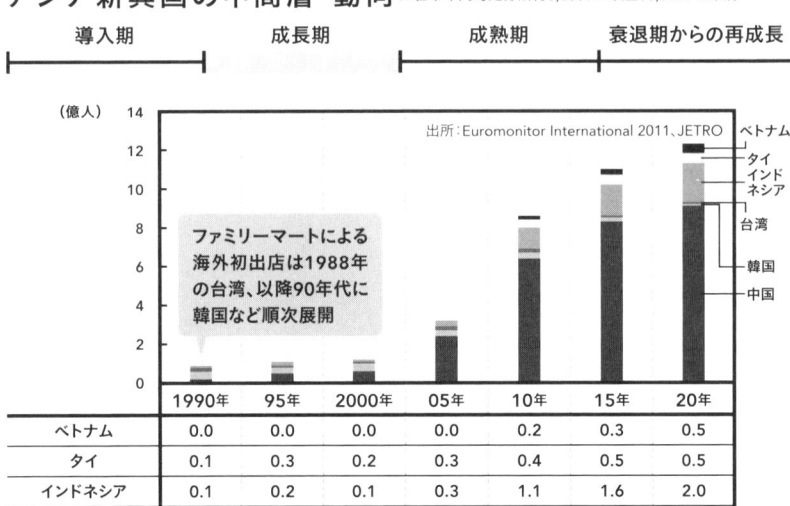

| 導入期 | 成長期 | 成熟期 | 衰退期からの再成長 |

(億人)

出所：Euromonitor International 2011、JETRO

ファミリーマートによる海外初出店は1988年の台湾、以降90年代に韓国など順次展開

| | 1990年 | 95年 | 2000年 | 05年 | 10年 | 15年 | 20年 |
|---|---|---|---|---|---|---|---|
| ベトナム | 0.0 | 0.0 | 0.0 | 0.0 | 0.2 | 0.3 | 0.5 |
| タイ | 0.1 | 0.3 | 0.2 | 0.3 | 0.4 | 0.5 | 0.5 |
| インドネシア | 0.1 | 0.2 | 0.1 | 0.3 | 1.1 | 1.6 | 2.0 |
| 台湾 | 0.2 | 0.1 | 0.1 | 0.2 | 0.2 | 0.1 | 0.1 |
| 韓国 | 0.4 | 0.3 | 0.4 | 0.3 | 0.3 | 0.2 | 0.1 |
| 中国 | 0.2 | 0.5 | 0.6 | 2.4 | 6.4 | 8.3 | 9.1 |

## ファミリーマートの市場導入戦略背景
（アジア新興国近代的店舗※構成比）※ハイパーマーケット、スーパーマーケット、ディスカウントストア

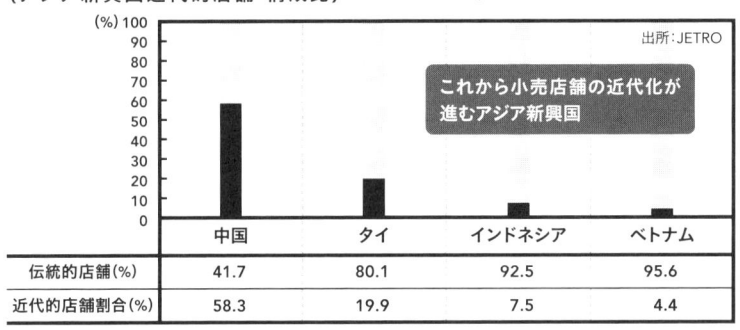

出所：JETRO

これから小売店舗の近代化が進むアジア新興国

| | 中国 | タイ | インドネシア | ベトナム |
|---|---|---|---|---|
| 伝統的店舗(%) | 41.7 | 80.1 | 92.5 | 95.6 |
| 近代的店舗割合(%) | 58.3 | 19.9 | 7.5 | 4.4 |

▸FamilyMart

国内コンビニエンスストア市場が成熟期を迎える中で、アジアに目を転じたファミリーマート。アジア新興国における中間所得層の伸長に合わせて、食品雑貨小売市場でも近代的小売業態の構成比が高まる。台湾、韓国進出での実績を踏まえて、その他の成長するアジア市場の取り込みを強化。

CHAPTER02

CASE 04

ARIAKE JAPAN

# 成熟期の市場導入戦略①
# アリアケジャパン

## 業務用市場で成長できる分野に焦点を合わせ、2桁成長を続ける

店頭での値崩れによって食品メーカー各社が苦しむ中、国内の食品市場で30カ月近く連続2桁増収を続ける企業がある。魚介類や肉、野菜などを原料に生産される天然調味料メーカーのアリアケジャパンだ。

同社は1966年、有明特殊水産販売として東京で営業を開始。創業当初は、アサリの煮汁エキスから液体天然調味料を製造していた。同社は当時急速に市場を拡大していたインスタントラーメンに添付されるスープの素に着目し、明星食品の「チャルメラ」用に平貝エキスを納入。明星食品からの依頼もあり、シーズン性がある海産物を使った本格的中華スープと、深い味わいを実現するブレンド技術の開発に乗り出す。78年に畜産エキス生産工場をつくって粉末エキスの製造販売を開始。従来の手作業では効率が悪いため製造工程の自動化を図り、生産性を向上させる。この取り組みをきっかけに、同社の飛躍が始まることになる。

インスタントラーメンに次ぐ市場として同社が注目したのが、ファミリーレストランに代表される外食産業向け市場だ。81年当時の外食産業は天然調味料を使用しておらず、ブイヨンやフォ

CHAPTER02_環境分析によって市場への導入時期を踏まえたマーケティング戦略

▶POINT

3K業界を近代化し、生産方法を高度化させて、本格・本物を追求すると、競争相手が存在できなくなる。

ン・ド・ヴォーなどを各社で手づくりしていた。ここに同社は液体エキスの需要があると判断したわけだ。90年に現在のアリアケジャパンに社名を変更。生産設備を充実させ、すべての工程を管理できる自動無人化システムを開発、さらにこれまで蓄積したデータを活用して、味を数値化することにも成功する。

長期にわたり安定的でしかも採算のとれる価格で原料を調達するため、85年にカリフォルニアにグループ会社を設立。日本よりはるかに厳しい米国農務省の衛生基準を経験したことで、それに対応したエキス抽出の自動化構想が固まり、90年に30億円を投資してバージニア州に工場を建設する。また米国でチキン節（鳥のかつお節的商材）の製造と特許を取得する。

2003年にフランスのアランソン市に工場を設立、ネスレ社と部分的な提携も行う。世界的に知られる料理人ジョエル・ロブション氏の協力を得て、現地でチキンブイヨンをベースにした料理指導を受ける。当初は工業用商品を信任してくれなかった同氏だが、同社の取り組みと工場を見学したところ、納得してもらい協力を取り付けている。

フランスでは、料理のベースとなるブイヨンをつくるのに平均で4〜5時間かかる。同社は、この手間を数分に短縮する商材を開発して市場に投入。その結果、チキンブイヨンでレ・グレ・ドール賞（フランス企業と企業家連盟が優れた商品を提供する企業に授与する）を受賞するまでに評価を受ける。チキンブイヨンでは、世界の7つの主要市場で特許申請を行っている。

現在同社は天然調味料市場で国内シェアのおよそ50％を握り、日本と海外で6極体制を構築している。最適地生産方式を採用し、2500品目以上に上る取扱い商品のほぼすべてが業務用で、売上高

比率でおよそ8割はオーダーメイド商品によって構成されている。

同社商品を利用すると、納入先企業が自前で製造するよりも10〜50％コストを下げられるという。有価証券報告書からアリアケジャパンの商品を採用している企業を探すと、王将フードサービス、トリドール、幸楽苑などがある。アリアケジャパンは「取引関係の維持強化」も考え、これら外食企業の株式も保有している。

中食ブームに乗りCVS向け事業も拡大させ、セブン-イレブンで扱うチルドのビーフシチューなども手掛け始める。天然調味料からスタートした同社は、中間品や最終商品まで手掛けるメーカーにも成長している。

同社のビジネスはもともと大量の産業廃棄物が生まれ、同時に膨大な排水処理コストが必要な上に、仕事がきつく、汚れ、危険がともなう業界だった。それを手作業から製造工程すべてを全自動化し、さらに味を数値化したことで、数千種類の天然調味料を安定した品質で供給できる体制を確立したことが、同社の飛躍を裏で支えた。

資源対策として、諫早湾干拓地の農地に、産業廃棄物の「出汁がら」を再利用した発酵肥料を使った有機栽培場「アリアケファーム」を開き野菜づくりを開始。循環型農業に取り組むなど、産廃ゼロエミッションを標榜している。

生産から産業廃棄物と排水処理に至るまで膨大な設備投資が必要で、電気、ガス、重油、水といった資源を消費するビジネス構造ゆえに競争相手が少ない。また業務用市場に特化して独自の製造ノウハウを磨き上げたことが、他に類を見ない企業に成長した最大の要因といえるだろう。

## アリアケジャパン株式会社の概要

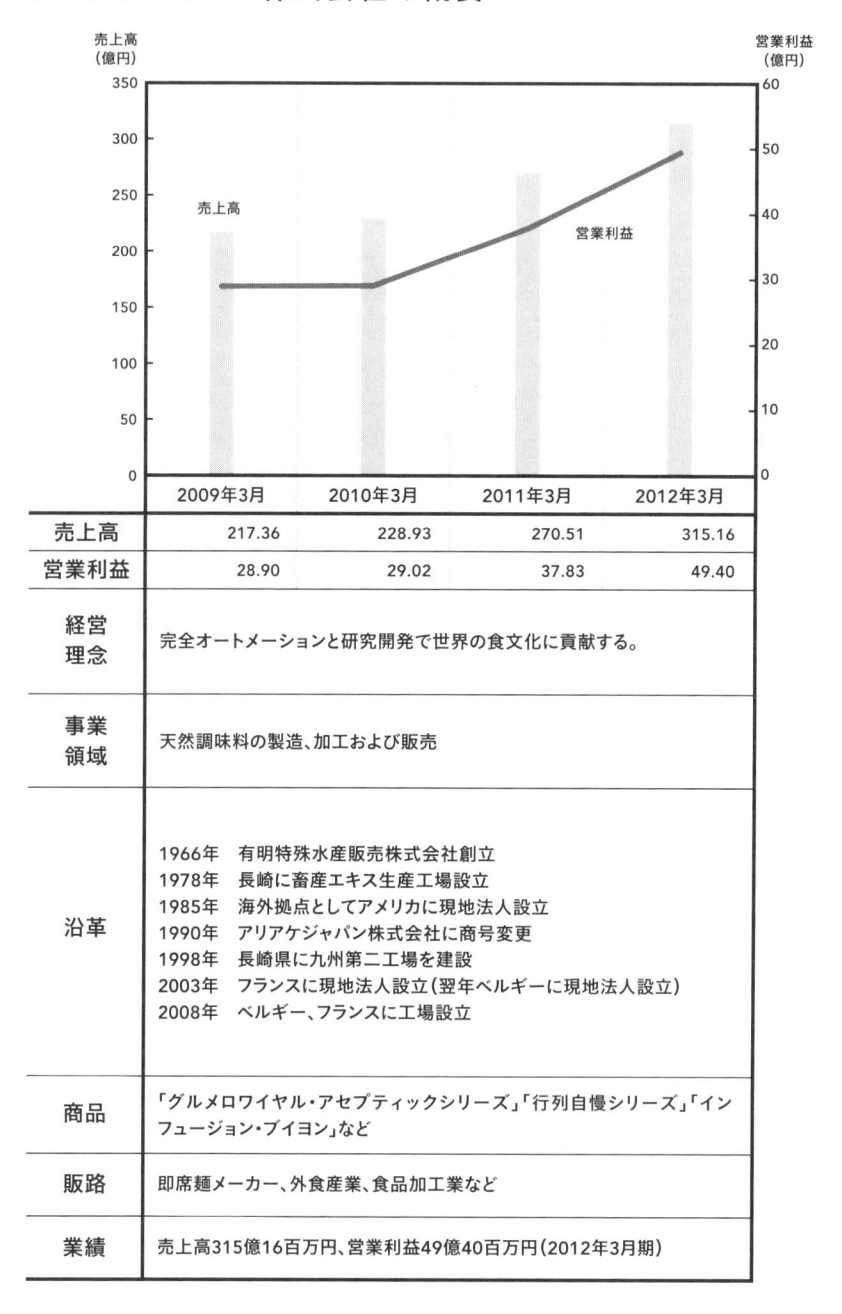

|  | 2009年3月 | 2010年3月 | 2011年3月 | 2012年3月 |
|---|---|---|---|---|
| 売上高 | 217.36 | 228.93 | 270.51 | 315.16 |
| 営業利益 | 28.90 | 29.02 | 37.83 | 49.40 |

| 経営理念 | 完全オートメーションと研究開発で世界の食文化に貢献する。 |
|---|---|
| 事業領域 | 天然調味料の製造、加工および販売 |
| 沿革 | 1966年　有明特殊水産販売株式会社創立<br>1978年　長崎に畜産エキス生産工場設立<br>1985年　海外拠点としてアメリカに現地法人設立<br>1990年　アリアケジャパン株式会社に商号変更<br>1998年　長崎県に九州第二工場を建設<br>2003年　フランスに現地法人設立（翌年ベルギーに現地法人設立）<br>2008年　ベルギー、フランスに工場設立 |
| 商品 | 「グルメロワイヤル・アセプティックシリーズ」「行列自慢シリーズ」「インフュージョン・ブイヨン」など |
| 販路 | 即席麺メーカー、外食産業、食品加工業など |
| 業績 | 売上高315億16百万円、営業利益49億40百万円（2012年3月期） |

## 内食、中食、外食の市場動向（1世帯当たり月平均食費支出推移）

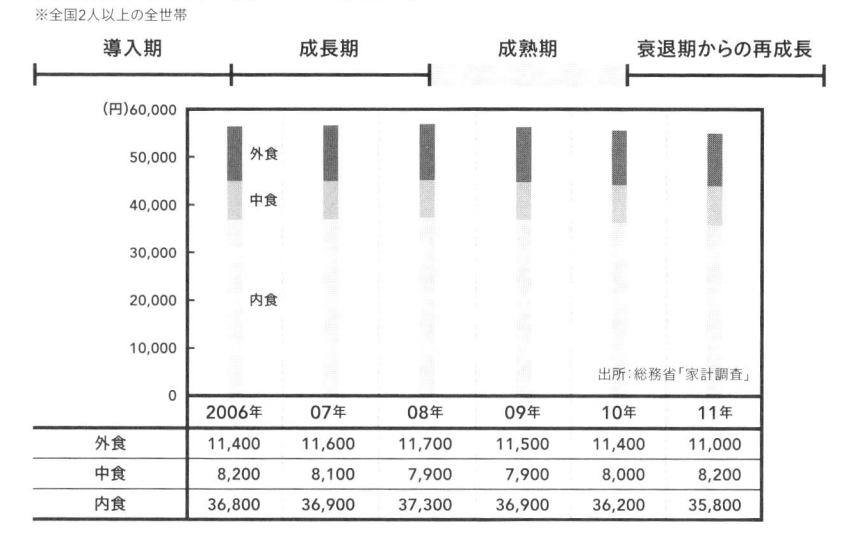

※全国2人以上の全世帯

| | 導入期 | 成長期 | | 成熟期 | | 衰退期からの再成長 | |
|---|---|---|---|---|---|---|---|
| | 2006年 | 07年 | 08年 | 09年 | 10年 | 11年 |
| 外食 | 11,400 | 11,600 | 11,700 | 11,500 | 11,400 | 11,000 |
| 中食 | 8,200 | 8,100 | 7,900 | 7,900 | 8,000 | 8,200 |
| 内食 | 36,800 | 36,900 | 37,300 | 36,900 | 36,200 | 35,800 |

出所：総務省「家計調査」

## アリアケジャパンの市場導入戦略背景

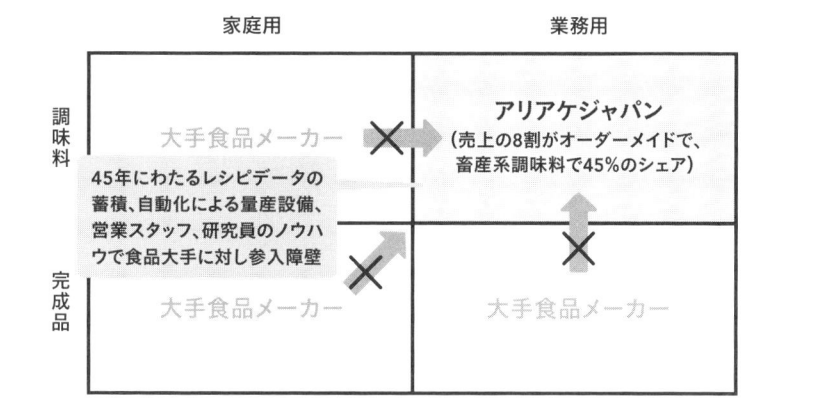

|  | 家庭用 | 業務用 |
|---|---|---|
| 調味料 | 大手食品メーカー ✗ | アリアケジャパン（売上の8割がオーダーメイドで、畜産系調味料で45%のシェア） |
| 完成品 | 大手食品メーカー ✗ | 大手食品メーカー ✗ |

45年にわたるレシピデータの蓄積、自動化による量産設備、営業スタッフ、研究員のノウハウで食品大手に対し参入障壁

▸ARIAKE JAPAN

少子高齢化、デフレ経済進行下で食市場全体が成熟化する中、躍進を続けるアリアケジャパン。成功の鍵は、業務用の天然調味料に特化した市場でノウハウを蓄積し、圧倒的なシェアを実現したことで、マーケットデータが蓄積され、さらに業績が伸長する好循環を継続。

CHAPTER02

CASE 05 ピジョン

・PIGEON

## 成熟期の市場導入戦略②

## 少子高齢化に対応し、国内市場で先手を打つ

2桁近い増収増益を記録して年商は650億円、しかも2012年の日経総合企業ランキングの投資家部門で第1位を獲得するという評価を受けた企業がピジョンだ。

「平和な社会の将来をになう子ども達が、健やかに育ってほしい」という考えの下に創業した同社は、哺乳器の製造販売から事業を開始した。

昭和30年代当時、多くの哺乳びんは品質が劣っており、赤ちゃんがミルクをうまく飲めない状況にあった。創業者の仲田祐一氏は、赤ちゃんが母乳を飲むときと同じように飲める哺乳びん用の乳首を開発するため、出産経験のある1000人近い女性の乳首を自ら実際に吸ったというエピソードを持つ人物だ。こうした取り組みにより、日本初のキャップと吸い口のゴムが別々に分かれた現在の哺乳びんの原型が誕生する。

の乳幼児の成長のメカニズムは世界共通であることを踏まえ、子育て中の母親から乳幼児の成長哺乳器以外のカテゴリーでは、ベビーシューズの開発に着手する。生まれてから約18カ月までの乳幼児の成長のメカニズムは世界共通であることを踏まえ、子育て中の母親から乳幼児の成長過程を毎週ビデオで記録し送ってもらうなど、情報収集に5年をかけて基礎データを積み重ねる。

そして商品化の際には、基礎研究からテスト販売に至るまでに7年、その後の開発に10年を費やしている。

その結果、乳幼児は大人と異なり足が扇形で、親指に力を入れて歩くことがわかる。その特徴に対応して、幅広の形状をしたベビーシューズを開発。従来のベビーシューズ市場を大きく変化させた。

1976年には、0歳からの歯みがきの習慣付けをサポートする世界初のゴム製「乳歯ブラシ」を発売。赤ちゃんのことを熟知するピジョンらしい商品として評価される。

哺乳器から始まった同社の事業は、哺乳関連用品から離乳食関連用品、ベビーフードや飲料、シューズ、医薬品、おもちゃ用品、赤ちゃん用食具などの離乳食関連用品、ベビーフードや飲料、シューズ、医薬品、おもちゃへと拡大し、12年時点で取扱いアイテム数は600に及ぶ。

高度成長期が終わると、日本は本格的な少子高齢化が始まった。この社会構造変化にピジョンはいち早く対応し、ベビー用品の開発ノウハウを活かして75年に高齢者分野に進出する。

同社のヘルスケア用品事業は、育児用品事業で培った技術力と情報力を生かし、老化に関する基礎研究を重ねて、介護用品や老化予防用品などの商品化を進めた。

06年4月に介護保険法が改正され、自立支援を推進する「介護予防システム」に重点が置かれた。これを踏まえ、07年8月に健康な高齢者と軽度要介護者向けの老化予防ブランド「リクープ」を立ち上げる。ここで開発された「負担軽減サポーター」は、立ち仕事や階段の上り下りを支え、腰、膝、足首の負担を軽減する女性向けの商品だ。ヘルスケア用品では要介護者向けの

▶POINT
・・・・・・・・・・・・・・・・・・・・・・・・・・・・・・・・・・・・・・・・・・・・・・・・・・・・・・・・・・・・・・・・・・・・・・・・・・・・・・・・・・・・・・・・・・・・・・・・・・・・
ライフステージの変化によって、せっかくの顧客が流出しないように、自社のノウハウを拡張させることだ。

「ハビナース」を加え、「リクープ」との2大ブランドによってこの事業の成長を図る考えだ。

また「仕事と育児を両立させたい」という時代のニーズに応えて開始したのが、「保育」「託児」「ベビーシッター」などの子育て支援事業だ。現在、ピジョングループは育児事業に加え、育児を支える企業に成長している。

10年の出生数は107・1万人なのに対して11年は105・1万人と、過去最低を更新した。出生数の回復基調は見られず、幼児や子供を対象にした事業には厳しい市場環境が続いている。

だが同社のように育児から育児を支える事業、そして高齢者向け事業に自社のノウハウを活用して拡張することで、縮小する国内市場にあっても成長を続けることが可能だ。

幼児と高齢者には共通する商品ニーズが存在する。また幼児におむつが必要なように、一部の高齢者にもおむつが必要になる。このように、幼児と高齢者には共通する商品ニーズが存在する。

幼児の目は良くても「識字」できず、高齢者になると老眼などで文字が見えにくくなる。また幼児におむつが必要なように、一部の高齢者にもおむつが必要になる。このように、幼児と高齢者には共通する商品ニーズが存在する。

母親である女性たちに対し育児用品で培ったピジョンの安全性と信頼性の評価を、子育てを終えた後に購入される高齢者向け商品のメーカーとして、再び活用することは可能であり、強固な企業資源となる。子育て期から高齢者の介護期に至るまで、生活者に顧客になってもらうことができれば、ライフタイムバリュー（顧客の生涯価値）を最大化することにつながる。

## ピジョン株式会社の概要

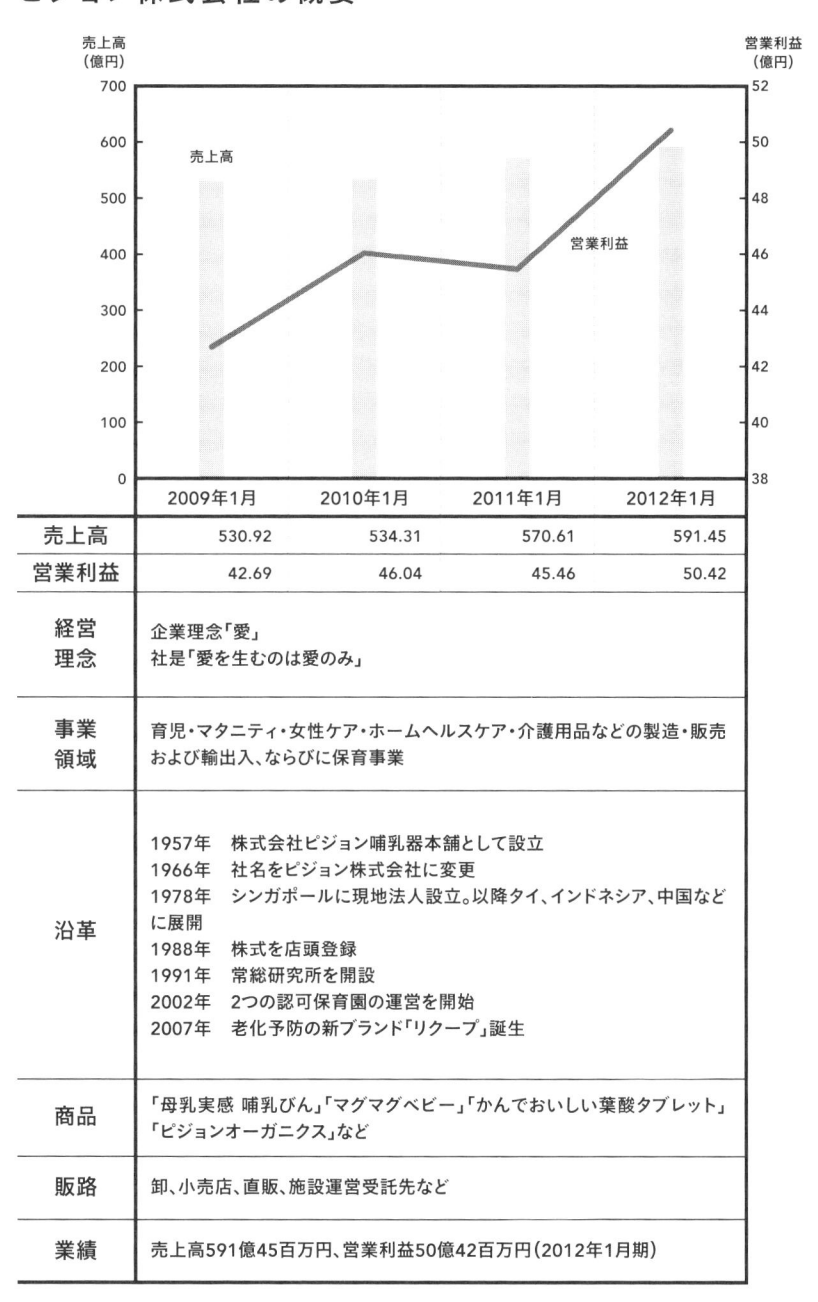

売上高（億円） / 営業利益（億円）

|  | 2009年1月 | 2010年1月 | 2011年1月 | 2012年1月 |
|---|---|---|---|---|
| 売上高 | 530.92 | 534.31 | 570.61 | 591.45 |
| 営業利益 | 42.69 | 46.04 | 45.46 | 50.42 |

| | |
|---|---|
| 経営理念 | 企業理念「愛」<br>社是「愛を生むのは愛のみ」 |
| 事業領域 | 育児・マタニティ・女性ケア・ホームヘルスケア・介護用品などの製造・販売および輸出入、ならびに保育事業 |
| 沿革 | 1957年　株式会社ピジョン哺乳器本舗として設立<br>1966年　社名をピジョン株式会社に変更<br>1978年　シンガポールに現地法人設立。以降タイ、インドネシア、中国などに展開<br>1988年　株式を店頭登録<br>1991年　常総研究所を開設<br>2002年　2つの認可保育園の運営を開始<br>2007年　老化予防の新ブランド「リクープ」誕生 |
| 商品 | 「母乳実感 哺乳びん」「マグマグベビー」「かんでおいしい葉酸タブレット」「ピジョンオーガニクス」など |
| 販路 | 卸、小売店、直販、施設運営受託先など |
| 業績 | 売上高591億45百万円、営業利益50億42百万円（2012年1月期） |

## 哺乳びんを取り巻く市場動向（出生数の推移）

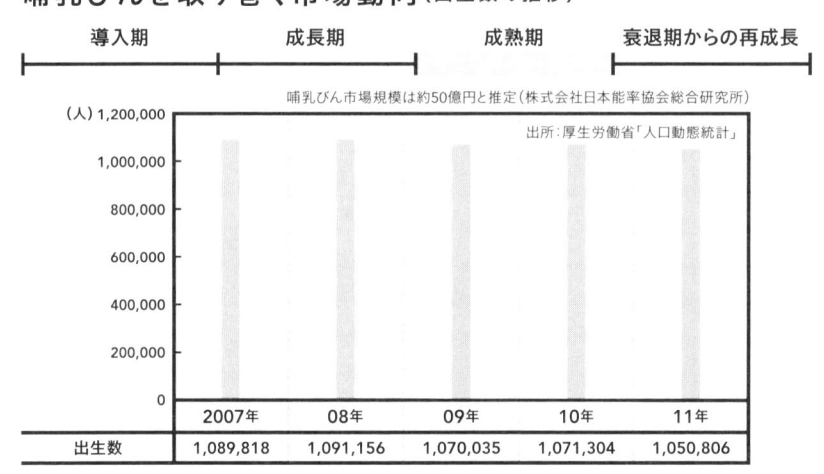

導入期 ／ 成長期 ／ 成熟期 ／ 衰退期からの再成長

哺乳びん市場規模は約50億円と推定（株式会社日本能率協会総合研究所）
出所：厚生労働省「人口動態統計」

| | 2007年 | 08年 | 09年 | 10年 | 11年 |
|---|---|---|---|---|---|
| 出生数 | 1,089,818 | 1,091,156 | 1,070,035 | 1,071,304 | 1,050,806 |

## ピジョンの市場導入戦略背景

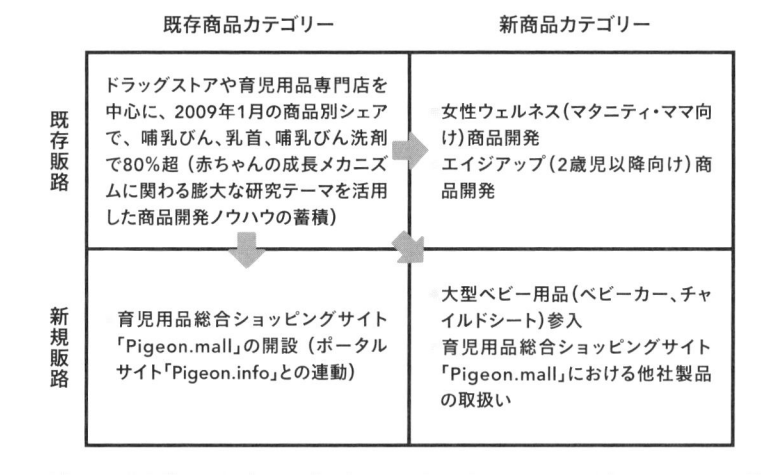

| | 既存商品カテゴリー | 新商品カテゴリー |
|---|---|---|
| 既存販路 | ドラッグストアや育児用品専門店を中心に、2009年1月の商品別シェアで、哺乳びん、乳首、哺乳びん洗剤で80％超（赤ちゃんの成長メカニズムに関わる膨大な研究テーマを活用した商品開発ノウハウの蓄積） | 女性ウェルネス（マタニティ・ママ向け）商品開発 エイジアップ（2歳児以降向け）商品開発 |
| 新規販路 | 育児用品総合ショッピングサイト「Pigeon.mall」の開設（ポータルサイト「Pigeon.info」との連動） | 大型ベビー用品（ベビーカー、チャイルドシート）参入 育児用品総合ショッピングサイト「Pigeon.mall」における他社製品の取扱い |

▶PIGEON

少子化で国内の出生数が横ばい傾向にある中で業績を伸長するピジョン。哺乳びんを中心とした既存商品カテゴリーで高いシェアを維持しながら、ネット直販による新規販路展開、および新しい商品カテゴリーや顧客年齢層の拡大により、成熟市場でもさらなる成長を志向。

CHAPTER02 環境分析によって市場への導入時期を踏まえたマーケティング戦略

Suntory Liquors

CHAPTER02

CASE 06

サントリーの角ハイボール

衰退期から再成長に向けた市場導入戦略①

## 20年以上衰退してきたウイスキー市場を活性化

日本のウイスキー市場は、1983年にピークを打って以降その需要は大きく減少し、2008年には83年と比較して数量ベースで5分の1にまで落ち込む状況になっていた。衰退の主な要因は、「ウイスキー愛飲層の高齢化」「若年層のウイスキー離れ」「業務店の業態変化」だ。サントリーは再三ウイスキー市場活性化の取り組みを行ってきたが、市場の衰退を止めることができなかった。そうした中、08年に同社内で「角ハイボールプロジェクト」が立ち上がる。

ウイスキー市場に活気のあった時代は、業務用の主要販路はクラブやバー、そしてスナックだった。バブル経済の崩壊により接待に代表される法人需要が激減し、こうした業態の経営は厳しくなり、同時にウイスキーの消費量も減少していく。

これに代わって台頭する業態が居酒屋だ。08年当時、居酒屋にはビールや焼酎、チューハイは品揃えされていたが、ウイスキーはなかった。居酒屋でウイスキーを飲用する場面や理由がないためだ。ウイスキーを取扱わない居酒屋は、09年末で6万店(近年は18万店)に上っていた。

そこで同社は、居酒屋でウイスキーを飲んでもらう条件を徹底的に洗い出す。これまでのウイ

▶POINT

企業とそこに働く社員があきらめないかぎり、市場の衰退は阻止することができる。

スキーの飲み方は、食後酒としての飲用機会が多く、水割りが大勢を占めていた。居酒屋で最初にオーダーされるビールは喉越しの良さに加え、食中飲料としても機能する。ビールではなくウイスキーを飲んでもらうには、最初の1杯にふさわしい最適な飲み方が必要だと考え、古くから存在していたが認知度が低いハイボールに着目する。

ウイスキーを知らない新たな顧客層と居酒屋市場にフォーカスを合わせたマーケティングを展開するため、サントリーは最初にハイボールが最もおいしくなる飲み方を模索し、導き出す。それが「角ハイボールこだわり3カ条＋1」だ。

3カ条の内容は、①グラスいっぱいに氷を入れ、温度にこだわる。②最適な炭酸圧を維持するため、冷やしたソーダを静かに注ぎ、混ぜ合わせる際は縦にマドラーを1回だけ回す。③ウイスキー1に対してソーダ4の割合。角瓶のアルコール度数は40％で、1対4の割合だとアルコール濃度は8％になる。氷入りのグラスを使用すると、氷が解けて7％程のアルコール度数になる。

以上の3カ条が、ハイボールを最もおいしくする黄金比率のつくり方だ。

さらに＋1とは、氷をグラスに入れる前にレモンを搾って入れておくと、程よい風味と酸味が加味されて、ウイスキーの味が引き立つというレシピだ。

次に考案したのが、業務店でのジョッキグラスの起用だ。喉越しが良く、食中飲料として飲める容量と形状だからだ。またハイボールを提供する店舗で味と品質が統一でき、黄金比率のハイボールがつくれる専用サーバー「角ハイボールタワー」も開発し業務店に設置する。さらに、たこ焼きチェーン「銀だこ」とタイアップしてハイボール専門店を立ち上げる。立ち飲み店、焼き

鳥店、女性向けバル（スペイン風パブ）などにも販路を拡大していく。

「角ハイボール」のテレビ広告は、石川さゆりの「ウイスキーがお好きでしょ」のテーマソングとともに、想定した顧客の中心層である30代男性と同世代で、彼らに人気を持つ小雪をモデルに起用。「トリスハイボール」では、吉高由里子を起用し、それぞれにハイボールを飲む場面を想起させる作品に仕上げた。

ネットを活用したコミュニケーションも、角ハイボールプロジェクトが発足当初から重視した施策だ。情報発信力のあるブロガーを蒸留所などに招待してウイスキーの製造工程を見学してもらい、ハイボールを体験してもらうイベントを開催。ブロガーを通じて参加を呼びかけ、全国7地区で合計1万800人が参加。その印象がブログにアップされるように働きかけた。

また「おいしい角ハイボールの作り方」ムービーを制作し、ホームページ上にアップする。前述した「角ハイボール」に沿って、小雪がハイボールをつくる過程を紹介。この動画のURLをブロガーが記事中に貼り付けてくれ、さらにユーチューブにアップされると、わずか1カ月間で105万2935アクセスと、広告費換算でおよそ1億円分の価値を生む。

同社は業務用需要に加え、缶入り「角ハイボール」を発売。10年には低価格帯で缶入りの「トリスハイボール」を追加投入。この取り組みで、居酒屋には行きにくい主婦層獲得にも成功する。サントリーウイスキーの販売量は10年には前年比プラス17％を記録。20年以上にわたる長期低落傾向から脱出することに成功する。市場が衰退期に入っても、企業意思とマーケティングによって市場を再活性化できる好事例だろう。

## サントリー酒類株式会社の概要

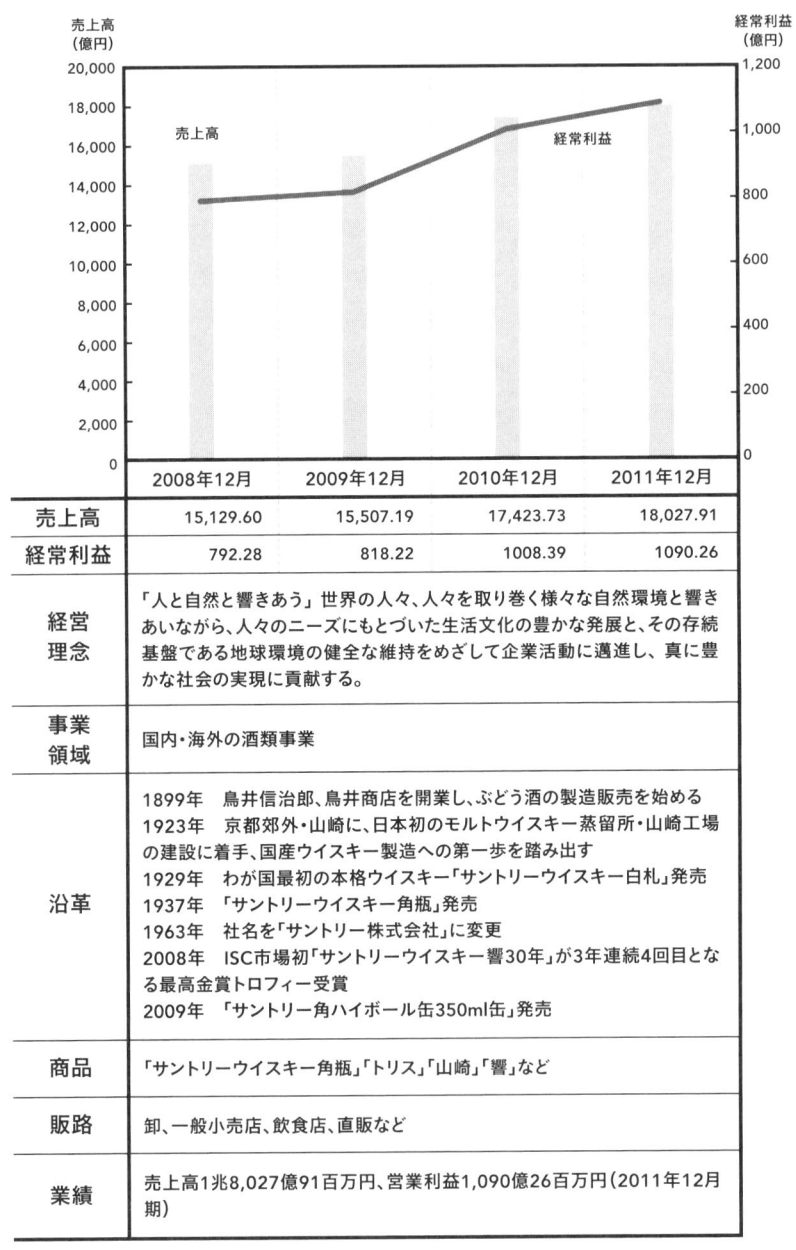

売上高(億円) / 経常利益(億円)

| | 2008年12月 | 2009年12月 | 2010年12月 | 2011年12月 |
|---|---|---|---|---|
| 売上高 | 15,129.60 | 15,507.19 | 17,423.73 | 18,027.91 |
| 経常利益 | 792.28 | 818.22 | 1008.39 | 1090.26 |
| 経営理念 | 「人と自然と響きあう」世界の人々、人々を取り巻く様々な自然環境と響きあいながら、人々のニーズにもとづいた生活文化の豊かな発展と、その存続基盤である地球環境の健全な維持をめざして企業活動に邁進し、真に豊かな社会の実現に貢献する。 | | | |
| 事業領域 | 国内・海外の酒類事業 | | | |
| 沿革 | 1899年　鳥井信治郎、鳥井商店を開業し、ぶどう酒の製造販売を始める<br>1923年　京都郊外・山崎に、日本初のモルトウイスキー蒸留所・山崎工場の建設に着手、国産ウイスキー製造への第一歩を踏み出す<br>1929年　わが国最初の本格ウイスキー「サントリーウイスキー白札」発売<br>1937年　「サントリーウイスキー角瓶」発売<br>1963年　社名を「サントリー株式会社」に変更<br>2008年　ISC市場初「サントリーウイスキー響30年」が3年連続4回目となる最高金賞トロフィー受賞<br>2009年　「サントリー角ハイボール缶350ml缶」発売 | | | |
| 商品 | 「サントリーウイスキー角瓶」「トリス」「山崎」「響」など | | | |
| 販路 | 卸、一般小売店、飲食店、直販など | | | |
| 業績 | 売上高1兆8,027億91百万円、営業利益1,090億26百万円(2011年12月期) | | | |

※サントリー酒類株式会社単独での業績は非開示のため、サントリーホールディングス株式会社で掲載

CHAPTER02_環境分析によって市場への導入時期を踏まえたマーケティング戦略

## ウイスキー市場動向推移

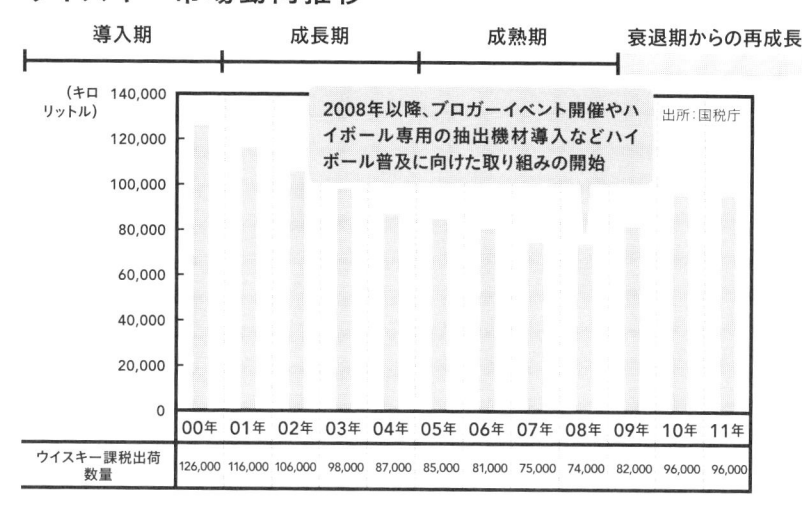

| 期区分 | 導入期 | 成長期 | 成熟期 | 衰退期からの再成長 |
|---|---|---|---|---|

出所：国税庁

2008年以降、ブロガーイベント開催やハイボール専用の抽出機材導入などハイボール普及に向けた取り組みの開始

| | 00年 | 01年 | 02年 | 03年 | 04年 | 05年 | 06年 | 07年 | 08年 | 09年 | 10年 | 11年 |
|---|---|---|---|---|---|---|---|---|---|---|---|---|
| ウイスキー課税出荷数量（キロリットル） | 126,000 | 116,000 | 106,000 | 98,000 | 87,000 | 85,000 | 81,000 | 75,000 | 74,000 | 82,000 | 96,000 | 96,000 |

## サントリー酒類の市場導入戦略背景
（チューハイ、サワーなどのリキュール類出荷推移）

※出所：インターワイヤード株式会社
出所：国税庁

最初の1杯にチューハイ・サワー・カクテルを選ぶ人 **50.2%** （ウイスキー21.2%）

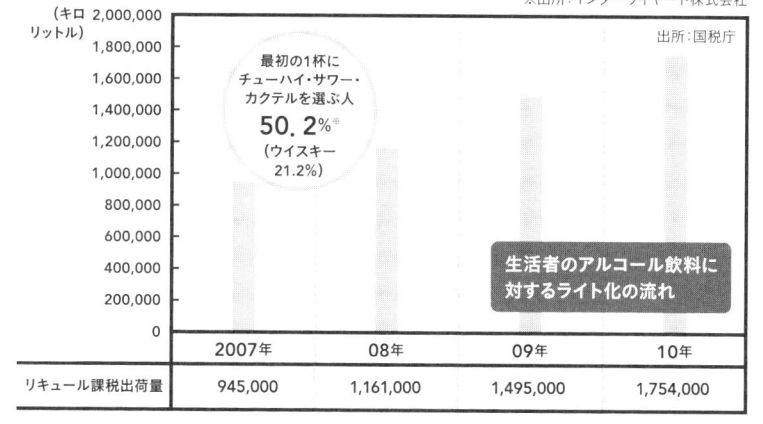

生活者のアルコール飲料に対するライト化の流れ

| | 2007年 | 08年 | 09年 | 10年 |
|---|---|---|---|---|
| リキュール課税出荷量（キロリットル） | 945,000 | 1,161,000 | 1,495,000 | 1,754,000 |

▸Suntory Liquors

新しいウイスキーの飲み方を提案したサントリー酒類。最初の1杯にチューハイ、サワー、カクテルなどのライトアルコールを嗜む若者、女性に向けて、ウイスキーをソーダ水で割るハイボールを提案し、ウイスキー市場を見事復活させた。ヘビーユーザー中心のマーケティングからライトユーザーに裾野を広げるマーケティング展開が成功の鍵。

CHAPTER02

CASE

## 07 タニタ

衰退期から再成長に向けた市場導入戦略②

## 情報コンテンツとサービスの創出で市場を活性化

タニタは1923年に創業し、シガレットケースや貴金属宝飾品などの製造販売を手掛け、戦中は軍用通信機部品を生産していた。戦後は真鍮製シガレットケース、トースターなどを製造販売。63年に日本初のターンオーバー式のオーブントースターを開発して量産化する。電気ポットやシガレットケースから派生した電子ライターも、タニタが開発した日本初の商品だ。

当時は大企業からの生産委託によるOEMが中心で、自社ブランドで商品を開発生産し販売することはできなかった。当初ヘルスメーターもOEM供給していたが、独自の販路を開拓し、63年に自社ブランド化して販売を開始。業界初のベルトコンベア方式による大量生産システムを導入したことにより、タニタのヘルスメーターは各家庭に浸透していく。

タニタのブランドが確立するのは、92年に発売した世界初の「乗るだけで計測できる体脂肪計」と、94年に同じく世界初となる「家庭用体脂肪計付ヘルスメーター」を発売してからだ。

同社は経営理念として『はかる』を通して世界の人々の健康づくりに貢献します」を掲げているこもあり、社員が不健康では売れるものも売れなくなる。そこで、社員の健康の維持・増

CHAPTER02_環境分析によって市場への導入時期を踏まえたマーケティング戦略

進を目的に、板橋区の本社に社員食堂を99年にオープンさせる。

この食堂では1定食当たりのエネルギー量を500キロカロリー前後に抑え、野菜が150～200グラム、塩分は約3グラムになるように調整し、健康的でバランスのとれたメニューを提供していた。このメニューが、NHKの番組「サラリーマンNEO」の中にある「世界の社食から」に取り上げられ、2009年4月に放映される。

この番組を見た大和書房から依頼があり、レシピ本『体脂肪計タニタの社員食堂』を10年1月に出版（初版1万2000部）。しだいに世間の注目を集め、5万部から10万部になると情報が拡散して、「その食堂で食べてみたい」という取材がテレビや新聞から入るようになる。報道されるたびに本の売上は伸張し、発売した年の11月には100万部を超え、レシピ本の続編も発売された。結果的に書籍は425万部を超え、同社レシピの有用性を証明した。その後韓国版と台湾版も刊行されている。

だがレシピ本はヒットしても、本業の計測器事業は海外から低価格商品が相次いで参入していたため、機能は高いが価格も高い商品を販売するタニタの経営はかんばしくなかった。そこに食堂出店の話が舞い込む。これが12年1月に東京丸の内で働く人々の健康をサポートするために誕生した「丸の内タニタ食堂」だ。

「丸の内タニタ食堂」は「社員食堂」をコンセプトに、健康情報を発信するアンテナショップとして、食事の提供から無料の健康アドバイス、営業時間外のイベント対応など「食事」を軸にして多様な角度から健康への取り組みを行う。タニタは健康を測る「モノ（計測器）」をつくる企

▶POINT

モノの価値（商品機能）にコト（ダイエットメニューなどのノウハウ）を加味すると、企業の価値とその存在意義が飛躍的に向上する。

業だが、生活習慣病が増加し、医療費負担が国や企業を圧迫する社会背景を踏まえ、同社の新たな取り組みとしてこの食堂事業を位置付けた。

「丸の内タニタ食堂」は現在、1店舗当たり年間7200万円を売り上げるモデルになっている。状況を見極めた上で、店舗数の拡大を視野に入れているようだ。

レシピ本や食堂の成功により他社から共同開発の依頼が急増し、森永乳業との間で、人工甘味料を使用せず、しょうゆを隠し味に使うなどしてカロリーを通常の3〜5割抑えた「100キロカロリーデザート・プリン」シリーズも誕生。年商10億円でヒットといわれるプリン市場で、初年度に10億円の売上を達成している。さらに、これまでの経緯を描いた映画の公開が予定されるなど、タニタの一連の取り組みとそのパブリシティ効果は、本業に大きな影響を与えている。

現在同社の売上高は130億円だが、これを300億円に拡大するとしている。タニタは体脂肪計や体組成計などの「モノ（ハード）」の成功体験に固執していない。社員食堂のレシピを活用した美と健康のコンテンツ資源、丸の内タニタ食堂での健康サポートといった「コト（サービス）」を生み出し、成熟したように見える市場を活性化させている。

商品機能で勝負することの多い日本のメーカーは、家電市場でその力を発揮していた。だが商品に加えてiTunesというコンテンツのダウンロードサービスを考え出したことで、瞬く間に市場を席巻したアップル社は、「コト（サービス）」の価値を理解していた。

「モノ（ハード）」の市場がいくら成熟しても、新たな「コト（サービス）」を誕生させると、その市場はいっきに活性化するという好事例だ。

86

## 株式会社タニタの概要

| | |
|---|---|
| 経営理念 | 「我々は、「はかる」を通して世界の人々の健康づくりに貢献します。」<br>1.我々は、肥満の予防・改善のNo.1トータルサポート企業になります。<br>2.我々は、独創的なアイディアで技術・システムを構築しつづけ、優れた商品とサービスを提供していきます。<br>3.我々は、1人ひとりが規律を重んじ、高い目標を持ち、やりがいのある企業風土を作ります。 |
| 事業領域 | 家庭用、業務用計量器(体組成計、脂肪計付ヘルスメーター、ヘルスメーター、クッキングスケール、活動量計、歩数計、タイマー、尿糖計、塩分計、血圧計、デジタルカロリースケール、体温計、温湿度計)などの製造・販売 |
| 沿革 | 1923年　谷田賀良倶商店創業<br>1959年　ハカリ製造許可証取得、ヘルスメーター製造開始<br>1964年　秤事業部設置、クッキングスケール販売開始<br>1967年　(株)タニタ製作所に社名変更<br>1968年　ヘルスメーター生産台数100万台突破<br>1974年　「はかるもの」への進出方針を打ち出す<br>1979年　ヘルスメーター1000万台売上達成<br>1980年　業務用秤製造開始<br>1986年　株式会社タニタに改称<br>1992年　世界初の体内脂肪計発売<br>1997年　ヘルスメーター(脂肪計含む)売上世界NO.1達成<br>2001年　世界初の内臓脂肪チェック付脂肪計(インナースキャン)新発売<br>2004年　タニタ健康大賞がスタート<br>2010年　「体脂肪計タニタの社員食堂」出版<br>2012年　丸の内タニタ食堂開業 |
| 商品 | 「InnerScan(インナースキャン)」「体組成計BCシリーズ」「体脂肪計付ヘルスメーター」「デジタルヘルスメーター」「アナログヘルスメーター」「カロリズム」「からだカルテ」 |
| 販路 | 家電量販店、医療、運動施設、学校、生産施設、流通施設、販売施設、直販など |
| 業績 | 売上高130億円(2012年3月期) |

※売上高、営業利益非公開のため、2012年3月期を除き割愛

## 体重体組成計を取り巻く市場動向（家計支出の推移）

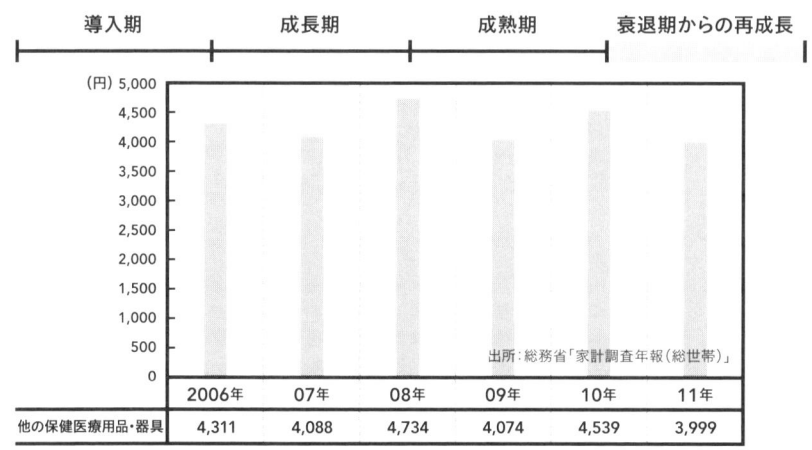

| | 導入期 | 成長期 | 成熟期 | | 衰退期からの再成長 |
|---|---|---|---|---|---|
| | 2006年 | 07年 | 08年 | 09年 | 10年 | 11年 |
| 他の保健医療用品・器具 | 4,311 | 4,088 | 4,734 | 4,074 | 4,539 | 3,999 |

出所：総務省「家計調査年報（総世帯）」

※他の保健医療用品・器具にはヘルスメーター他体温計などの医療用品・器具を含む

## タニタの市場導入戦略背景

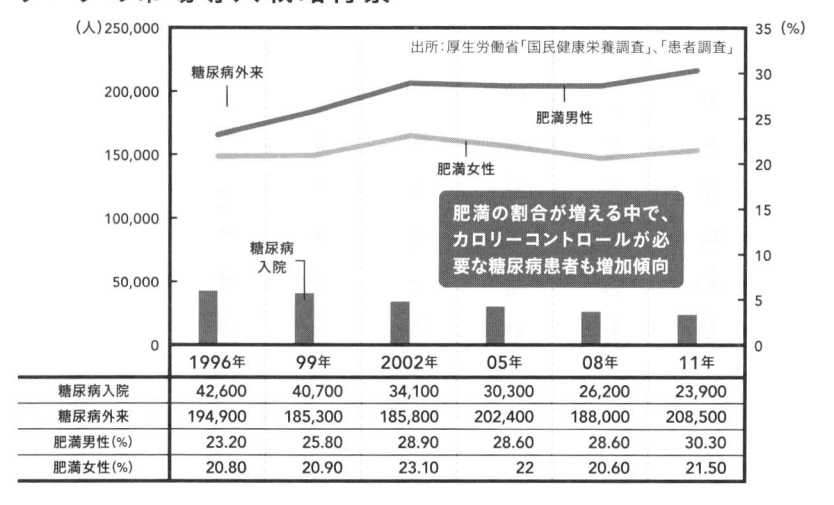

| | 1996年 | 99年 | 2002年 | 05年 | 08年 | 11年 |
|---|---|---|---|---|---|---|
| 糖尿病入院 | 42,600 | 40,700 | 34,100 | 30,300 | 26,200 | 23,900 |
| 糖尿病外来 | 194,900 | 185,300 | 185,800 | 202,400 | 188,000 | 208,500 |
| 肥満男性(%) | 23.20 | 25.80 | 28.90 | 28.60 | 28.60 | 30.30 |
| 肥満女性(%) | 20.80 | 20.90 | 23.10 | 22 | 20.60 | 21.50 |

出所：厚生労働省「国民健康栄養調査」、「患者調査」

**肥満の割合が増える中で、カロリーコントロールが必要な糖尿病患者も増加傾向**

▶TANITA

体重体組成計市場が伸び悩みを見せる中で、「計る」機能に留まらず顧客の健康を管理する視点に変えることで、市場の下落傾向に歯止めをかけたタニタ。肥満者の割合が下がらず糖尿病患者数の増加など、今後の医療費増大などの社会課題が懸念される中で、同社の取り組みが期待される。

CHAPTER

03

**SEGMENTATION**

セグメンテーションに重点を置いたマーケティング戦略

CHAPTER03

・SEGMENTATION

# STPプロセスの要はセグメンテーションによる独自発想だ

## 4つの視点に基づくセグメンテーションの具体的な方法

STPのプロセスに沿って市場を細分化する際、企業は「マスマーケティング」「セグメントマーケティング」「ニッチマーケティング」「ミクロマーケティング」の4つの方法から、どのマーケティングを選択するかをまず考慮すると記載されているテキストが多い。だが実務上では、市場を細分化した後に、そこで抽出された切り口からマーケティングの方法を決定するほうが多い。

そこで本章では、マーケティングの実務において活用されることが多い「セグメンテーションに重点を置いたマーケティング戦略」について解説していく。市場細分化については、最適なマーケティング方法を見出すためには、市場を細分化するプロセスが欠かせない。市場細分化については、「消費財・耐久消費財」の企業と「生産財」の企業とでは視点が異なるが、まず前者における市場細分化について述べていく。消費財・耐久消費財には「地理的細分化」「人口動態的細分化」「サイコグラフィック的細分化」「行動による細分化」という4つの視点がある。

90

## 1 地理的細分化

市場を国や地域、都市の規模や人口密度、そして気候などを切り口に細分化する方法だ。

● 国や地域による地理的細分化

コカ・コーラ社が当初日本限定で発売した缶コーヒー「ジョージア」がある。米国本社では「缶入りの砂糖が入ったコーヒー飲料」など需要はないと判断され、日本での市場導入に難色を示した。だが、実際に日本国内で発売してみると大ヒットとなる。

全世界を市場とするグローバル企業の場合、本国で生まれた商品を本国と同じマーケティング手法で世界に広げようと考えるところが多い。しかし、それが必ずしもうまくいくわけではない。ときにはグローバリゼーション（全世界対応）とローカライゼーション（現地対応）の使い分けが必要になる。

● 気候による地理的細分化の事例

北海道や東北、山陰地方などの降雪地帯や山間地など悪路を走破する際に、通常の2輪駆動のクルマでは支障をきたすことが多い。そこで4輪駆動車が誕生し、クルマの新たな市場に成長した。また日本人が好む季節限定商品も、気候で細分化すれば容易にたどり着く切り口だ。

## 2 人口動態的細分化

年齢、性別、世帯構成、ライフステージ（独身、既婚、既婚で子供なしなどに分類する。ライフサイクルとも呼ぶ）、所得、職業、教育、宗教、人種、世代、国籍などによって細分化する視点である。生活者ニーズと密接に結びついているため、実務で頻繁に活用できる手法だ。

- **年齢の細分化視点**

過去に若者を対象にしたブランドや、団塊世代・シニア世代向けのブランドなど、単なる年齢区分で商品開発やマーケティングを行う時代があった。だが今では高齢者であっても若々しい商品を望む人が増え、実年齢と精神年齢に大きな乖離が生まれている。年齢区分だけでは顧客の特性を、年齢ニーズ、購買力、仕事や家族の内容を推し量ることができなくなっている。顧客の特性を、年齢だけで一面的に判断するのは誤りだ。固定観念に縛られて細分化を行ってはいけない。

- **性別という細分化視点**

自動車やビールなどによく登場する「女性向け」という切り口がある。だが、既存商品を目先だけ変えて女性仕様にする方法は、生活者に通用しなくなった。今は子供や妊婦、お年寄りでも使い勝手が良い商品やサービス、そしてユニバーサルデザインであるほうが好ましい。

- **所得による細分化**

富裕層向け商品やサービスが代表的だが、近年は所得が限られている人たちに向けたビジネスも数多く登場している。タタ・モーターズ（インド）の超低価格車「ナノ」がその代表例だ。

- **ライフステージによる細分化視点**

人生の節目において、生活環境は変化する。たとえば女性の場合、結婚、妊娠・出産、子育てといった人生の節目がある。

3 **サイコグラフィック的細分化**

生活者の価値観などを調査（サイコグラフィック）し、生活者を社会的階層（中流、中の上、

中の中などの区分）、ライフスタイル、パーソナリティなどによって細分化することだ。

● ライフスタイルの切り口

ライフスタイルは個人の生活様式であり、人生観や価値観、習慣などを含めた生き方だ。

たとえば鉄道ファン（列車に乗るのが好きな「乗り鉄」、列車の撮影などが好きな「撮り鉄」、鉄道模型が好きな「模型鉄」、女性の鉄道ファンの「鉄子」など多様なファンが存在する）に絞り込み、鉄道ファン向け専用施設をつくって自社の強みにするといった取り組みがそうだ。伊豆の旅館「花月園」は、宴会場を改造してNゲージとHOゲージ用の模型用ジオラマをつくり、宿泊客がそこで自分の鉄道模型を走らせることができる。

## 4 行動による細分化

行動による細分化とは、購買状況、求められるベネフィット（品質やサービス、価格や利便性など）、使用者のタイプ（現在使用中、過去に使用した、使用したことがないなど）、使用率（よく使う、たまに使うなど）、ロイヤルティ（企業や商品に対する忠誠度の有無）、購買意向、商品に対する意識や態度（熱狂的、無関心、否定的など）などによって細分化する方法だ。

● 購買状況による細分化

生活者がどういう状況にあるときに、自社の商品やサービスを購入する意欲が高まるかを考える視点だ。典型例としては、バレンタインデーには女性が男性にプレゼントを購入し、母の日には夫や子供たちが母親に花を贈るといった生活歳時（生活カレンダー）がある。

● ベネフィットによる細分化

対象となる顧客がどのような品質やサービス、価格や利便性、そしてメリットを求めるかを勘案することだ。これが最も顕著な業界には、化粧品、ヘアケア（シャンプーやリンスなど）、オーラルケア（歯磨きなどの口腔ケア用品）などがある。たとえばヘアケア商品だと、経済性を追求する層には低価格ブランド、ヘアカラーをして髪が傷んだ層にはトリートメント効果（薬用効果）があるブランドといったセグメントが可能だ。

● 使用者のタイプによる細分化

自社商品を購入してくれる可能性の高い顧客には、どのような特徴や特性があるかを分析・把握する。その上で商品仕様を考え、市場を拡大する施策を考える視点だ。

● 使用率による細分化

顧客の中で誰が最も購入してくれるか、あるいは誰が最も利益貢献してくれるかを考える視点だ。自社の商品を購入したことがない新規顧客や、たまにしか購入しないライトユーザーの購入率や利用率を高めようとすると、それなりの広告や販促が必要になって非常にコストがかかる。逆に定期的に利用してくれる人や頻繁に購入してくれるヘビーユーザーの場合だと、顧客数に占める割合はあまりかからない。そのため彼らに対してプロモーションを実施しても、そのコストはあまりかからない。顧客データが社内に存在するからだ。年間の利用率や購買額の比率は高い。

● ブランド・ロイヤルティによる細分化

顧客となる生活者に、どれだけ企業や商品のブランドにロイヤルティ（忠誠心）を感じてくれているかに注目して施策を考える視点だ。たとえば、毎回同じメーカーのクルマを選んでくれた

次に「生産財」における市場の細分化には、①人口動態、②オペレーティング、③購買方法、④状況、⑤人の特性という5つの視点がある。ここでは②と③について解説する。ちなみに生産財の場合、納入先が要求する水準を満たした素材や部品などを製造して供給する企業が多い。だがこうした受注形態では、競合企業との相見積りになり、価格競争に陥る可能性が増える。こうした事態を避けるには、自社の技術力を取引先が要求する基準に合わせるだけに終わらず、業界の未来を踏まえた新たな素材や新技術開発により、自社の優位性を高めることが必要だ。

### 2 オペレーティングによる細分化視点

経営の効率化によって細分化する視点だ。繊維メーカーの帝人は、鉄の数10倍だった炭素繊維の製造コストを2倍弱にまで縮めた。さらに自動車部品として、炭素繊維を1分以内に成型できる技術を確立。主力取引企業としてゼネラル・モーターズ（GM）と契約を結ぶことに成功し、世界で初めて自動車向けに炭素繊維を量産することが決定した。

### 3 購買方法からの細分化

顧客の購買方法を分析して細分化する視点だ。法人顧客のどの部門を対象にするか。購買方法はリース・システム購入か。求めているのは品質か価格か、あるいは付帯サービスかなどに焦点を当てて絞り込む。

CHAPTER03

CASE 08 ・PARK24

地理的細分化のセグメンテーション①
パーク24

## 過去のビジネスモデルをさらに細分化して独自の市場を創造

STPによるマーケティングで、市場を地理的に細分化（セグメンテーション）する視点では、いかに柔軟な発想視点に立ち、「地理」という区分をどう独自に細分化するかが、マーケティングを成功させる上でポイントになる。

時間貸し駐車場「タイムズ」を展開するパーク24は柔軟な発想でエリアを捉えた結果、同社が細分化する際に着目したのが「遊休地」であり、その活用だった。

都市部を中心に更地になっている土地、遊休地がかなり存在している。遊休地になる理由は、土地を購入してもその活用方法を決めていない場合や、土地を購入してもすぐに建物を建てる予算が捻出できないケースなどさまざまな事情がある。不動産は所有しているだけで固定資産税がかかり、活用していないと出費がともなう。土地にアパートやマンションを建てれば固定資産税は下がるが、売却や賃貸なども含めてその活用方法を決めかねている土地オーナーは多い。

地理的領域としてセグメンテーションを行い、「遊休地」に着目して同社のビジネス領域として出した答えが「駐車場」だった。

CHAPTER03_セグメンテーションに重点を置いたマーケティング戦略

駐車場は大都市を中心に慢性的に不足しており、国内では2400万台分の駐車場が必要とされるが、700万台程度しか供給できていないといわれる。地価が高い日本では、需要が見込める土地を購入して駐車場ビジネスを展開しても、購入資金の返済額が大きく収益が出にくい。その一方、安価な土地の場合は、駐車場需要が少ないという問題を抱える。

土地の利用方法を決めかねているが、固定資産税による出費は減らしたい不動産オーナーと、土地を購入せずに、駐車場ビジネスを展開したいパーク24の思惑が一致する。彼らは従来の駐車場の方法論に固執せず、さらにその内容をセグメントしてビジネスモデルを高度化させる。

過去の駐車場ビジネスは、1時間単位の時間貸し料金や月ぎめ契約しかなく、しかも有人運営が一般的だった。また運営も土地や建物のオーナー、テナントとして入居している企業が行うことが多く、有人のために営業時間にも制約があった。

同社はさらに市場を細分化し、「時間」と「オペレーション方法」で優位性を見出す。

「時間」では、1時間単位の時間貸しや月ぎめ契約ではなく、15分単位という分刻みでの駐車料金を考え出す。ドライバーの利便性を重視し、使い勝手を向上させるためだ。

「オペレーション方法」では、無人の運営方法を採用。無人のデメリットを補うために、全国のタイムズ駐車場に自動精算機を無線ネットワークで結ぶTONIC（トニック＝Times Online Network & Information Center）を開発し導入する。自動精算機は駐車場の各駐車スペースとつながり、駐車スペースごとに入出庫時間と日時、利用金額、利用状況などのデータがすべて把握できる仕組みをつくりあげた。

▶POINT
........................................................
地理的セグメントに加え、土地を所有しない「持たない経営」を実践している点にも注目してほしい。

このTONICの導入により、①パソコンや携帯電話、カーナビゲーションから駐車場の位置や満車・空車情報を検索でき、ドライバーは駐車場料金の精算をクレジットカードや電子マネーで行える、②入会金や年会費無料の会員制ポイントプログラム「タイムズクラブカード」を導入、会員は駐車場利用によってポイントがたまり、会員限定の優待サービスを受けられる、といったメリットを顧客に提供。自社においては稼働状況や顧客属性の分析が可能となり、駐車場のエリアに合ったマーケティングが展開できるようになる。

時間帯別に稼働状況を把握できたことで、稼働状況に合わせて柔軟な料金設定が可能になり、稼働率の低い駐車場の配置見直しも行える。「領収書が出ない」「駐車券を入れても出庫できない」といったトラブルには、遠隔操作で対応。同時に、機器類の故障を把握して対応できるようになっている。不正利用者対策には、監視カメラの地域別ネットワークを稼働させている。

同社は土地のオーナーには定額の賃貸料を支払い、駐車場を利用するドライバーから駐車場料金を徴収してその差益を得るビジネスモデルだ。現在全国におよそ1万3000カ所の駐車場を展開し、毎年新規に1600～1800件ほど増やしているが、撤退も年間800件ほどはあるようなので、平均すると毎年1000件ほど増やしている計算になる。

当然のことだが、時間貸しによる駐車場ビジネスではいずれ市場が飽和する。そのため、パーク24は病院、スーパー、百貨店、外食、公共施設などに併設された駐車場をタイムズ駐車場として活用してもらうために法人向け営業を行い、またマツダレンタカーを買収し、レンタカー事業とカーシェアリング事業も展開するなど、次の収益源づくりにも取り組んでいる。

98

## パーク24株式会社の概要

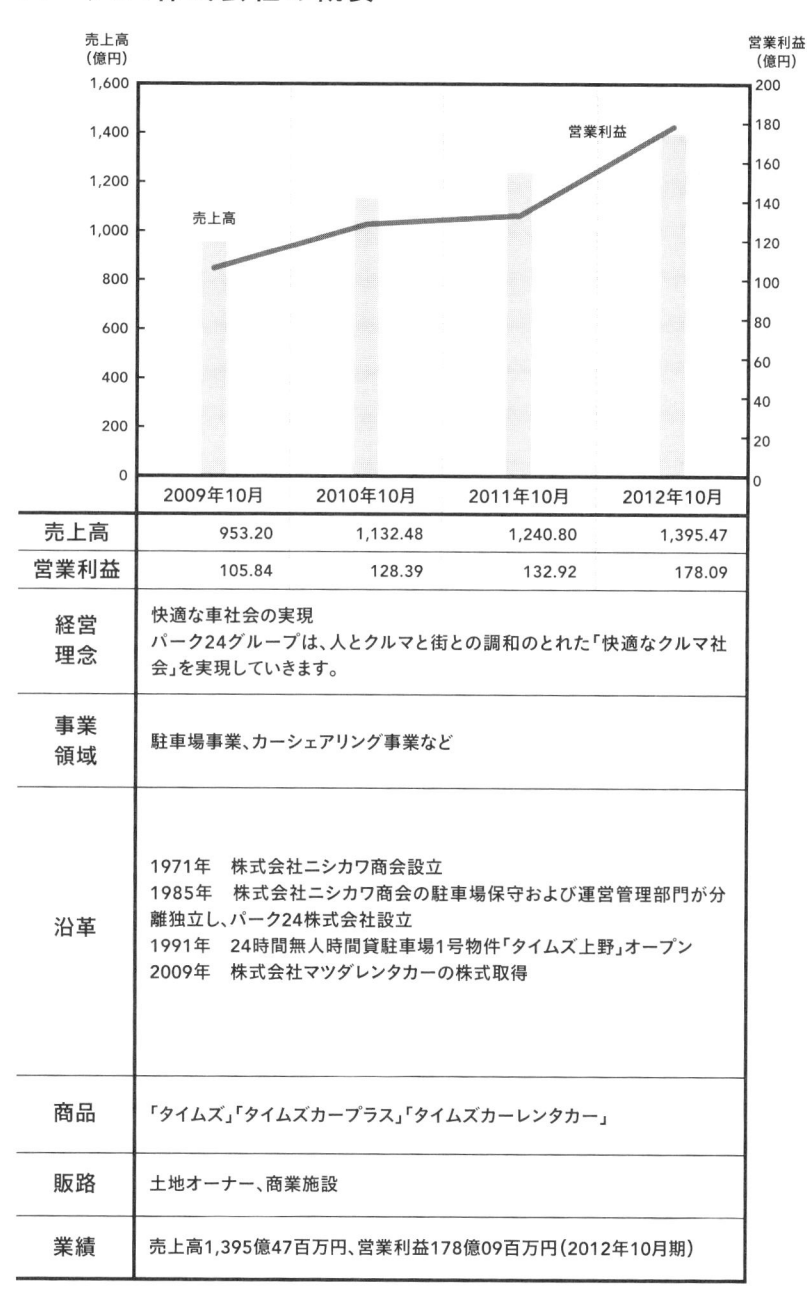

| 売上高（億円） | 2009年10月 | 2010年10月 | 2011年10月 | 2012年10月 |
|---|---|---|---|---|
| 売上高 | 953.20 | 1,132.48 | 1,240.80 | 1,395.47 |
| 営業利益 | 105.84 | 128.39 | 132.92 | 178.09 |

|  |  |
|---|---|
| 経営理念 | 快適な車社会の実現<br>パーク24グループは、人とクルマと街との調和のとれた「快適なクルマ社会」を実現していきます。 |
| 事業領域 | 駐車場事業、カーシェアリング事業など |
| 沿革 | 1971年　株式会社ニシカワ商会設立<br>1985年　株式会社ニシカワ商会の駐車場保守および運営管理部門が分離独立し、パーク24株式会社設立<br>1991年　24時間無人時間貸駐車場1号物件「タイムズ上野」オープン<br>2009年　株式会社マツダレンタカーの株式取得 |
| 商品 | 「タイムズ」「タイムズカープラス」「タイムズカーレンタカー」 |
| 販路 | 土地オーナー、商業施設 |
| 業績 | 売上高1,395億47百万円、営業利益178億09百万円（2012年10月期） |

## パーク24のセグメンテーション

| 地理的細分化 | 人口動態的細分化 | サイコグラフィック的細分化 | 行動による細分化 | 生産財による細分化 |

|  | 稼働不動産 | 遊休不動産 |
|---|---|---|
| 都市 | 商業施設など付帯駐車場 | パーク24（タイムズによる無人時間貸し24時間営業駐車場） |
| 郊外 | 月極駐車場 | 青空駐車場 |

## パーク24のセグメント背景

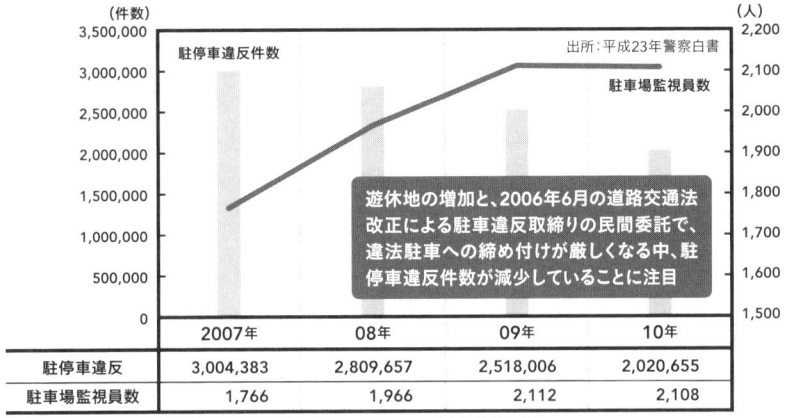

（件数） / （人）

出所：平成23年警察白書

駐停車違反件数 / 駐車場監視員数

遊休地の増加と、2006年6月の道路交通法改正による駐車違反取締りの民間委託で、違法駐車への締め付けが厳しくなる中、駐停車違反件数が減少していることに注目

|  | 2007年 | 08年 | 09年 | 10年 |
|---|---|---|---|---|
| 駐停車違反 | 3,004,383 | 2,809,657 | 2,518,006 | 2,020,655 |
| 駐車場監視員数 | 1,766 | 1,966 | 2,112 | 2,108 |

※駐車違反は、2006年の改正道路交通法の施行による放置違反金納付命令件数を含む

▶PARK24

バブル経済崩壊により遊休地が増える中で、無人時間貸し24時間営業駐車場の先駆けとなった同社。都市を中心とした遊休地に市場セグメントを絞り込むことで、駐車場業界に新しいビジネスモデルを確立した。その後もポイントカード導入や支払い方法の多様化、海外進出、マツダレンタカーの子会社化、カーシェアリング事業参入により、引き続き業界首位の座を維持。

CHAPTER03
・OZEKI
CASE
## 09 オオゼキ

地理的細分化のセグメンテーション②

# 「地理」の視点から独自に市場を細分化し、優位性を発揮

STPのマーケティングで市場を細分化する際に、「地理」の視点から自社の優位性を築いた企業が他にもある。食品スーパーマーケット（SM）のオオゼキだ。

小売業の中でもSMは薄利多売で収益性が低く、店舗間の差異化が難しいといわれる。また小売業の売上は日々変動するが、人件費や家賃などの固定費は毎月必ず出費する。人件費を抑えるために、パートタイマーの比率を高めることが不可欠だとする専門家の指摘もある。

だが同社はこの小売業のセオリーを真っ向から否定し、経常利益率は同業他社と比較して2～3倍の7～8％、1坪当たりの売上高は2011年2月期の実績で98・2万円を誇る。35店舗展開して売上高は756億円、1日当たりの来店客数では東京都の人口の1％を超える。

注目すべきは、出店した35店舗中、過去に1店舗も閉店したことがないこと、また、同社の品揃えは、大手組織小売業がバイイングパワー（巨大な販売力を生かした強力な購買力）を発揮して安価に販売できる加工食品ではなく、利益率が高い生鮮食品の比率を高めている点だ。

同社が商圏として想定しているエリアは、東急線や小田急線などの沿線で、民力が高く比較的

▶POINT

大手組織小売業が前提とするセオリーを疑い、「地理」の視点でセグメンテーションを行って、独自の価値を生み出している。

CHAPTER03_セグメンテーションに重点を置いたマーケティング戦略

高額所得者が多い場所を選んで出店している。小売業の成功の秘訣は何よりも立地だ。同社は、ビジネス展開する際に最適な「エリア」と「そこに暮らす住民」の両者に焦点を合わせてセグメントを行い、独自のマーケティングを展開している。

首都圏を中心にプレミアムSMとして知られる企業としては、成城石井も存在する。だがオオゼキは、成城石井よりも安価に販売価格を設定することで顧客の来店頻度を高めている。また、世田谷の本社を核としてその周辺にドミナント出店(特定のエリアに集中して出店すること)を行い、各店舗間で欠品した商品の融通を行うなど、物流コストを抑える工夫も実践している。

同社の売場面積は350〜550平方メートル(約106坪〜約166坪)と小規模店が中心だ。業界の通説では売場面積が500坪〜800坪が必要だといわれる中で、3分の1以下の規模で展開し、ここでも独自性を発揮している。

同社がセグメンテーションによって着目した「民力が高く高額所得者が多い大都市部の人口密集地や駅前」という立地・出店戦略に加え、もう1つ着目すべき点がある。競合他社が撤退した後の物件(居抜き物件)をそのまま借り受け、初期投資を最小限に留めて出店することだ。首都圏で展開しているライフコーポレーションやマルエツなどは、売上高比率で4〜5%の家賃構成なのに対し、同社は2%に過ぎないといわれる。居抜き物件の場合、もともとSMだった物件であるため家賃などの条件も有利に交渉できる。首都圏の改装費は安価に済み、大手が撤退した後の物件(居抜き物件)をそのまま借り受け、初期投資を最小限に留めて出店することだ。

オオゼキが目指すのはいわゆるSMではなく、「スーパーなマーケット=『超』市場」で新鮮、オオゼキの秘訣がここにある。

安い、賑やか、季節感、ボリューム、何でも揃う、相談できる、得するといった市場に期待される要素をできる限り残し、顧客が訪れた際に「欲しくなるもの」が必ずある店舗だ。

それを実現するため、大手組織小売業では常識の「本部バイヤーが大量に発注し店頭はマニュアルによる販売方法」を同社は採用していない。地元の顧客ニーズを踏まえて日々仕入れを行い、加工し、いくらでどのように売るかについて、店舗の部門チーフがバイヤーとなり、責任を持って実践している。ここにも独自性のあるセグメンテーションが存在している。

こうした手間のかかる運営を支えるために、同社はパートタイマーでなく正社員の採用を増やし、その比率は7割程といわれる。パート社員に必要とされる採用や教育、配置などに関わる手間とコストを考えると、正社員のほうが割安だと考えているようだ。事実、同社の人件費比率は約10%程度に抑えられている。

こうした人材面での投資が功を奏し、一般的なSMの廃棄ロス率は3〜4%とされる中で、同社ではきめ細かい正社員の対応もあり0.1%以下といわれ、さらに顧客の8割近くが常連顧客で占められるという磐石な顧客基盤づくりにも成功している。

強力なバイイングパワーによって安価に商品を調達、効率を優先したセルフ販売方式、固定費負担を少なくするパート社員運営という大手組織小売業が前提とするセオリーを疑い、同社の戦略とマーケティングは独自の価値創造を実現している。マーケティング発想で重要なのは、過去の経験則や汎用性、そして経済合理性という20世紀型高度経済成長モデルに縛られず、独自性あるマーケティングを展開する方法を編み出すことなのだ。

## 株式会社オオゼキの概要

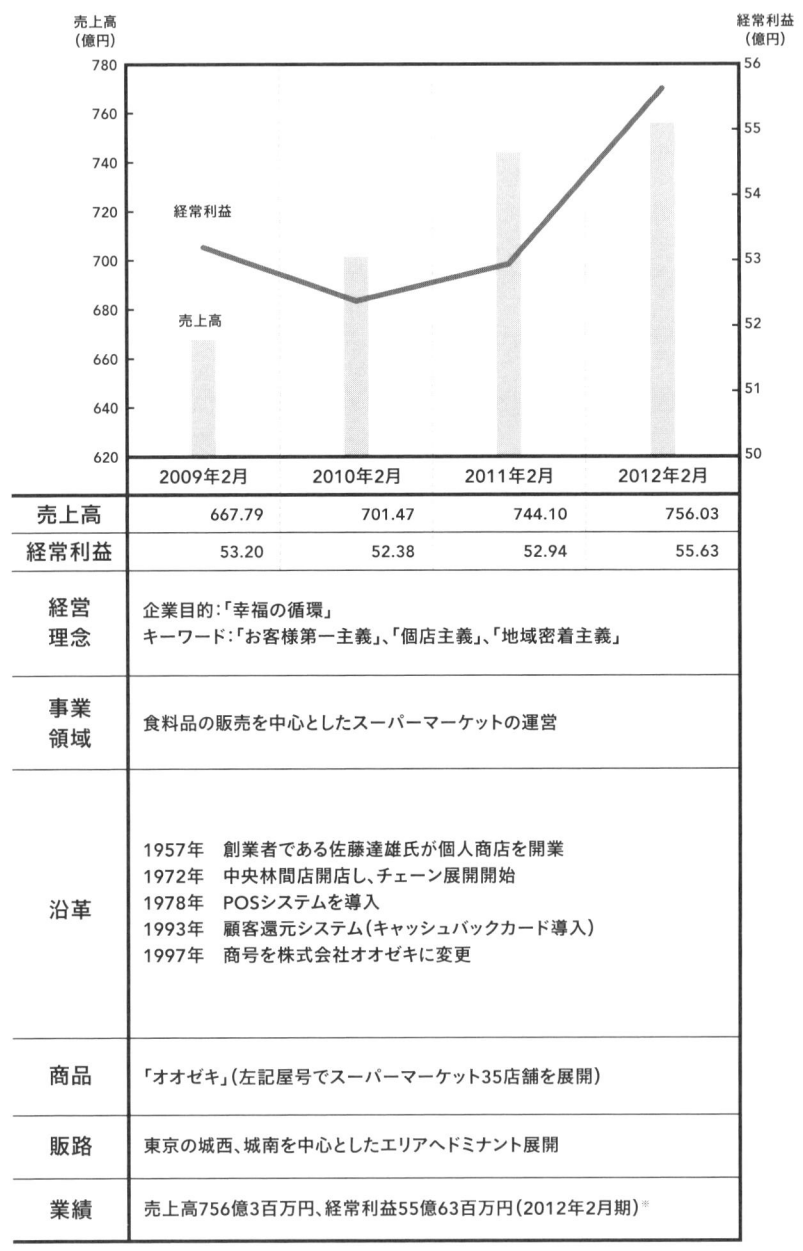

| | 2009年2月 | 2010年2月 | 2011年2月 | 2012年2月 |
|---|---|---|---|---|
| 売上高 | 667.79 | 701.47 | 744.10 | 756.03 |
| 経常利益 | 53.20 | 52.38 | 52.94 | 55.63 |

| | |
|---|---|
| 経営理念 | 企業目的:「幸福の循環」<br>キーワード:「お客様第一主義」、「個店主義」、「地域密着主義」 |
| 事業領域 | 食料品の販売を中心としたスーパーマーケットの運営 |
| 沿革 | 1957年　創業者である佐藤達雄氏が個人商店を開業<br>1972年　中央林間店開店し、チェーン展開開始<br>1978年　POSシステムを導入<br>1993年　顧客還元システム(キャッシュバックカード導入)<br>1997年　商号を株式会社オオゼキに変更 |
| 商品 | 「オオゼキ」(左記屋号でスーパーマーケット35店舗を展開) |
| 販路 | 東京の城西、城南を中心としたエリアへドミナント展開 |
| 業績 | 売上高756億3百万円、経常利益55億63百万円(2012年2月期)※ |

※非上場会社のため、経常利益のみ会社公開

## オオゼキのセグメンテーション

| 地理的細分化 | 人口動態的細分化 | サイコグラフィック的細分化 | 行動による細分化 | 生産財による細分化 |
|---|---|---|---|---|

|  | その他地区 | 城西・城南地区(東京都) |
|---|---|---|
| 駅近 | SM | オオゼキ |
| 郊外 | GMS（総合スーパー） | SM |

## オオゼキのセグメント背景

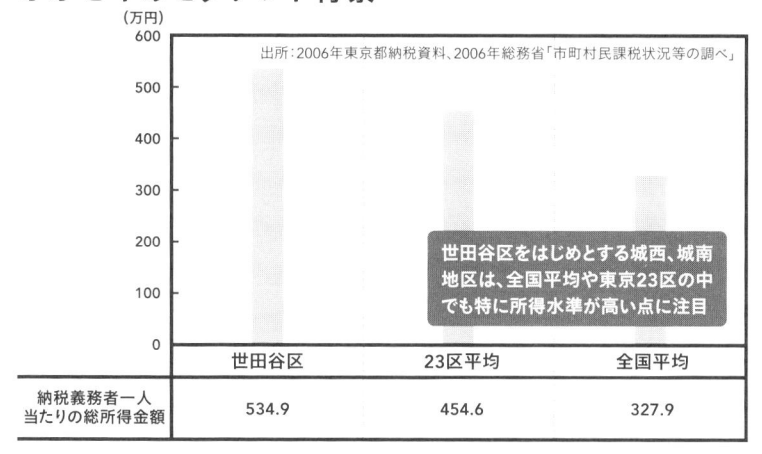

(万円)

出所：2006年東京都納税資料、2006年総務省「市町村民課税状況等の調べ」

世田谷区をはじめとする城西、城南地区は、全国平均や東京23区の中でも特に所得水準が高い点に注目

| 納税義務者一人当たりの総所得金額 | 世田谷区 | 23区平均 | 全国平均 |
|---|---|---|---|
|  | 534.9 | 454.6 | 327.9 |

▶OZEKI

世田谷区をはじめ城南、城西地区に地域ドミナント展開を図る同社。他社とは異なる民力の高い市場セグメントに絞り込むことで、業界屈指の収益率を実現した。従来のチェーンストアとは逆に個店分散仕入れを実現し、地域に密着した品揃えの充実とそれを支える正社員比率の高さにより、地元の顧客ニーズをすくい上げて地域の優良店を実現。

CHAPTER03

CASE 10 — 人口動態的視点のセグメンテーション①

Otsuka Pharmaceutical

## 大塚製薬の男性スキンケア

### 自らの手で新市場を発見し、そこで自社商品を必ず開花させる

大塚製薬はポカリスエット、オロナミンC、カロリーメイト、ソイジョイなどを主力商品として展開する企業だ。同社のマーケティングには、いずれも新たな市場を自らの手で創造し、長期的な視野に立って市場が拡大するまで先行投資を行い、商品をあきらめることなく育てるという確固たる企業意思が存在する。

同社が新市場を求めて独自にセグメンテーションを行って着目したのが、女性ではなく男性で、その中をさらに細分化した「中年男性」「スキンケア」「ニオイ対策」という3つの領域だ。

近年女性用化粧品市場は飽和状態にあるが、男性用のフェイスケアやボディケアこそ小さいものの、今後成長が期待できる市場だ。男性向けコスメティックス市場全体を見ると、その市場規模は2011年に995億円、12年は1008億円（見込み）といわれる。その中でも男性用のフェイスケア市場は11年は前年比4・3％増の195億円。12年は前年比6・7％増の208億円（見込み）だ。またボディケア市場は、08年頃までは30億円程度の市場規模に留まっていた（数字は12年富士経済調

男性用化粧品市場が伸長しない最大の要因は、男性にはフェイスケアやボディケアを行う習慣がないためだ。過去に成功した商品を見ても、「ギャツビー(マンダム)」や「メンズビオレ(花王)」に代表される整髪料や洗顔料、汗拭きシートが主流だった。

こうした環境下でスキンケアやニオイ対策に気を配る若い男性がしだいに増えてはいたが、中年男性ではまだ無関心層が主流を占めていた。元来お洒落に敏感で、妻子や女性社員などから加齢臭や乾燥肌、皮脂の多い肌を指摘される場面も増えており、潜在的なニーズは存在していた。

そこで大塚製薬は、**男性の中でも「中年男性」で、整髪料ではなく「スキンケア」と「ニオイ対策」という身だしなみマーケットをセグメントする。**

若い男性を想定して整髪料などの商品カテゴリーを狙うと、一時的には注目されても、彼らは若いときにファッションの洗礼を受けてきた。移り気で継続購入するかどうかは定かではない。だが中年男性で、ニオイ対策や皮脂対策などに**有効な機能があれば、継続購入は十分見込める。**

女性と違い男性の場合、そのブランドや商品を一度気に入ると長年愛用するケースが多く、ブランドスイッチしないことが多い。気に入った顧客はリピーターになり、継続購入してくれる。

大塚製薬は「化けて装うのではなく、健やかに装う」をテーマに、コスメディクス事業(Cosmetics=化粧品とMedicine=医薬品からの造語)を立ち上げ、肌の健康を考える「健粧品®」として、スキンケア商品の「UL・OS(ウル・オス)」ブランドを開発し市場に投入した。

▶POINT

顕在市場で改良改善だけを続けていても、限界が来る。自らの手で市場と商品を育てられる領域をセグメントすることだ。

商品はまずスキンローション、スキンミルク、スキンクリームから導入。その後、顔から身体まで清潔にする薬用スキンウォッシュ、薬用スカルプシャンプーへと商品ラインを拡張していく。30代の男性では、加齢臭とは異なるペラルゴン酸というニオイを発し、40代以降になるとノネナールという物質が原因となって加齢臭となる。これらの成分に汗や皮脂、汚れなどの物質と常在菌が合わさると特有のニオイになる。この点を踏まえ、「UL・OS薬用スキンウォッシュ」は、ノネナールとペラルゴン酸の両方に機能するように商品設計されている。

「UL・OS」と「AXE」（ユニリーバ・ジャパン）がメンズボディケア市場に参入したことで市場が活性化し、12年には前年比25・0％増の55億円と、3年連続2桁増が見込まれる市場に成長（数字は12年富士経済調べ）。「UL・OS」自体も09年度以降、年率にしておよそ50％増と堅調に売上を伸ばしている。

男性向けスキンケア商品は、これまで女性用メーカーが製造することが多く、商品価格もそれなりの金額のために、販路はデパートが主力だった。一方「UL・OS」は、販路として急成長しているドラッグストアを中心にセグメントを行い、購入時の利便性とチャネル数の多さに力点を置いた販路政策を展開。この背景には、ドラッグストアでの販売に適した価格政策も存在する。

大塚製薬は市場がすでに顕在化し、あるいは競合他社がすでに参入しているマーケットではなく、自らの手で市場と商品を育てられる領域をセグメントして育成することに長けた企業だ。同社は市場に投入する商品と商品数こそ限られているが、その大部分は各カテゴリーで存在感を示す商品に成長している。ここに同社のマーケティングの本質を見る。

## 大塚製薬株式会社の概要

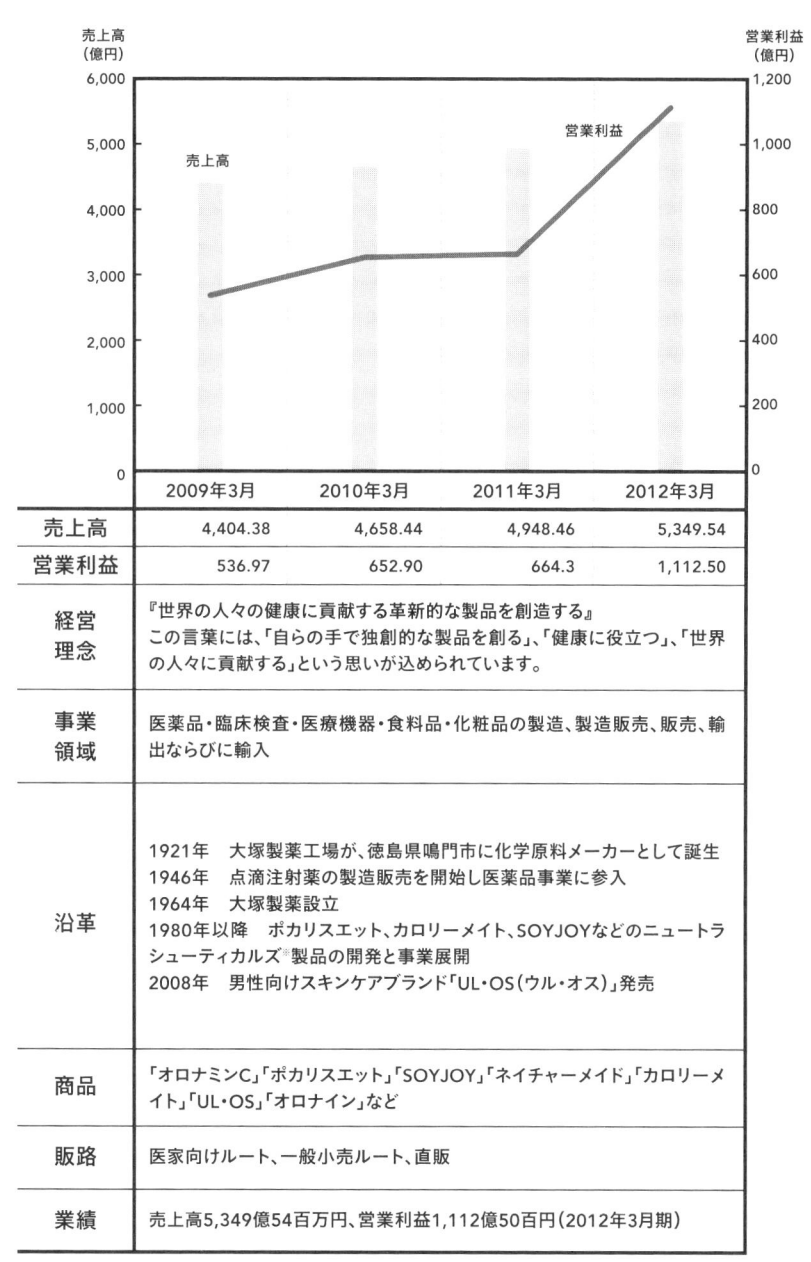

| | 売上高(億円) | | | |
|---|---|---|---|---|
| | 2009年3月 | 2010年3月 | 2011年3月 | 2012年3月 |
| 売上高 | 4,404.38 | 4,658.44 | 4,948.46 | 5,349.54 |
| 営業利益 | 536.97 | 652.90 | 664.3 | 1,112.50 |

| 経営理念 | 『世界の人々の健康に貢献する革新的な製品を創造する』<br>この言葉には、「自らの手で独創的な製品を創る」、「健康に役立つ」、「世界の人々に貢献する」という思いが込められています。 |
|---|---|
| 事業領域 | 医薬品・臨床検査・医療機器・食品品・化粧品の製造、製造販売、販売、輸出ならびに輸入 |
| 沿革 | 1921年　大塚製薬工場が、徳島県鳴門市に化学原料メーカーとして誕生<br>1946年　点滴注射薬の製造販売を開始し医薬品事業に参入<br>1964年　大塚製薬設立<br>1980年以降　ポカリスエット、カロリーメイト、SOYJOYなどのニュートラシューティカルズ®製品の開発と事業展開<br>2008年　男性向けスキンケアブランド「UL・OS(ウル・オス)」発売 |
| 商品 | 「オロナミンC」「ポカリスエット」「SOYJOY」「ネイチャーメイド」「カロリーメイト」「UL・OS」「オロナイン」など |
| 販路 | 医家向けルート、一般小売ルート、直販 |
| 業績 | 売上高5,349億54百万円、営業利益1,112億50百万円(2012年3月期) |

※ニュートラシューティカルズは栄養＋医薬品の造語

## 大塚製薬「UL・OS」のセグメンテーション

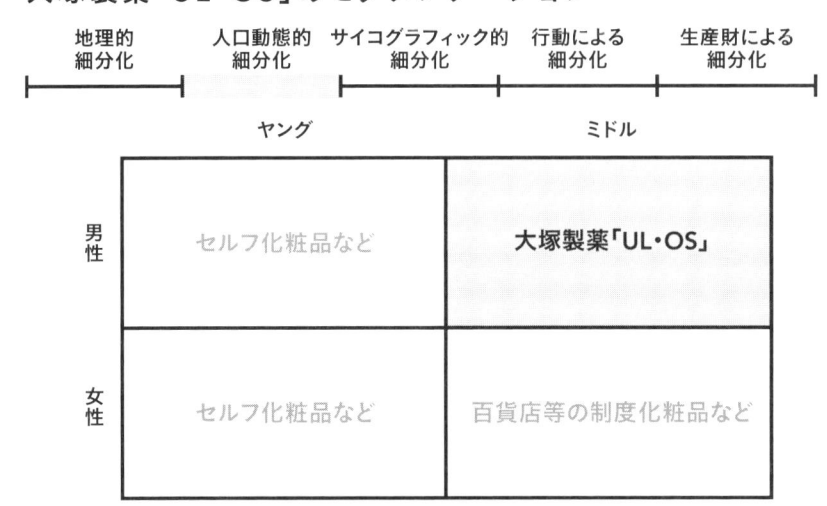

| 地理的細分化 | 人口動態的細分化 | サイコグラフィック的細分化 | 行動による細分化 | 生産財による細分化 |

|  | ヤング | ミドル |
|---|---|---|
| 男性 | セルフ化粧品など | 大塚製薬「UL・OS」 |
| 女性 | セルフ化粧品など | 百貨店等の制度化粧品など |

## 大塚製薬「UL・OS」のセグメント背景

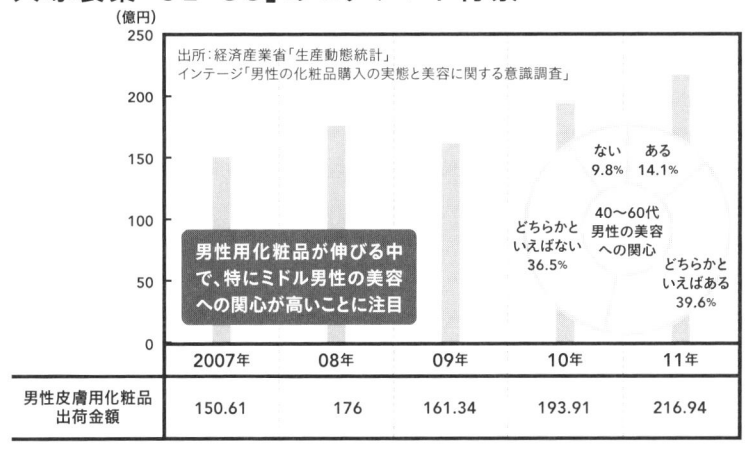

(億円)

出所：経済産業省「生産動態統計」
インテージ「男性の化粧品購入の実態と美容に関する意識調査」

男性用化粧品が伸びる中で、特にミドル男性の美容への関心が高いことに注目

40～60代男性の美容への関心
- ある 14.1%
- ない 9.8%
- どちらかといえばある 39.6%
- どちらかといえばない 36.5%

| | 2007年 | 08年 | 09年 | 10年 | 11年 |
|---|---|---|---|---|---|
| 男性皮膚用化粧品出荷金額 | 150.61 | 176 | 161.34 | 193.91 | 216.94 |

▸Otsuka Pharmaceutical

女性用化粧品市場が成熟する中で、規模は小さいものの成長する男性用化粧品市場に参入した同社。ミドルの男性を対象にした市場セグメントに絞り込むことで、後発ながら市場での存在感を発揮。また近年は海外市場への展開やスカルプシャンプーなど製品の多様化によりさらなる広がりを見せる。

CHAPTER03
・Benesse

CASE
11
人口動態的視点のセグメンテーション②
ベネッセコーポレーション

企業理念との整合を図り、事業拡張の際にも一貫性のある事業形態を実現

ベネッセコーポレーションの前身である福武書店は、小学生から中高校生までを対象にした「進研ゼミ」や幼児向けの「こどもちゃれんじ」によって成長してきた。その強みは、子供から学生を対象にした教育事業にある。現在同社の「進研ゼミ」と「こどもちゃれんじ」は、対象人口シェアで見ると約21％、409万人の会員を擁し、90％の高校で同社の教材が採用されている。

1980年代までの同社は幼児から高校生までを対象にした教育事業が中核だったが、社会・人口構造が変化していく日本を踏まえ、新たなステージへ事業を拡張させていく必要に迫られる。同社は自らの事業領域を拡張する際に、まず取り組んだのが、CI（＝Corporate Identity の略で、企業の経営理念と事業コンセプトを明確化し、社内と社外の両面で企業に対する認識を一致させること）だ。

CIによって「一人ひとりの『よく生きる』を実現するため、人々の向上意欲と課題解決を生涯にわたって支援する企業」と自らを設定。ラテン語のbene（よく）＋esse（生きる）による造語の、Benesse（ベネッセ）に社名を変更する。

▶POINT

少子高齢化に代表される社会構造の変化に対して、先手を打って、自らの事業領域を拡張させていく必要がある。

CHAPTER03_セグメンテーションに重点を置いたマーケティング戦略

CIと並行し93年に米国の外国語学校ベルリッツ・インターナショナルの買収を皮切りに、新たな顧客層と市場の開拓に着手する。

同社が事業展開上で着目したのは、「人生の誕生から臨終までのライフサイクル」を各ステージに分類する人口動態的細分化だ。具体的には、将来同社の中核事業の顧客にもなり得る層であり、これまで未開拓領域にあった「妊娠・出産・育児を行う女性たち」だ。

ここで誕生するビジネスが、妊娠から出産するまでの女性を対象にした「たまごクラブ」、出産後の育児をする女性を対象にした「ひよこクラブ」事業だ。この2つの雑誌は93年に同時創刊され、出産・育児雑誌の中ではナンバーワンの発行部数を誇るまでに成長する。

同社は、人口動態的細分化によって導き出された「人生の誕生から臨終までのライフサイクル」視点に基づいて事業領域を拡張させる。現在の事業領域は、①国内教育、②海外教育、③生活、④シニア・介護、⑤語学・グローバル人材教育の5本柱から構成されている。

1 国内教育領域では、通信教育事業として小学生から中高校生を対象とした「進研ゼミ」、幼児を対象にした「こどもちゃれんじ」。また、「お茶の水ゼミナール」「東京個別指導学院」「アップ」「鉄緑会」などの塾・教室事業である。

2 海外教育領域では、89年に台湾で幼児教育事業をスタートさせ、2006年には韓国・中国へエリアを広げるなど、東アジアを中心に会員数を拡大している。

3 生活領域では、妊娠・出産・子育て中の女性を対象に、前述した「たまごクラブ」「ひよこクラブ」に加え、「サンキュ！」など主婦向け雑誌を増やし、雑誌やネット、モバイルなどを通じて

通販も展開する。

女性向け会員制ポータルサイト「ウィメンズパーク」、妊娠や出産、育児に特化したショッピングポータル「ウィメンズモール」を運営。さらにペット愛好家のための生活情報誌「ねこのきもち」「いぬのきもち」を核に、書籍やカレンダー、ペット保険などペット関連事業も展開。

4 シニア・介護領域では、ベネッセスタイルケアにより首都圏を中心に、ゆとりのある暮らしと手厚い介護を行う「アリア」「グラニー&グランダ」「ボンセジュール」、自立度と介護度に合わせたグループケア施設「くらら」「まどか」、利用しやすい価格の「ここち」など、200以上の有料老人ホームを展開。通信教育による「ホームヘルパー養成講座」や、公的介護保険制度の指定事業者としての介護サービスの提供も行う。

5 語学・グローバル人材教育領域では、ベルリッツ・コーポレーションとサイマル・インターナショナルを通じて語学教育・翻訳・通訳事業を展開している。

同社は、事業をやみくもに拡張するのではなく、社会と時代の構造変化に呼応し、事業を展開する上で必要となる企業理念・企業哲学をCIによって再設定・再認識する作業を行った。その上で、「人生の誕生から臨終までのライフサイクル」という事業領域を抽出。同社の事業拡張には、企業理念に基づく一貫性が存在しており、整合性がとれた事業形態となっている。

未来に向けて企業が進むべき方向性や事業領域を導き出す際にセグメンテーションを行う場合は、企業の「社会的役割と使命」を踏まえ、それが明文化された企業理念や企業哲学との整合を図ることが不可欠だ。

## 株式会社ベネッセコーポレーションの概要

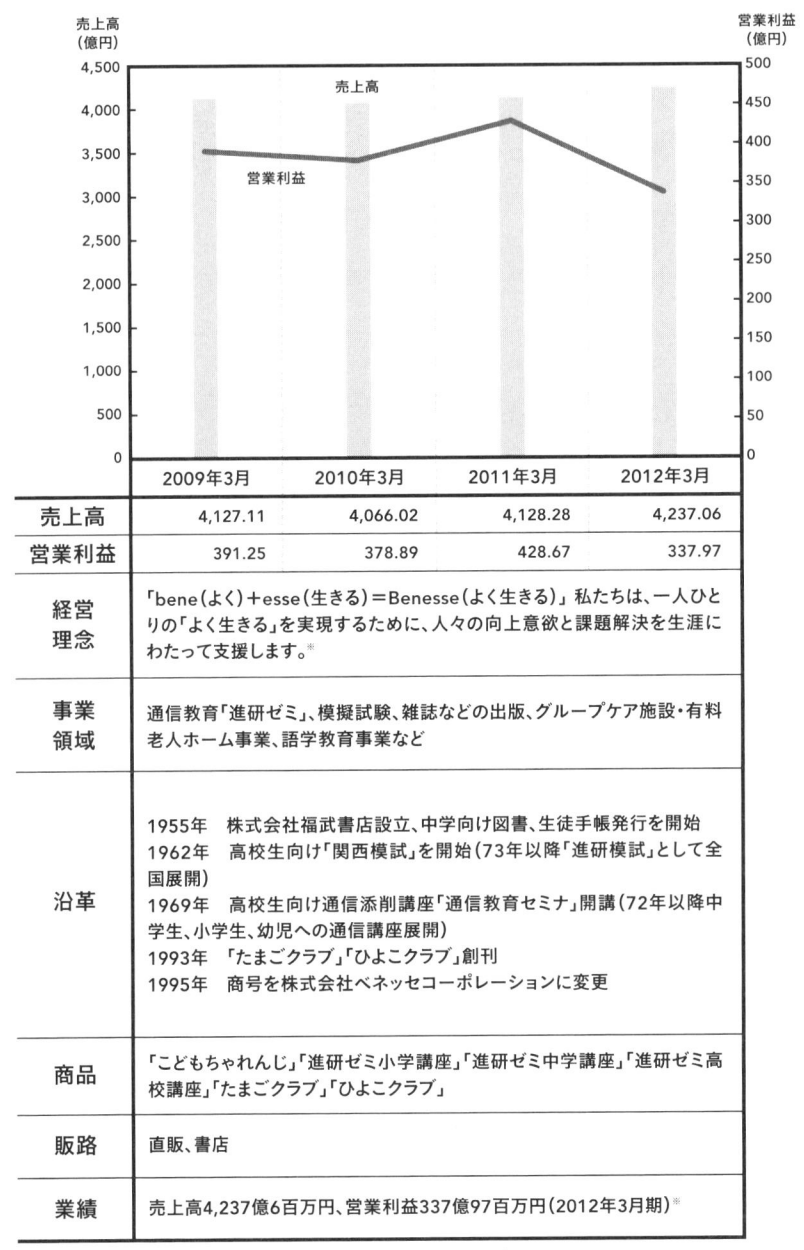

| | 2009年3月 | 2010年3月 | 2011年3月 | 2012年3月 |
|---|---|---|---|---|
| 売上高 | 4,127.11 | 4,066.02 | 4,128.28 | 4,237.06 |
| 営業利益 | 391.25 | 378.89 | 428.67 | 337.97 |

| 経営理念 | 「bene(よく)＋esse(生きる)＝Benesse(よく生きる)」私たちは、一人ひとりの「よく生きる」を実現するために、人々の向上意欲と課題解決を生涯にわたって支援します。※ |
|---|---|
| 事業領域 | 通信教育「進研ゼミ」、模擬試験、雑誌などの出版、グループケア施設・有料老人ホーム事業、語学教育事業など |
| 沿革 | 1955年　株式会社福武書店設立、中学向け図書、生徒手帳発行を開始<br>1962年　高校生向け「関西模試」を開始(73年以降「進研模試」として全国展開)<br>1969年　高校生向け通信添削講座「通信教育セミナ」開講(72年以降中学生、小学生、幼児への通信講座展開)<br>1993年　「たまごクラブ」「ひよこクラブ」創刊<br>1995年　商号を株式会社ベネッセコーポレーションに変更 |
| 商品 | 「こどもちゃれんじ」「進研ゼミ小学講座」「進研ゼミ中学講座」「進研ゼミ高校講座」「たまごクラブ」「ひよこクラブ」 |
| 販路 | 直販、書店 |
| 業績 | 売上高4,237億6百万円、営業利益337億97百万円(2012年3月期)※ |

※経営理念はベネッセグループ、売上高、営業利益は株式会社ベネッセホールディングスによる

## ベネッセのセグメンテーション

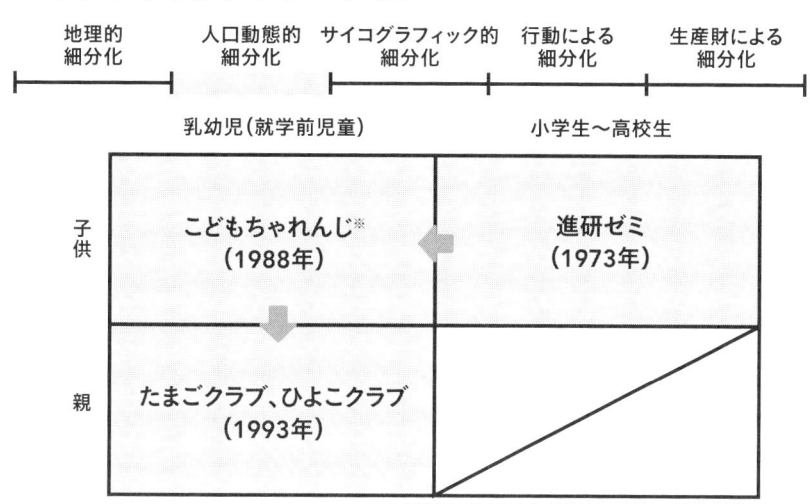

| 地理的細分化 | 人口動態的細分化 | サイコグラフィック的細分化 | 行動による細分化 | 生産財による細分化 |

|  | 乳幼児（就学前児童） | 小学生〜高校生 |
|---|---|---|
| 子供 | こどもちゃれんじ※<br>（1988年） | 進研ゼミ<br>（1973年） |
| 親 | たまごクラブ、ひよこクラブ<br>（1993年） |  |

※進研ゼミ「幼児講座」（現在の「こどもちゃれんじ」）を開講

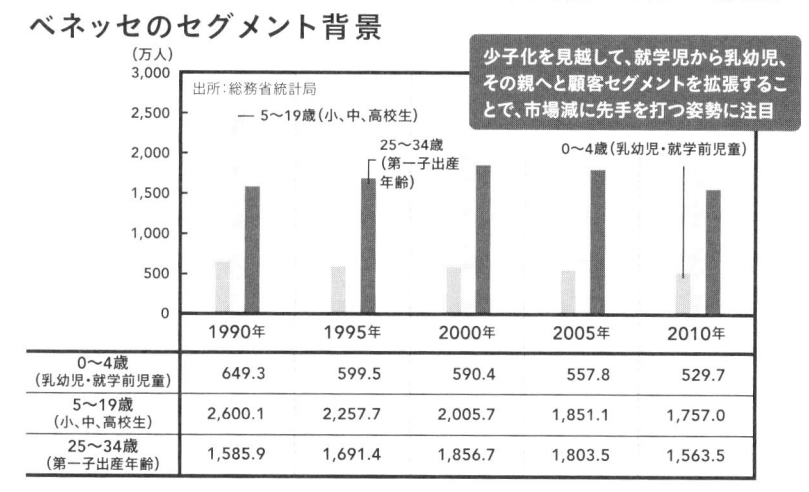

## ベネッセのセグメント背景

（万人）
出所：総務省統計局

— 5〜19歳（小、中、高校生）
25〜34歳（第一子出産年齢）
0〜4歳（乳幼児・就学前児童）

> 少子化を見越して、就学児から乳幼児、その親へと顧客セグメントを拡張することで、市場減に先手を打つ姿勢に注目

|  | 1990年 | 1995年 | 2000年 | 2005年 | 2010年 |
|---|---|---|---|---|---|
| 0〜4歳<br>（乳幼児・就学前児童） | 649.3 | 599.5 | 590.4 | 557.8 | 529.7 |
| 5〜19歳<br>（小、中、高校生） | 2,600.1 | 2,257.7 | 2,005.7 | 1,851.1 | 1,757.0 |
| 25〜34歳<br>（第一子出産年齢） | 1,585.9 | 1,691.4 | 1,856.7 | 1,803.5 | 1,563.5 |

▸Benesse

進研ゼミの対象顧客である小学生から高校生の人口が減少傾向にある中で、就学前児童を対象にした「こどもちゃれんじ」にセグメントを拡張したベネッセには3つの狙いがあった。1.市場拡大、2.就学前の顧客を押さえることで就学児を対象顧客とする同業他社に対する競争優位、3.顧客からの収益最大化を図る生涯顧客価値増大だ。少子化傾向が続く中、妊婦、乳幼児の親を取り込むことでさらなるセグメント拡張を実現。

CHAPTER03

CASE
12
サイコグラフィック的視点のセグメンテーション①
アニコム損害保険のペット保険

Anicom Insurance

## ライフスタイルに着目して新分野を開拓し、独自のポジショニングを確立

市場としてはすでに成熟し、競合他社も数多く存在するいわばレッドオーシャン業界にあって、新たに創業する企業が独自の市場を見つける場合、「自社の優位性をどこで発揮できるか」「将来にわたってその市場に成長性があるかどうか」がセグメンテーションを行う際の要諦だ。

市場を細分化する際に留意すべきは、ただ単に市場を細分化するだけに終わると、マーケットとしては成立しても、市場規模が期待できない小市場になってしまう点だ。新商品を投入する商品領域としてはあり得る市場でも、企業が事業を展開する事業領域としては得策とはいえない。

こうした場合、業界にいる企業が展開している事業と商品（サービス）の既存事業領域を疑い、固定観念に縛られることなく、発想の機軸を広げるようにしてみることだ。特に既存商品（サービス）がカバーしている対象領域を見て、社会が変化する中でそこに事業として漏れがないかを分析し発見を試みる。

次にセグメントを行う際、業界を問わず新たな動きを見せている成長市場や、生活者の生活行動や消費動向で、注目すべき動きはないかも加味して分析を行うよう心掛ける。世の中に存在し

ていない新規市場を自らの手で創造するには、多額の費用と強固な企業意思が必要となる。この点では大企業に有利になる。

だがすでに関連市場が拡大しているのに、同市場をカバーする既存商品やサービスが存在していなければ、企業規模にかかわらずどの企業にもチャンスが生まれる。

損害保険というすでに成熟した市場で、多くの企業が非常に細分化した商品（サービス）を数多く提供している業界では、独自の市場を新たに発見することは容易ではない。

だがアニコム損害保険は、従来の損害保険の対象領域に市場性がないかを俯瞰し、独自性が発揮できオンリーワンとして先行優位性を強みにできる領域を探した。このとき、同社が着目したのが、サイコグラフィック的細分化の中で、「生活者のライフスタイル変化」という切り口だ。

国内では少子高齢化が進み内需が縮小していくことが確実視される中、そこに隠れて犬や猫をペットとして飼い、一緒に暮らす人たちが増大していた。人口が減少する中で、ペットの数が15歳未満の人口よりも多くなっていたという事実はあまり知られていない。核家族化と単身世帯の増大もあり、ペットは家族と同様に愛情を注ぐ対象となった。飼い主にとってはヒトと同じ存在であり位置付けになってきた分、ペットに費やす費用も拡大してきた。

人間と同様にペットの寿命も長くなり、その分、生存リスクは高まってくる。ペットが病気や怪我をすると動物病院で治療を受けるが、保険が適用されないため、飼い主には高額な医療費が必要で、愛する存在ではあっても経済的負担は増大していた。

▶POINT

........................................................................

専門分野に特化した企業になると、認知度とブランド力は飛躍的に向上し、独占的な優位性を発揮する。

こうした中で、生活者のライフスタイル変化に対応して共済や一部の損害保険会社は商品の品揃えの延長線上にペット保険を用意していた。しかし、ペット保険の専門企業は存在せず、アニコム損害保険が先行優位性を発揮するには最適な市場といえた。

同社はこの市場で単に保険商品を販売するだけでなく、飼い主の立場に立って、提携した動物病院の窓口で医療費を精算できるという独自の利便性を考案。国内のペット保険市場で、トップシェアを握ることに成功する。

新市場を見つけて新たな事業を展開する場合、ビジネスのノウハウや自社の優位性を何ら備えない企業が、新市場に打って出るのはリスクが大きい。また、成功までには膨大な時間と費用が必要になる。

だが、自分たちがこれまでのビジネスを通じて獲得してきたノウハウを携え、そのノウハウを活用して新市場で展開する場合、そのリスクは当然ながら小さくなる。

また、新規事業や大企業の場合、新市場への参入は他社の動きを見てから行動を起こすことが多い。新規事業として商品（サービス）を拡張して対応するケースが多い。この発想は商品の品揃えとしては成立しても、専門企業として評価を受けることはできなくなる。

アニコム損害保険は単に1つの商品としてペット保険を考え出したのではなく、業界で初めてペット保険専門の保険会社としての地位を確立したことで、企業としての先行優位性を顧客にアピールできた。

## アニコム損害保険株式会社の概要

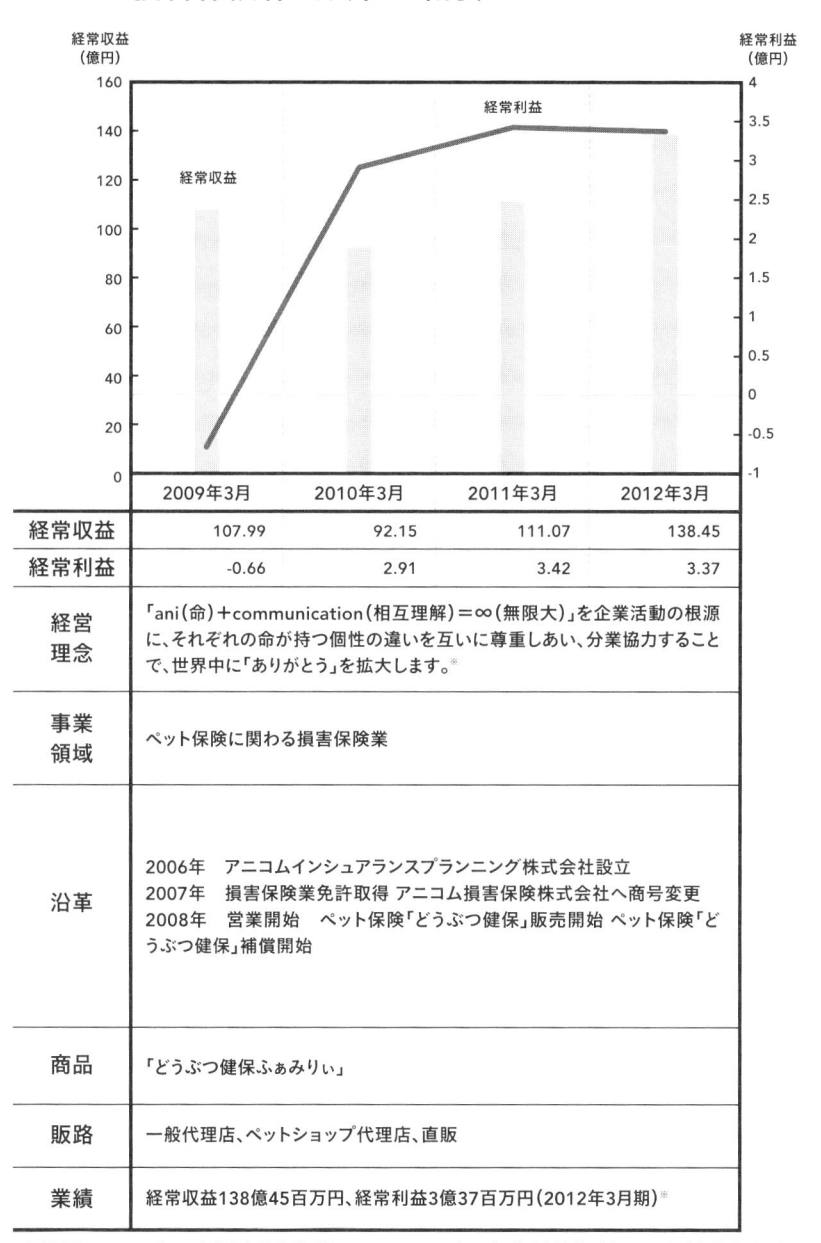

経常収益（億円） / 経常利益（億円）

|  | 2009年3月 | 2010年3月 | 2011年3月 | 2012年3月 |
|---|---|---|---|---|
| 経常収益 | 107.99 | 92.15 | 111.07 | 138.45 |
| 経常利益 | -0.66 | 2.91 | 3.42 | 3.37 |
| 経営理念 | 「ani（命）＋communication（相互理解）＝∞（無限大）」を企業活動の根源に、それぞれの命が持つ個性の違いを互いに尊重しあい、分業協力することで、世界中に「ありがとう」を拡大します。※ | | | |
| 事業領域 | ペット保険に関わる損害保険業 | | | |
| 沿革 | 2006年　アニコムインシュアランスプランニング株式会社設立<br>2007年　損害保険業免許取得　アニコム損害保険株式会社へ商号変更<br>2008年　営業開始　ペット保険「どうぶつ健保」販売開始　ペット保険「どうぶつ健保」補償開始 | | | |
| 商品 | 「どうぶつ健保ふぁみりぃ」 | | | |
| 販路 | 一般代理店、ペットショップ代理店、直販 | | | |
| 業績 | 経常収益138億45百万円、経常利益3億37百万円（2012年3月期）※ | | | |

※経営理念はアニコムグループ、経常収益、経常利益はアニコムホールディングス株式会社（金融業のため、経常収益、経常利益で掲載）

## アニコム損害保険のセグメンテーション

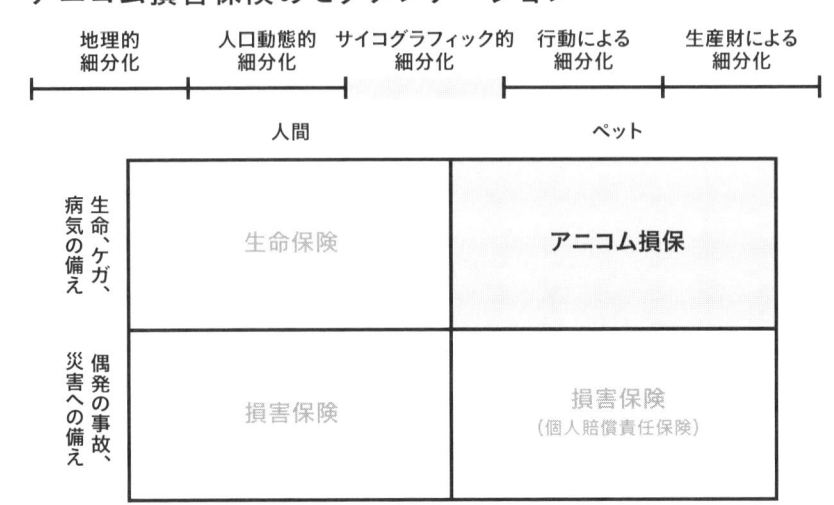

| 地理的細分化 | 人口動態的細分化 | サイコグラフィック的細分化 | 行動による細分化 | 生産財による細分化 |

|  | 人間 | ペット |
|---|---|---|
| 生命、ケガ、病気の備え | 生命保険 | アニコム損保 |
| 偶発の事故、災害への備え | 損害保険 | 損害保険<br>(個人賠償責任保険) |

## アニコムのセグメント背景

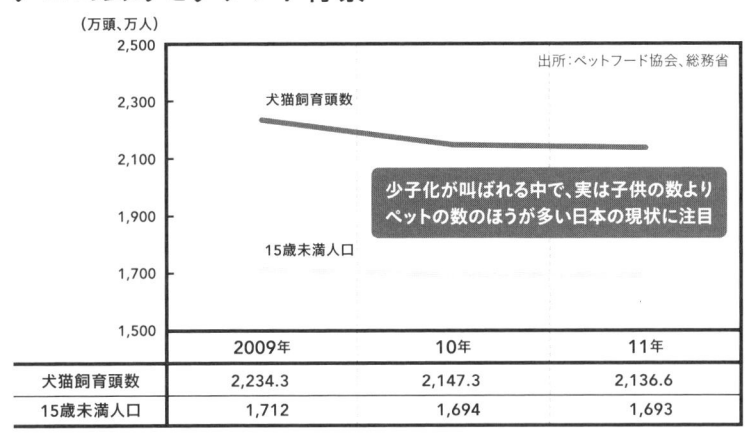

(万頭、万人)

出所:ペットフード協会、総務省

少子化が叫ばれる中で、実は子供の数より
ペットの数のほうが多い日本の現状に注目

|  | 2009年 | 10年 | 11年 |
|---|---|---|---|
| 犬猫飼育頭数 | 2,234.3 | 2,147.3 | 2,136.6 |
| 15歳未満人口 | 1,712 | 1,694 | 1,693 |

▸Anicom Insurance

ペットの飼育頭数が15歳未満の人口を上回る中、ペット保険の先駆けとなった同社。ペットの高齢化による健康管理と自費診療による医療負担がペットオーナーの悩みの種であった。ペットを対象にした市場セグメントに絞り込むことで、提携動物病院における窓口精算システムなど、人間の健康保険のような利便性の高いシステムを実現した。その結果、国内ペット保険市場でシェアトップを実現。

CHAPTER03
CASE

## 13 サイコグラフィック的視点のセグメンテーション② ジェイアイエヌのJINS

### 需要がなかった人に、需要を顕在化させるセグメントで新市場を創造

いかなる市場も成熟期に入ると、新規参入企業や下位企業などが市場に低価格商品を投入するため市場規模が縮小し、さらに商品カテゴリー全体がコモディティ化する事態が起きる。

成熟市場の典型ともいえる眼鏡市場にもこの波が襲った。もともと眼鏡は、レンズはニコンやHOYAなどの国内メーカー、フレームは問屋や商社から仕入れるため、中間マージンがかかり販売価格は高止まりした業界だった。ここにジェイアイエヌの「JINS」やインターメスティックの「Zoff」といった企業が安価な商品を投入し、一時的に売上を伸長させる。

ジェイアイエヌは当初アパレル雑貨の製造卸業としてスタートし、その後仕入れのために経営者が韓国を訪れた際に格安眼鏡店の拡大を目の当たりにし、眼鏡のSPA（本来の意味はアパレルの製造小売業）へ転換した企業だ。製造小売のノウハウを生かし、当初は自社企画したフレームを海外で製造し、直営店で安価に販売することに強みを発揮した。

だが店頭表示価格は安くても、レンズの厚みや度数、使用する商品ブランドなどによって追加料金が必要になるケースが多い。その結果生活者の不信感を招き、安売り企業の業績は悪化する。

▶POINT

製造直販などの仕組みを携え、セグメンテーションによって潜在市場を掘り起こすと、巨大マーケットが手に入る。

しかも2000年代から始まった低価格販売により、眼鏡市場の規模はこの10年の間に6000億円から4000億円にまで縮小してしまう。

こうした悪循環の中で、同社は医療用カテーテルや哺乳びんに使われ安全性と柔軟性を併せ持つ樹脂を使用し、従来の眼鏡のおよそ半分という軽量フレーム「Air frame（エア・フレーム）」を市場に投入。商品バリエーションを増やしながらシニア世代にも購買層を拡大し、発売後1年半で販売数は100万本を突破。エア・フレームの投入により同社の既存店売上は赤字から黒字に転じ、エア・フレームの売上比率は5割近くにまで伸張する。

だが安価な眼鏡を供給するだけでは、市場全体は活性化しない。そこで同社は、独自に市場をセグメントし、サイコグラフィック的視点から「視力矯正の必要のない人」と「パソコンを日常的に使用する人」という切り口を導き出し、新たな機能性眼鏡と新市場の開発に着手する。

現在のノートパソコンやスマートフォンなどに使用されている液晶ディスプレイは、バックライトにLEDを使用する商品が主流で、このLEDからは眼精疲労や睡眠障害の原因とされる「ブルーライト」が発生していることに着目。11年にこの領域に「JINS PC」を投入する。

この眼鏡に度は入らず、ブルーライトの光を最大50％カットしてパソコン使用時の目の疲れを軽減するという機能型商品で、発売後1年間で50万本という大ヒットにつながった。

同社はこの他にもレンズ横の部分に水を入れ、ドライアイを予防する「Moisture（モイスチャー）」という機能性眼鏡も開発し投入している。またフレームの自社企画の他、国内メーカーからの仕入れに加えて海外のレンズメーカーとも直接交渉を行い、海外メーカー2社か

ら代理店を通さずに商品調達ができるようになり、レンズのSPA化にも着手している。

「JINS PC」の注目点は、「普段は眼鏡を掛けていないが、仕事でパソコンを使用している人たち」を顧客に設定した点だ。視力矯正を必要としない人が顧客になると、日本の人口の1億2000万人が潜在顧客になる。単純計算で現在の眼鏡人口6000万人の倍に市場が膨らむ可能性がある。また疲れ目によって眼科に通っている人は、年間累計で1600万人に上るといわれ、「JINS PC」の商品機能が認知され生活者に評価されれば、その需要は極めて大きくなる。

新たな市場が誕生したとき、導入期から成長期にかけては、まず「商品機能や商品性能」によって企業は優位性を発揮しようと試みる。機能や性能が各社拮抗すると、「商品のデザイン化」によって違いを出そうとする。成熟期から衰退期に入ると、技術革新やデザイン化といった取り組みは停滞し、最後には「価格の安さ」だけで選ばれる凡庸な市場になることが多い。コモディティ化する市場に特徴的なのは、そのカテゴリー内に付加価値のある商品ブランドが存在せず、普通名詞の商品名しか存在しないことだ。

だが市場を衰退させず魅力的な状態のままに維持することは、企業の意思とマーケティング次第で十分に可能だ。

当初は衰退期特有の安売り競争を自ら仕掛け、その結果、市場を縮小させた上に赤字に転落する危機に直面した。だがその後、これまで眼鏡を必要としなかった生活者に新たな需要を起こし、新市場を創造したJINS（ジェイアイエヌ）の取り組みはこの典型例といえる。

## 株式会社ジェイアイエヌの概要

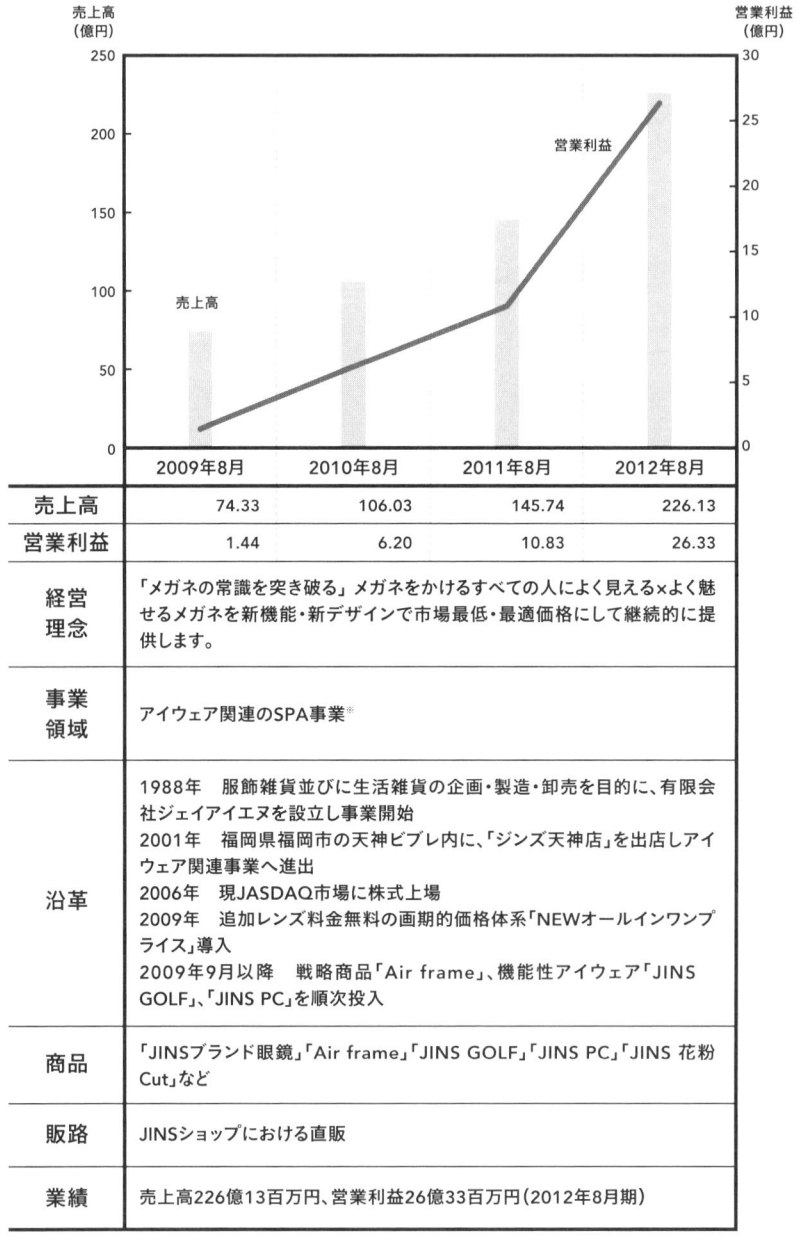

| | 2009年8月 | 2010年8月 | 2011年8月 | 2012年8月 |
|---|---|---|---|---|
| 売上高 | 74.33 | 106.03 | 145.74 | 226.13 |
| 営業利益 | 1.44 | 6.20 | 10.83 | 26.33 |

| | |
|---|---|
| 経営理念 | 「メガネの常識を突き破る」メガネをかけるすべての人によく見える×よく魅せるメガネを新機能・新デザインで市場最低・最適価格にして継続的に提供します。 |
| 事業領域 | アイウェア関連のSPA事業※ |
| 沿革 | 1988年　服飾雑貨並びに生活雑貨の企画・製造・卸売を目的に、有限会社ジェイアイエヌを設立し事業開始<br>2001年　福岡県福岡市の天神ビブレ内に、「ジンズ天神店」を出店しアイウェア関連事業へ進出<br>2006年　現JASDAQ市場に株式上場<br>2009年　追加レンズ料金無料の画期的価格体系「NEWオールインワンプライス」導入<br>2009年9月以降　戦略商品「Air frame」、機能性アイウェア「JINS GOLF」、「JINS PC」を順次投入 |
| 商品 | 「JINSブランド眼鏡」「Air frame」「JINS GOLF」「JINS PC」「JINS 花粉Cut」など |
| 販路 | JINSショップにおける直販 |
| 業績 | 売上高226億13百万円、営業利益26億33百万円（2012年8月期） |

※企画、生産、流通、販売まで一貫して行う製造小売業

## ジェイアイエヌのセグメンテーション※

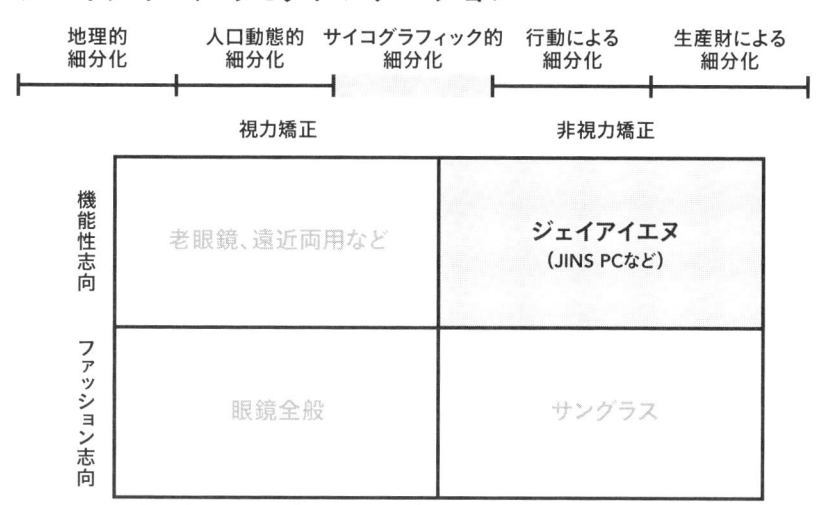

| 地理的細分化 | 人口動態的細分化 | サイコグラフィック的細分化 | 行動による細分化 | 生産財による細分化 |

|  | 視力矯正 | 非視力矯正 |
|---|---|---|
| 機能性志向 | 老眼鏡、遠近両用など | ジェイアイエヌ（JINS PCなど） |
| ファッション志向 | 眼鏡全般 | サングラス |

※上記セグメンテーション全般に展開しているが「非視力矯正×機能性」はジェイアイエヌ独自のセグメント

## ジェイアイエヌのセグメント背景

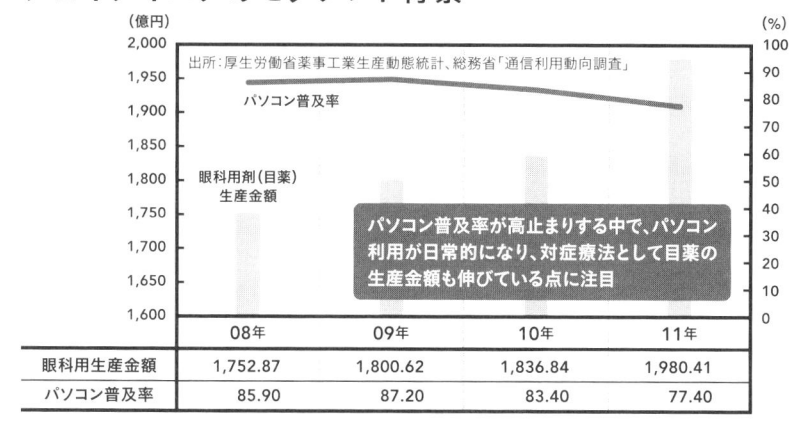

(億円) / (%)

出所:厚生労働省薬事工業生産動態統計、総務省「通信利用動向調査」

パソコン普及率が高止まりする中で、パソコン利用が日常的になり、対症療法として目薬の生産金額も伸びている点に注目

|  | 08年 | 09年 | 10年 | 11年 |
|---|---|---|---|---|
| 眼科用生産金額 | 1,752.87 | 1,800.62 | 1,836.84 | 1,980.41 |
| パソコン普及率 | 85.90 | 87.20 | 83.40 | 77.40 |

▸JIN

機能性を重視した非視力矯正セグメントで、パソコンから眼を守る画期的な商品「JINS PC」を発売。ヤフー、日本マイクロソフトといったネットIT業界で法人需要の取り込みに成功。800万人（ドライアイ研究会資料）に上るドライアイ患者数中、治療を受けているのが200万人（参天製薬資料）に留まり、目薬による対症療法だけでなく眼鏡による予防の潜在市場規模は大きいといえる。

CHAPTER03

CASE 14

・HOUSE FOODS

# 行動変数視点のセグメンテーション①
# ハウス食品のウコンの力

## 消費行動の決定要因を分析し、継続購入のポイントを探り当てる

　生産労働人口の減少や少子高齢化などの社会構造変化、また景気後退などの理由で消費の低迷が続くと、低価格志向の業態や商品が必ず台頭する。その典型例は組織小売業が投入するPB（プライベートブランド）商品であり、安価な衣料を販売するSPAの増大だ。

　食品や飲料の場合、店頭で商品価格が安くなれば生活者は購入しやすくなる。その反面、購入機会を単に先取りしているに過ぎず、総需要が拡大するとは限らない。こうした時代にメーカーに必要なのは、自社商品の安売りではなく、価格が高くても支持される商品を生み出すことだ。

　国内の健康美容食品・飲料の市場は2005年以降縮小していたが、その中で自社の持つ優位性を発揮して新市場の創造に成功した企業がある。ハウス食品だ。

　01年に国内で初めてBSEの症例が発覚し、その後の「産地偽装問題」などと相まって食品市場に逆風が吹く中、食品メーカーはデフレ経済下でも安売りせずに販売できる商品の開発に躍起になっていた。

　そんな中で同社が行動視点によるセグメンテーションで着目したのが、「定期的にお酒を飲む

習慣がある人」「継続的に栄養ドリンクを飲用するため肝機能を心配する人」「理由さえあれば価格が高くても購入する人」「アルコールを常飲するため肝機能を心配する人」といった要素であり、着目した商品シーズが「ウコン」だった。

ウコンという素材についてはすでに生活者の半数近くが「お酒を飲んだときに身体に良さそうだ」というイメージを抱いていることを同社はつかみ、ウコンを使った新商品の開発に乗り出す。

元々同社は、カレーを中心にウコンを含めた香辛料や調味料の分野にノウハウを持ち、加工技術やマスキング技術に優位性を備えていた。

生活者の消費行動を決定付ける要因には、価値観・消費の選択基準・嗜好性・意識傾向・行動パターンなどがあるが、こうした要素を分析すると30〜40代の男性層には、「公私ともに飲酒機会が多い」「加齢とともに身体がアルコールに弱くなっている」「健康ドリンクを日常的に飲用する層が多い」「CVSの利用率が高い」といった特徴を持つことが判明する。

そこで新商品の想定顧客層を30〜40代の男性に設定。彼らの多くが滋養強壮や疲労回復用のドリンク飲料を日常的に飲んでいることを踏まえ、サプリメント形状よりも飲料のほうが適していると判断し、商品形状が固まる。

薬品と違い、機能性飲料では飲みにくい味は受け入れらない。また30〜40代の男性層が栄養ドリンクとして、「飲む前に、飲んでおきたくなる」イメージの味を想起させるという両面の要素を踏まえた商品仕様に設定される。

一般の食品や飲料と異なり、機能性飲料には機能の裏付けデータが必要になる。そのため同社

> POINT

生活者の消費行動を決定付ける要素を分析し、継続購入してもらえる顧客を創造することがマーケティングである。

は臨床試験を行い、その結果を「和漢医薬学会」に「ウコンのアルコール代謝に及ぼす影響」として発表。商品の発売時にはこの学会発表を、生活者をはじめ商品を販売する小売業や自社の営業担当者への説得材料として活用した。

こうしてハウス食品の「ウコンの力」は潜在需要を顕在化させ、新市場の創造に成功する。現在の商品ラインは、「ウコンの力」「ウコンの力　カシスオレンジ味」「ウコンの力　クール」(それぞれ店頭販売価格は200円程度)がある。また秋ウコンに加え紫ウコンを配合し、クルクミン配合量を40ミリグラム(通常品は30ミリグラム)に増量した「ウコンの力　スーパー」(店頭販売価格は300円程度)を投入。より効果感を求めるリピーター飲用層に対して品揃えを行い、ファンを獲得している。

機能性飲料や機能性食品を開発する際、発売当初は需要が生まれても、その後、継続購入に結びつかず商品が消えてしまうことが多い。これは生活者にとって継続購入する理由や場面、また継続したくなる条件が希薄なことに起因する。「ウコンの力」の場合には、飲酒機会が多い層を想定顧客に設定したことで、飲酒機会が生じるたびに「ウコンの力」の飲用意欲が高まり、商品の継続購入が行われたことで新市場の創造につながった。同社が想定したように、「飲む前に、飲む」という限定された飲用場面が、そのつど無理なく継続購入されることにつながった。

新市場を創造するには商品開発が欠かせないが、商品が市場に定着し新市場に成長するかどうかは、新しい商品が継続購入されるかどうかにかかる。その意味で、行動視点によるセグメンテーションで要素を抽出する際は、継続購入の要素も加味して検討することが必要だ。

## ハウス食品株式会社の概要

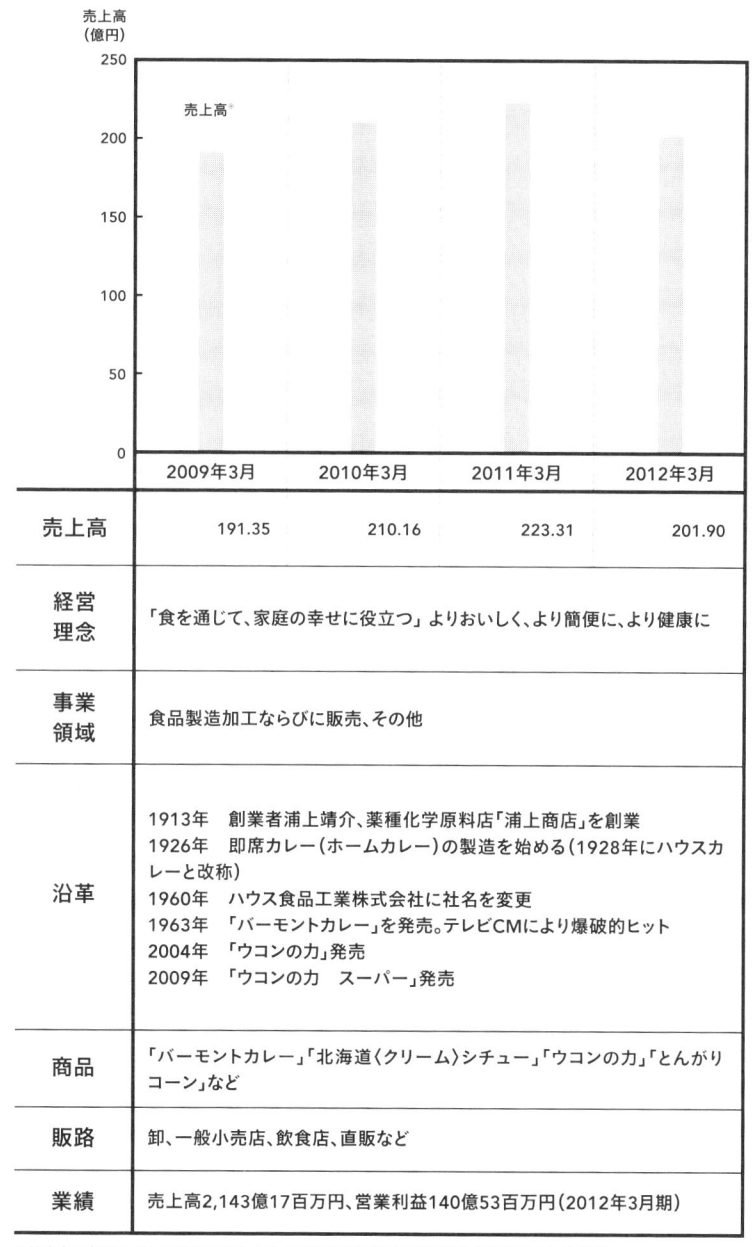

売上高（億円）

| | 2009年3月 | 2010年3月 | 2011年3月 | 2012年3月 |
|---|---|---|---|---|
| 売上高 | 191.35 | 210.16 | 223.31 | 201.90 |

| | |
|---|---|
| 経営理念 | 「食を通じて、家庭の幸せに役立つ」よりおいしく、より簡便に、より健康に |
| 事業領域 | 食品製造加工ならびに販売、その他 |
| 沿革 | 1913年　創業者浦上靖介、薬種化学原料店「浦上商店」を創業<br>1926年　即席カレー（ホームカレー）の製造を始める（1928年にハウスカレーと改称）<br>1960年　ハウス食品工業株式会社に社名を変更<br>1963年　「バーモントカレー」を発売。テレビCMにより爆破的ヒット<br>2004年　「ウコンの力」発売<br>2009年　「ウコンの力　スーパー」発売 |
| 商品 | 「バーモントカレー」「北海道〈クリーム〉シチュー」「ウコンの力」「とんがりコーン」など |
| 販路 | 卸、一般小売店、飲食店、直販など |
| 業績 | 売上高2,143億17百万円、営業利益140億53百万円（2012年3月期） |

※健康食品（ダイレクト含む）単独の売上高、なお健康食品単独の営業利益は非開示のため、割愛

## ハウス食品のセグメンテーション

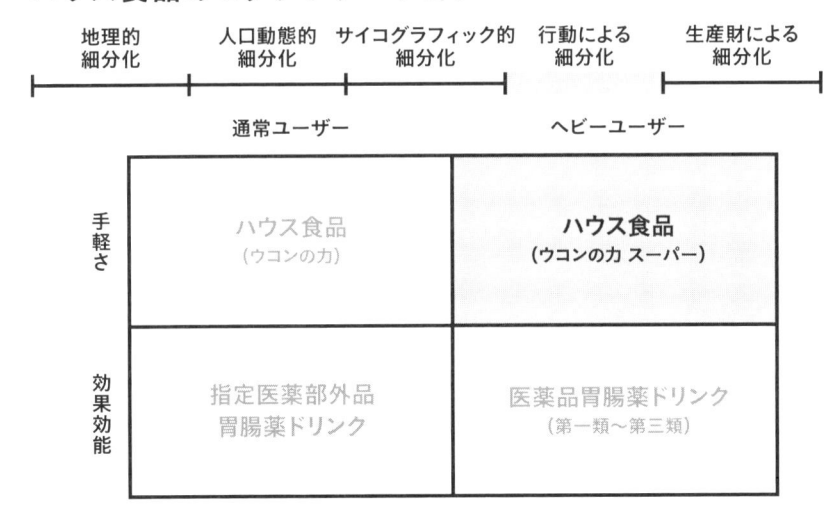

| 地理的細分化 | 人口動態的細分化 | サイコグラフィック的細分化 | 行動による細分化 | 生産財による細分化 |

|  | 通常ユーザー | ヘビーユーザー |
|---|---|---|
| 手軽さ | ハウス食品<br>（ウコンの力） | **ハウス食品**<br>**（ウコンの力 スーパー）** |
| 効果効能 | 指定医薬部外品<br>胃腸薬ドリンク | 医薬品胃腸薬ドリンク<br>（第一類〜第三類） |

## ハウス食品のセグメント背景

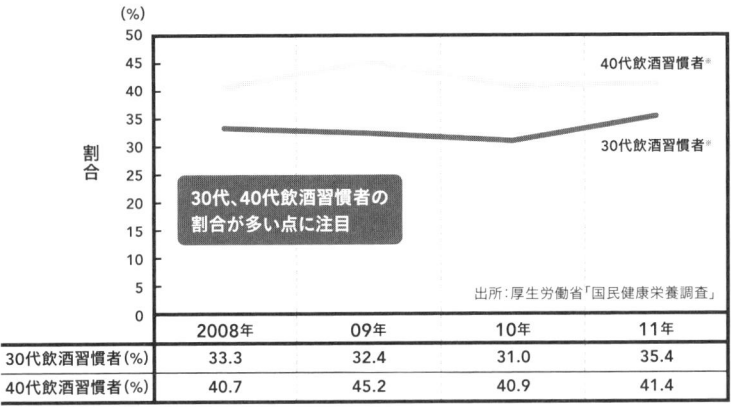

(%)

40代飲酒習慣者
30代飲酒習慣者

30代、40代飲酒習慣者の割合が多い点に注目

出所：厚生労働省「国民健康栄養調査」

| | 2008年 | 09年 | 10年 | 11年 |
|---|---|---|---|---|
| 30代飲酒習慣者(%) | 33.3 | 32.4 | 31.0 | 35.4 |
| 40代飲酒習慣者(%) | 40.7 | 45.2 | 40.9 | 41.4 |

※飲酒習慣者は週3日以上、1日1合以上の飲酒者

▸HOUSE FOODS

一般用医薬品胃腸薬の牙城であった二日酔い対策ドリンク剤市場。清涼飲料水では先駆けとなる「ウコンの力」でハウス食品は市場を開拓。アルコールの常飲者が多い30〜40代のビジネスマン向けにさらに「ウコンの力 スーパー」を展開することでヘビーユーザーを取り込む。大手CVSデータによると「ウコンの力」シリーズの3割程度を「ウコンの力 スーパー」が占める（ハウス食品2010年3月期決算報告資料）。

CHAPTER03 Mitsubishi Aircraft

CASE 15

生産財のセグメンテーション視点①
三菱航空機のMRJ

## 後発で市場参入する際にどこに着眼したか?

モノづくりを誇る日本でありながら、国産旅客機の開発は1965年に就航し合計182機が製造された「YS-11」以降、行われることはなかった。「YS-11」が航空機としては優れていたものの、世界の航空機市場における国産メーカーとしてのポジショニングと、営業力を含めたマーケティング発想に欠けていたことがその遠因ともいえるだろう。

50年近い空白を経て、国産第2の旅客機であり、国産初のジェット旅客機として三菱航空機によるMRJ(三菱リージョナルジェットの略)が航空機市場に参入した。

MRJプロジェクトは2003年に独立行政法人新エネルギー・産業技術総合開発機構(NEDO)が公募した「環境適応型高性能小型航空機研究開発」(民間航空機基盤技術プログラム)に、三菱重工が参画したところから始まる。

三菱サイドでは航空旅客は今後20年間で現在の約3倍になり、座席数が70~90席のリージョナルジェット機市場は、今後20年間に全世界で5000機以上の新規需要が見込まれる市場だとして着目する。

CHAPTER03_セグメンテーションに重点を置いたマーケティング戦略

▶POINT

自社の優位性が発揮できる市場を細分化し、「エアラインの経営者」と「MRJを利用する生活者」を想定顧客にした。

飛行機の市場は、大型機を製造するボーイング社（代表的な機種はB787やB777）やエアバス社（代表的な機種はA380）などが知られている。だが今後は、座席数が70〜90席のリージョナルジェット機と、同じく90〜240席の小型機の両サイズで、飛行機全体の75％の需要が生まれることが予想されていたからだ。

リージョナルジェット機とは、地域間をつなぐ小型ジェット旅客機のことだ。ハブ空港（航空ネットワークの中核を担う空港のこと）のスポーク部分（放射線状に延びる空港網を車輪のスポークにたとえた表現）の路線を受け持つ旅客機として、期待されている機種だ。

現在世界で運航されている50席前後の小型機が、座席当たりのコストを低減するために大型化。その一方、燃料価格の高騰と運賃低下によって、大手エアラインが運航している低需要路線が子会社などに移管され、100席超機の一部が小型化する。さらにLLC（ローコストキャリア。低価格料金の航空会社）の台頭も追い風となり、リージョナルジェットは拡大すると見られた。

後発として航空機製造市場に参入する同社は市場性が期待でき、自社の優位性が発揮できる市場を細分化し、この「リージョナルジェット機市場」をビジネス展開する領域として特定する。

すでにこの市場では、カナダ・ボンバルディア社の「CRJ」とブラジル・エンブラエル社の「E-ジェット」がシェアを分けあっていた。だが両社の飛行機はターボプロップエンジン方式（ガスタービンエンジンでプロペラを回す）が主流で、今後はジェットエンジンを使うリージョナルジェット機がそれに代わるとみられたことも、同社がこの市場を有望視した背景にある。

リージョナルジェット機の座席数は100席以下で、大中型機よりも低騒音、短い滑走路で離

着陸できるように設計する必要がある。その条件に加えて、同社では「優れた燃費と低騒音、低排出ガス」「快適な客室」「高い信頼性と優れた運航経済性」を実現する取り組みが開始される。

MRJの詳細を見ると、機種はMRJ90（座席数92）とMRJ70（座席数78）の2タイプ。運航経済性では、機体に先進の空力技術と複合材技術に加え新型エンジンを採用。従来の同型ジェット機と比較して、20％以上も優れた燃費性能を実現。MRJを採用したエアラインの競争力と収益力の向上に貢献するとしている。

環境適合性では、最新の騒音基準と排出ガス基準を満たし、同クラスで最も静かでクリーンなリージョナルジェット機を目指している。

快適性では1列4席の配置、大型の天井収納、新型スリムシートなどの採用により従来のリージョナル機にはない快適な客室空間を実現するとしている。

そして営業目標としては、今後欧米やアジアでの受注を強化し、向こう20年間に世界で5000機と見込まれる小型機市場で1000機の受注を狙う計画だ。

後発企業としてMRJが成功するには、航空機の商品力もさることながら、国内はもとより海外への販売力、メンテナンスやサポートを始めとするアフターサービスなど、マーケティング全体で優位性を発揮することが絶対条件になる。

国産化が実現すると、自動車の制御装置や医療分野の素材技術などを底上げできる力を発揮するといわれるだけに、MRJの取り組みは、今後日本のモノづくりにも大きな影響力を持つことになる。

# 三菱航空機株式会社の概要

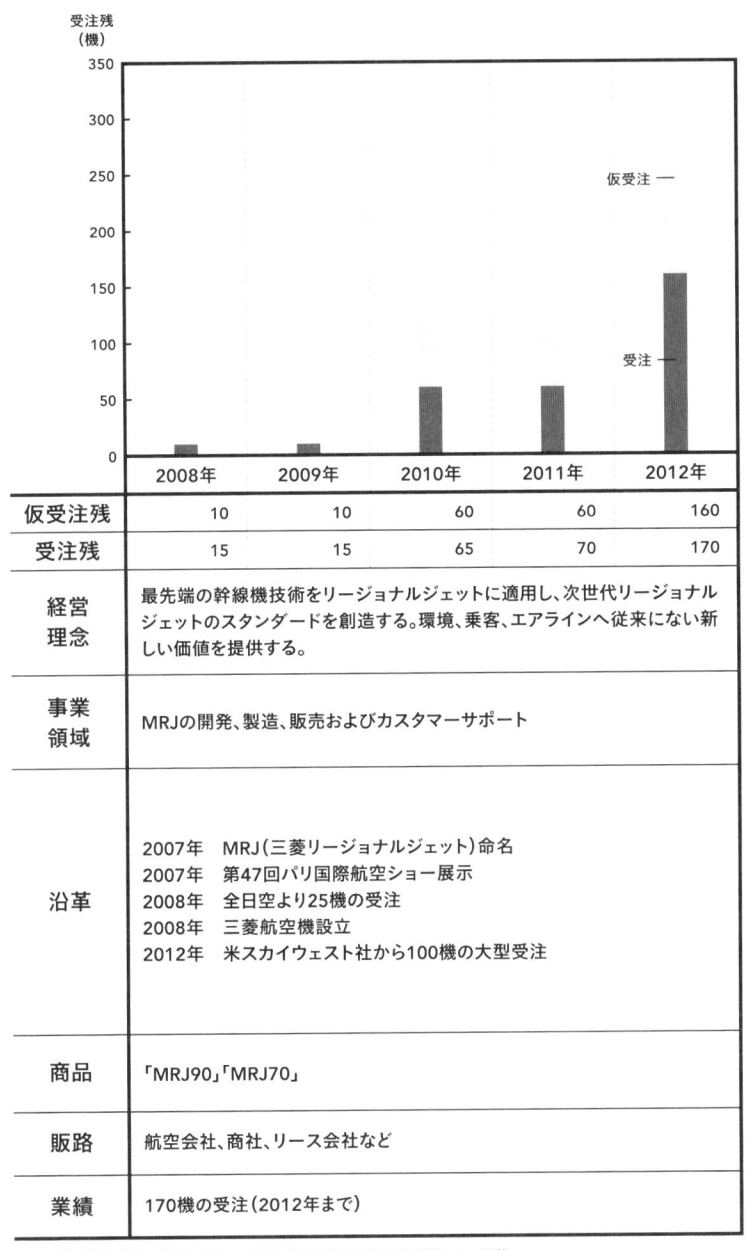

受注残
(機)

[グラフ: 2008年～2012年の仮受注残と受注残の推移。2012年の凡例として「仮受注」「受注」を表示]

| | 2008年 | 2009年 | 2010年 | 2011年 | 2012年 |
|---|---|---|---|---|---|
| 仮受注残 | 10 | 10 | 60 | 60 | 160 |
| 受注残 | 15 | 15 | 65 | 70 | 170 |
| 経営理念 | 最先端の幹線機技術をリージョナルジェットに適用し、次世代リージョナルジェットのスタンダードを創造する。環境、乗客、エアラインへ従来にない新しい価値を提供する。 ||||||
| 事業領域 | MRJの開発、製造、販売およびカスタマーサポート ||||||
| 沿革 | 2007年　MRJ（三菱リージョナルジェット）命名<br>2007年　第47回パリ国際航空ショー展示<br>2008年　全日空より25機の受注<br>2008年　三菱航空機設立<br>2012年　米スカイウェスト社から100機の大型受注 ||||||
| 商品 | 「MRJ90」「MRJ70」 ||||||
| 販路 | 航空会社、商社、リース会社など ||||||
| 業績 | 170機の受注（2012年まで） ||||||

※三菱航空機は商品の引渡しがこれから始まるため受注残推移を業績として掲載

## 三菱航空機のセグメンテーション

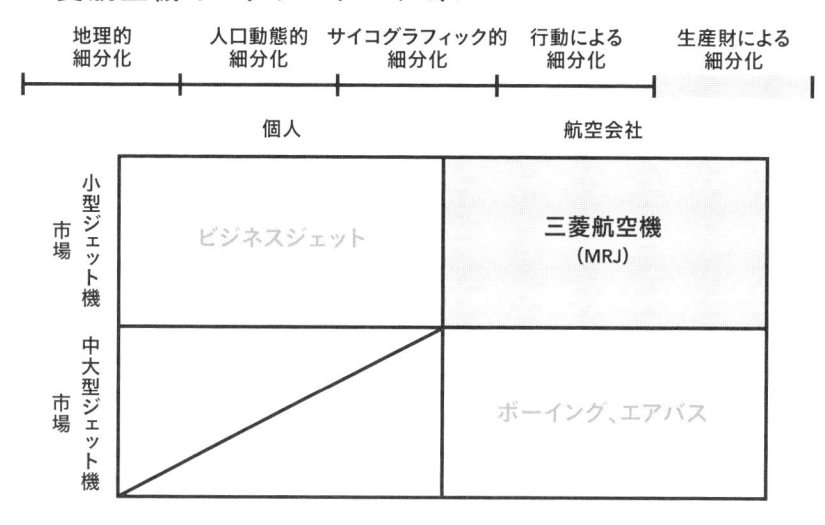

| 地理的細分化 | 人口動態的細分化 | サイコグラフィック的細分化 | 行動による細分化 | 生産財による細分化 |

個人　　　　　　　　　航空会社

|  | 個人 | 航空会社 |
|---|---|---|
| 小型ジェット機市場 | ビジネスジェット | 三菱航空機（MRJ） |
| 中大型ジェット機市場 |  | ボーイング、エアバス |

## 三菱航空機のセグメント背景

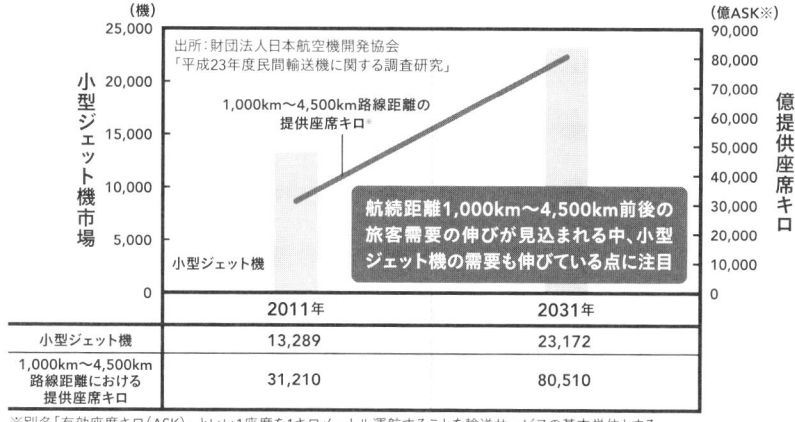

出所：財団法人日本航空機開発協会
「平成23年度民間輸送機に関する調査研究」

1,000km〜4,500km路線距離の提供座席キロ

小型ジェット機

> 航続距離1,000km〜4,500km前後の旅客需要の伸びが見込まれる中、小型ジェット機の需要も伸びている点に注目

|  | 2011年 | 2031年 |
|---|---|---|
| 小型ジェット機 | 13,289 | 23,172 |
| 1,000km〜4,500km路線距離における提供座席キロ | 31,210 | 80,510 |

※別名「有効座席キロ(ASK)」といい1座席を1キロメートル運航することを輸送サービスの基本単位とする

### ▶Mitsubishi Aircraft

戦後初の国産旅客機「YS-11」を手がけて以来、長らく欧米の大手航空機メーカーの共同開発パートナーや、一次下請けとして航空機開発に関わってきた同社。2000年初頭の国産小型機開発に向けた振興策に合わせて2007年、MRJ構想を発表。市場の伸びが見込まれる「ハブ空港から地方都市」「地方都市間」を結ぶ70〜90席のリージョナルジェットクラスセグメントに特化し、2012年には米スカイウエスト社から大型受注を獲得。

CHAPTER

04

BRAND

ブランドによる
マーケティング戦略

CHAPTER04

·BRAND

# 競争優位性を発揮するブランドづくりとそのコントロールが

## ブランド構成とブランド資源づくりのために何をするか

商品は「ブランド価値」がないと安売りされる。生活者にとって、価格だけが商品選択時の拠り所になってくるからだ。商品やサービスを開発し、市場に投入して育成する際、絶対に考慮すべきなのが「ブランド」であり、ときに商品以上に価値を持つこともある。

ブランドとは、商品やサービスを生産する企業や販売者を識別する存在で、名称、言葉、シンボルマーク、デザイン、カラー（色）などとその組み合わせから構成される固有名詞だ。ブランドを考慮せずに商品を開発して市場に投入すると、本来なら獲得できるはずの評価が得られず、本来なら得られる売上や利益などの損失をすることが増える。だから企業は、商品やサービスを開発するのと同様に、自社のブランド戦略を構築することが欠かせないわけだ。

ブランドには大別して次の4つの種類がある。

1 ナショナルブランド（NB）

商品を製造する企業が、全国的に発売している商品ブランドだ。販売されている地域が限定されていると、ローカルブランドと呼ばれる。

## 2 プライベートブランド（PB）

組織小売業や卸売業などが、自社オリジナルで商品を製造（大半はメーカーのOEM）し、販売する商品ブランドのこと。

## 3 ライセンスブランド

他社が持つブランド資源に使用料を払い、自社商品にその資源を利用させてもらうブランドだ。ディズニーやスターウォーズなどのキャラクターを使用した商品がこれに当たる。

## 4 共同ブランド

異なる2社以上の企業ブランドを使ったブランドのことだ。

ブランドには「資産価値（ブランド・エクイティ）」があり、次の5つの要素から構成される。

1. ブランド・ロイヤルティ（ブランドに対する忠誠心）
2. ブランドの認知度（なじみ度や好意度など）
3. 生活者が感じている品質（知覚品質ともいう。顧客が購入する理由になる資源）
4. ブランド連想（ブランドを見たり触れて感じる好意的な印象や高級感、特別感とその度合い）
5. 他の所有ブランド資産（ブランドに関する特許や商標登録など）

これらの要素は消費財・生産財メーカーに限らず、銀行、証券、保険などのサービス産業でも同様に必要だ。ブランド資産はときに、実際の商品や企業よりも長く存続し永続的資産になる。またブランド力が高まるほど、そのブランドを愛する顧客が増える。企業がブランド・マネジメント（ブランド資産の管理）をする際に重要なのは、顧客に対するブランド資産であり、ブラ

ンド価値だ。ブランドを愛する顧客にとって「ライフタイム・バリュー（生涯価値）」があるように、ブランド価値を絶えず磨き上げることが重要になる。実際に企業が自社商品を市場に導入し、そこでブランドを展開する際の「ブランド戦略」においては、次の4つの選択肢がある。

1　新ブランド

新たに考えたブランド名を、新たな商品カテゴリーに新商品として導入すること。

2　ブランド拡張

既存のブランド名を、新しい商品カテゴリーの新商品として導入すること。

3　ライン拡張

既存ブランド名を、商品の形やサイズ・味などを変更した上で、既存カテゴリーに新製品や追加商品として投入すること。

4　マルチブランド

新しいブランド名を考え、同じ商品カテゴリーに投入すること。

自社が複数のブランドを持つ場合、「ブランド・ポートフォリオ」の考え方を踏まえるべきだ。これはブランドを体系化し、ブランド本体とブランドを所有する企業の価値が高まるよう効率的に運用し、俯瞰的視点から各ブランドを管理することだ。

この概念は、ただ単に強いブランドをつくるだけではない。そのブランドを含めて企業が持つブランド全体を管理して最善の方法で運用し、競合企業に対して優位性を発揮し、利益を生む資産にすることを狙いとしている。

日本企業は長らくモノをつくれば売れる環境にあった。そのためブランドという概念やブランドに対する取り組みが遅れ、自社のブランド・フォーメーション（ブランド構成）やブランド資源づくりについては考慮に入れなかった。

そして自社の事業領域に次々に新製品を投入していき、個別ブランドが膨大に増えていった。

その結果、企業は個別ブランドの知名度と認知度を高めるため、個別ブランドごとに広告を投入するという非効率でコストが膨らむ状況に陥る。

そのブランド名はブランドというよりも、商品ネーミングのレベルに留まるものが大半だった。

社会になくてはならない存在として生活者から支持され、価値ある企業として評価を受けるには、自社の事業ポジションを明確に定め、そこで他社にない自社の魅力を発揮することだ。そのためには自社のブランド戦略を構築し、最適な方法でブランドを司ることが必要になってくる。ブランド・ポートフォリオ検討の際は、次の1〜4のブランドを自社に最適な方法で体系化し、ブランド資源を効果的に運用・管理していくことが必要になる。

1 企業ブランド（コーポレートブランド）

企業名によるブランドで、パナソニック、資生堂、トヨタ自動車、キリンビール、花王などがこれに当たる。20世紀にはテレビや新聞などマスメディアを用いた広告を投入し、生活者に「企業名」を知らしめて知名度を高め、「何をつくり、何をしている企業か」という認知度を得ることに重きが置かれてきた。しかしネットの普及によって、マスメディアの広告を使わなくても誰もが知るブランドになった企業も登場するようになる。IKEAやアマゾンなどが好例だ。

企業ブランドを前面に打ち出す企業は、ブランドを分散させず、ブランド資源を企業ブランドに集約できる。そのため非常に効率良く企業や商品の情報が生活者に届き、理解を深められる。

2 マスター・ブランド

企業ブランドだけで自社を語ると将来自社の事業領域が拡張した際に整合性がとれなくなる場合や、企業名では補えない付加価値をそのカテゴリーで高める必要がある場合もある。こうしたとき、そのカテゴリーだけを包括するブランドとしてマスター・ブランドが起用される（ファミリー・ブランドとほぼ同じ）。ユニクロ（ファーストリテイリング）、無印良品（良品計画）などがこれに該当する。なお本章の企業事例では、企業ブランド展開企業とブランド政策が重複する企業が多いため、企業ブランド展開企業の中に収れんさせた。

3 サブ・ブランド

企業ブランドやマスター・ブランド（ファミリー・ブランド）に、個別ブランド（商品ブランド）を組み合わせることを指す。

4 個別ブランド（商品ブランド）

同じカテゴリー内に複数の商品を投入する際に、それぞれ個別のブランドを用いる方法だ。たとえばトヨタ自動車のセダンカテゴリーには、「カローラ」「カムリ」「プリウス」「マークX」などがあり、1カテゴリーに相当数の個別ブランドを投入した構成となっている。個別ブランドは使用方法を誤ると非常に効率が悪くコストもかかる。だが戦略的に複数のブランドを使い分けると、まさにブランド・ポートフォリオに則ったブランド戦略を展開できる。

CHAPTER04

CASE 16 企業ブランド展開企業①

## KUMON（公文教育研究会）

KUMON INSTITUTE OF EDUCATION

教育への関心は世界中どこでも高く、学力は国のブランド力にもなる。子供の学力は、経済力などとの関係から語られることが多い。だが実は、経済的に成熟した国の学力は下がっていく傾向にある。近年OECDの学力テストでベスト10に入っているのは、G8では日本とカナダだけで、米国やフランスの名はそこにはない。

日本のグローバル企業を尋ねられると、自動車や家電製品を想起しやすい。だが日本で生まれ、北米、南米、アジア、オセアニア、欧州、中東、アフリカなど世界48カ国と地域で教育事業をフランチャイズ・ビジネスによって展開するグローバル企業がある。KUMON（公文教育研究会）だ。

### グローバル企業として成功した5つのポイント

KUMONの生徒総数は434万人（そのうち日本国内は147万人）で、海外の生徒数が圧倒的に多い（2013年3月現在）グローバル企業だ。米国での生徒数は25万人を誇り、「フランチャイズ・ビジネスといえば、外食産業ならマクドナルド、教育ならKUMON」と評されるほど同社のブランド力は強い。

CHAPTER04．ブランドによるマーケティング戦略

▶POINT

ブランドには、全世界共通で使用できる「ブランド名」と「経典（理念・仕組み・守るべき価値の明文化など）」が不可欠だ。

同社は、創立者の公文公氏が長男のために1954年に始めた学習方法が原型だ。公文式の基本は「読み書き計算」で、主要科目は数学と国語、社会や理科は扱っていない。同社は「微分積分のように高度な数学を自学自習できる力がつけば、世の中の大部分のことは自分で学べる。このためには優れた計算力と読解力を持つ必要がある」として、これを目標にしている。

日本人駐在員の子弟を対象にした教室を除くと、同社が日本人以外の子供を対象に海外進出を本格化させたのは88年からで、米国アラバマ州の公立小学校が公文式算数を採用したことに始まる。全学力テストでこの学校の平均点が20点上昇し、全米平均を上回った事実が米誌『TIME』『Newsweek』などで紹介され、一躍「KUMON」の名が知られることになる。これを契機に、世界中から教室を開きたいという申し出が増大する。

同社がグローバル企業として成功した背景には、次の5つのポイントが指摘できる。

1 全世界で企業理念を重視し、全社員が共有化

同社は理念として、「われわれは個々の人間に与えられている可能性を発見しその能力を最大限に伸ばすことにより健全にして有能な人材の育成をはかり地球社会に貢献する」を掲げているが、同社に参画する人たちがこの理念に共感できるかどうかを最重視する経営を行っている。ブランド戦略を展開する際に踏まえるべきは、企業理念に共感した社員だけが企業のブランド価値を高め、またその価値を守ることができるという点だ。

2 世界共通の教材フォーマットと指導方法

公文式の教材は日本の学習指導要領に準拠しておらず、「高校相当の学習ができるようになる」

ことを目標に、何をどの順番で学ぶかという視点で、段階別に教材がつくられている。そのため国によって教材を変える必要はなく、指導方法も標準化できるので、国や地域の異なる社員や教室指導者に対して教材に対して共通言語化が図れた。

3 学び合う組織風土づくり

異なる国々の知識と知恵を組織全体で共有し発展させるために、「指導者研究大会」や「ワールド・ブランド・タスクフォース」といった世界中の関係者が交流する場を設け、相互に学び合う風土づくりを実践している。

4 ローカルにある知恵とノウハウをグローバル化

各国それぞれの教室には貴重な知恵とノウハウが存在するとして、3で紹介した対話する機会を通じて、ローカルからグローバルへ、知恵とノウハウが組織全体に変換され共有化されている。

5 世界共通のグローバルブランド展開

多くの日本企業は個別商品ブランドやカテゴリーブランドを採用していることが多いが、商品数が増えれば増えるほどそれぞれにコミュニケーションが必要で、知名度と認知度を向上させるにはコストと時間もかかり、非常に効率が悪い。

公文は創業者の名前を企業名として採用して以来、グローバル展開する際にも同社名をアルファベットでKUMONと表記し、世界共通のグローバルブランドとして展開している。世界共通の教材フォーマットと指導方法に加え、企業ブランドも全世界で共通化させ、効率よく国際的評価を高めることに成功している。

## 株式会社公文教育研究会の概要

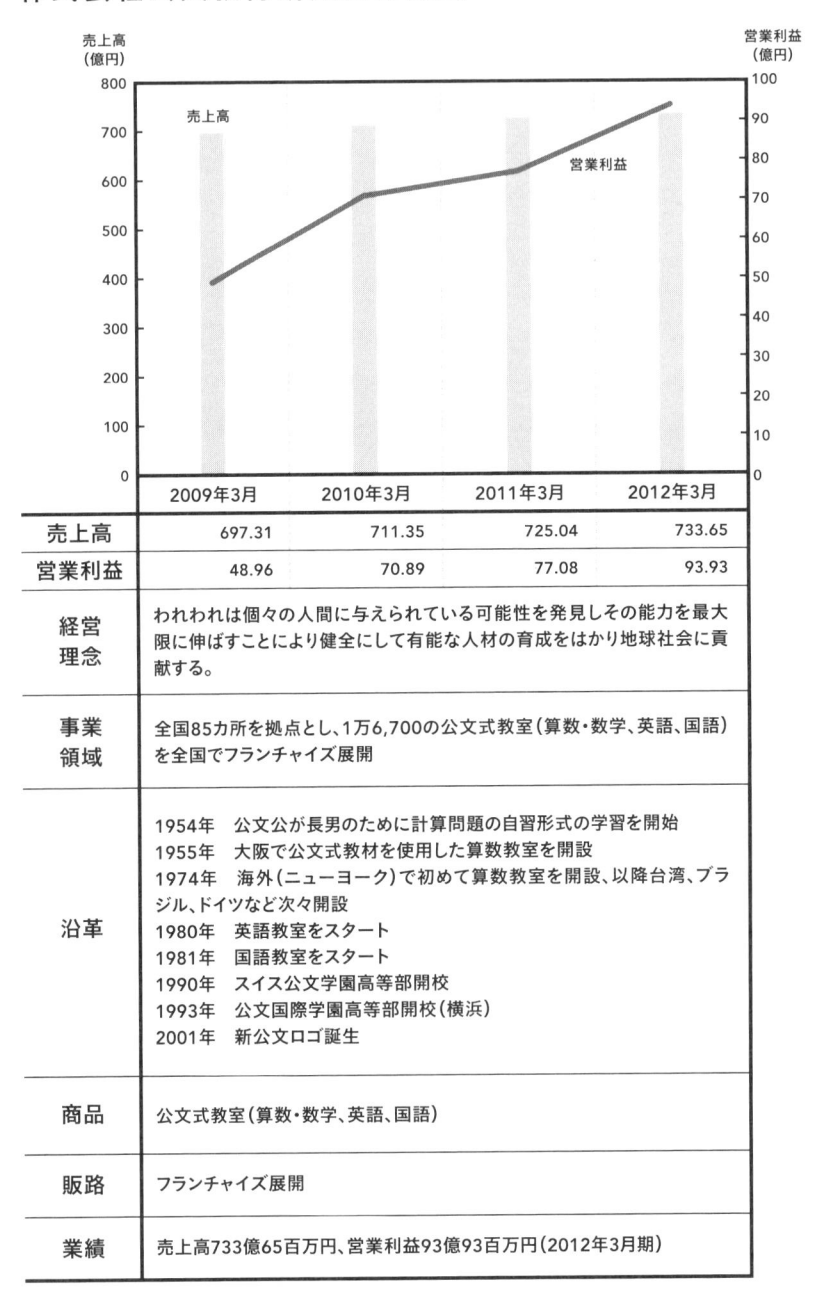

| | 2009年3月 | 2010年3月 | 2011年3月 | 2012年3月 |
|---|---|---|---|---|
| 売上高 | 697.31 | 711.35 | 725.04 | 733.65 |
| 営業利益 | 48.96 | 70.89 | 77.08 | 93.93 |

| | |
|---|---|
| 経営理念 | われわれは個々の人間に与えられている可能性を発見しその能力を最大限に伸ばすことにより健全にして有能な人材の育成をはかり地球社会に貢献する。 |
| 事業領域 | 全国85カ所を拠点とし、1万6,700の公文式教室(算数・数学、英語、国語)を全国でフランチャイズ展開 |
| 沿革 | 1954年　公文公が長男のために計算問題の自習形式の学習を開始<br>1955年　大阪で公文式教材を使用した算数教室を開設<br>1974年　海外(ニューヨーク)で初めて算数教室を開設、以降台湾、ブラジル、ドイツなど次々開設<br>1980年　英語教室をスタート<br>1981年　国語教室をスタート<br>1990年　スイス公文学園高等部開校<br>1993年　公文国際学園高等部開校(横浜)<br>2001年　新公文ロゴ誕生 |
| 商品 | 公文式教室(算数・数学、英語、国語) |
| 販路 | フランチャイズ展開 |
| 業績 | 売上高733億65百万円、営業利益93億93百万円(2012年3月期) |

## 公文教育研究会のブランドポートフォリオ

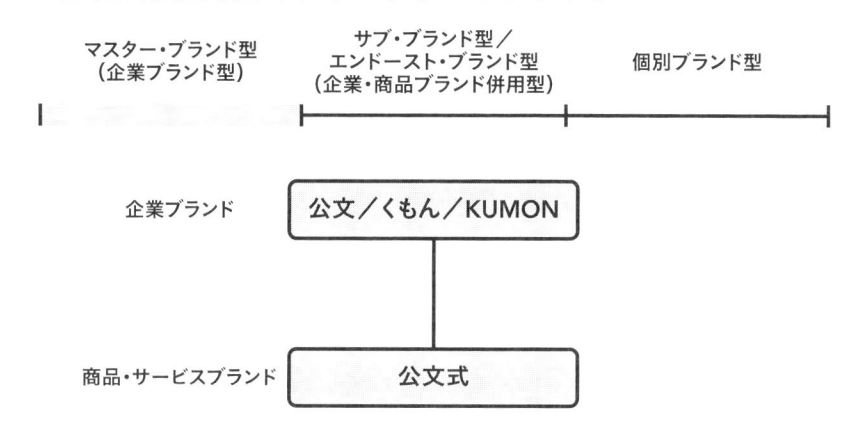

| | マスター・ブランド型<br>(企業ブランド型) | サブ・ブランド型／<br>エンドースト・ブランド型<br>(企業・商品ブランド併用型) | 個別ブランド型 |
|---|---|---|---|

企業ブランド： 公文／くもん／KUMON

商品・サービスブランド： 公文式

## 公文教育研究会のブランドによる差別化背景

縦軸：単一の事業セグメント ⇔ 複数の事業セグメント
横軸：各商品、サービスカテゴリー間の関連性（低）⇔（高）

- 左上：サブ・ブランド型／エンドースト・ブランド型（企業・商品ブランド併用型）
- 右上：**公文教育研究会　マスター・ブランド型（企業ブランド型）**
- 左下：個別ブランド型
- 右下：サブ・ブランド型／エンドースト・ブランド型（企業・商品ブランド併用型）

> 教育に関わるセグメントで、各サービスを「公文式」という共通のメソッドで展開しているため、マスター・ブランド（企業ブランド）で統一して訴求展開

▶KUMON EDUCATIONAL JAPAN

国内1万6,700教室、海外8,300教室を「公文／くもん／ KUMON」ブランドで束ねる公文教育研究会。創業者公文公氏の苗字を冠にブランドのグローバル展開に成功。くもんの教室(KumonCenter)における公文式(公文メソッド)を世界共通の仕様でサービス展開することで、「公文／くもん／ KUMON」ブランドの統一感を発揮。日本発の知る人ぞ知るグローバルブランドになっている。

CHAPTER04

CASE 17 企業ブランド展開企業② マルホ

Maruho

## 「スペシャリティーファーマ」として国内ナンバーワンの売上シェア

製薬会社が新薬を生み出すには、10〜20年におよぶ時間と平均して約500億円ともいわれる研究開発費が必要だ。さらに、新薬が成功する確率は1万分の1というリスクがある。それゆえ大手製薬会社は、事業採算性が良い大規模市場で、自社の強みを発揮しようと考える。

たとえば皮膚科領域の国内市場は3000億円程度で、全医薬品市場7兆円のわずか4％しかない。また医薬品で中心になる剤型は内服と注射で、外用剤（軟膏・クリーム・ローションなど）の市場は3600億円（うち医療用は2400億円）程度で、大手にはメリットが少ない。大手製薬会社には関心の薄いこの皮膚科学関連医薬品外用剤の国内市場で、トップシェアを誇る企業がマルホだ。同社は「皮膚科学関連」と「塗り薬」に特化し、皮膚保湿剤の「ヒルドイド」や尋常性乾癬の治療剤「オキサロール」といった主力商品を持つ。

ニッチ市場に該当する皮膚科学関連医薬品カテゴリーに特化し、「皮膚科学関連医薬品のブティック・カンパニー」になるという大胆で明確な戦略を、同社は2002年に打ち出す。その際、「長期ビジョン2002」として目指すべきゴールを次の4つのキーワードにして明文化し

た。

1 オンリーワン

皮膚科学に精通した医薬品メーカーとして、確固たるブランドを確立している。

2 スモールガリバー

皮膚科におけるリーディング・カンパニーとして、売上金額、生産量、学術情報ともにナンバーワンになっている。

3 創剤から創薬へ

皮膚科学に関連した創剤を基盤として、研究開発を進める。中期的には技術提携も併せて行い、皮膚科学に関連した自社創薬を手がけている。

4 グローバルニッチ

皮膚科学関連医薬品を取り扱う国内外企業と戦略的アライアンスを結び、クロス・ライセンスも含めた世界進出の基盤を確立している。

マルホは自社のミッションである「質の高い貢献」を目指すには、幅広く商品を手がけるより、「ブティック（専門店）」のような製薬会社を目指すべきだという決断を下す。日進月歩の医療業界でスピーディーに対応し、自社の優位性を発揮するには、ニッチでも高いブランド価値を築く「すべきこと」と「すべきでないこと」を決め、優先順位をつけて取り組む必要があるからだ。

「長期ビジョン2002」発表以降、この目標を達成するために、同社は劇的な変化を起こす取り組みを開始する。

▶POINT

中堅企業にとって「金のなる木」になる市場が存在する。そこでナンバーワンのシェアを握れば、その企業は勝ち組になる。

研究開発体制では、当初は自ら研究開発活動の上流を手がけず、他社との共同開発か、他社が開発した候補物質のライセンス供与を受け製品化する方法を選択する。2001年のオキサロール軟膏が成功してから、社外からのライセンス供与の申し出が2倍に増加。そのうち、15の申し出についてライセンスを取得する。ライセンスを取得する基準は、薬剤満足度が低く、患者の増加が見込める疾病領域かどうかで決める。

自社で上流の研究開発を行わなくても、同社の新商品開発に必要なネットワークが充実することになる。さらに上流を手がけないため、新薬の開発期間が業界平均で15年ほど必要といわれる期間を、5年程に短縮できた。

同社が商品化に向けてライセンス導入した15候補のうち、商品化されなかったのは1つだけで、研究開発リスクを減らしている。また同社が研究開発で独自に力を入れるのは、「吸収を高める・刺激性を抑える・使用感を良くする」といった製剤技術だ。

MR活動（Medical Representativeの略で、医薬品メーカーの医薬情報担当者のこと。一般の企業なら営業担当者の役割）では、皮膚科学関連情報の専門性を高め、皮膚疾患治療薬販売会社として総合満足度第1位を獲得している。また、11年に「長期ビジョン2011『Excellence in Dermatology』」を発表し、新たなゴールに向けて行動を開始している。

マルホは10年余で自社が目指す企業ポジションの構築に成功し、皮膚科学領域の「スペシャリティーファーマ」として国内ナンバーワンの売上シェアを獲得。大手製薬企業が注力しない市場に絞り込み、「マルホ」という企業ブランドで事業展開を行い、知名認知を向上させた。

## マルホ株式会社の概要

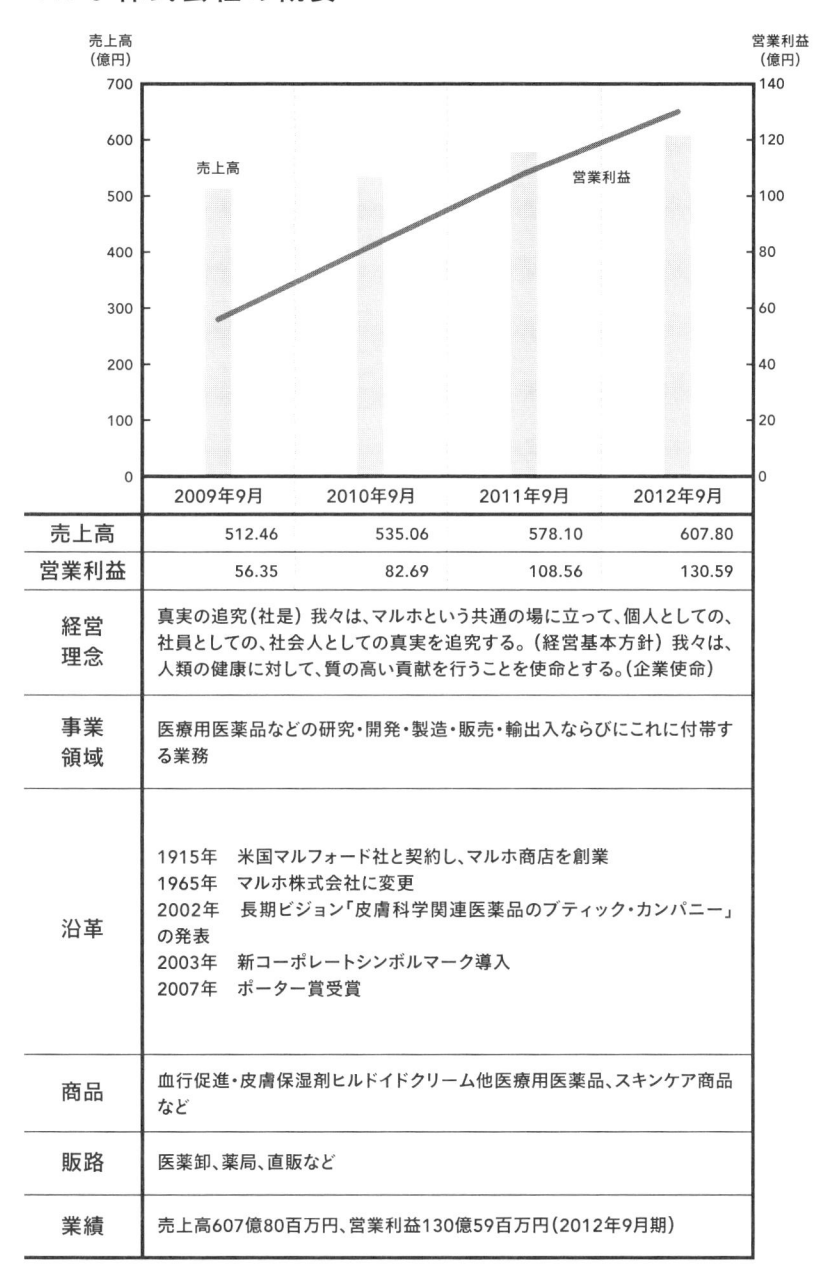

| | 2009年9月 | 2010年9月 | 2011年9月 | 2012年9月 |
|---|---|---|---|---|
| 売上高 | 512.46 | 535.06 | 578.10 | 607.80 |
| 営業利益 | 56.35 | 82.69 | 108.56 | 130.59 |

| | |
|---|---|
| 経営理念 | 真実の追究（社是）我々は、マルホという共通の場に立って、個人としての、社員としての、社会人としての真実を追究する。（経営基本方針）我々は、人類の健康に対して、質の高い貢献を行うことを使命とする。（企業使命） |
| 事業領域 | 医療用医薬品などの研究・開発・製造・販売・輸出入ならびにこれに付帯する業務 |
| 沿革 | 1915年　米国マルフォード社と契約し、マルホ商店を創業<br>1965年　マルホ株式会社に変更<br>2002年　長期ビジョン「皮膚科学関連医薬品のブティック・カンパニー」の発表<br>2003年　新コーポレートシンボルマーク導入<br>2007年　ポーター賞受賞 |
| 商品 | 血行促進・皮膚保湿剤ヒルドイドクリーム他医療用医薬品、スキンケア商品など |
| 販路 | 医薬卸、薬局、直販など |
| 業績 | 売上高607億80百万円、営業利益130億59百万円（2012年9月期） |

## マルホのブランドポートフォリオ

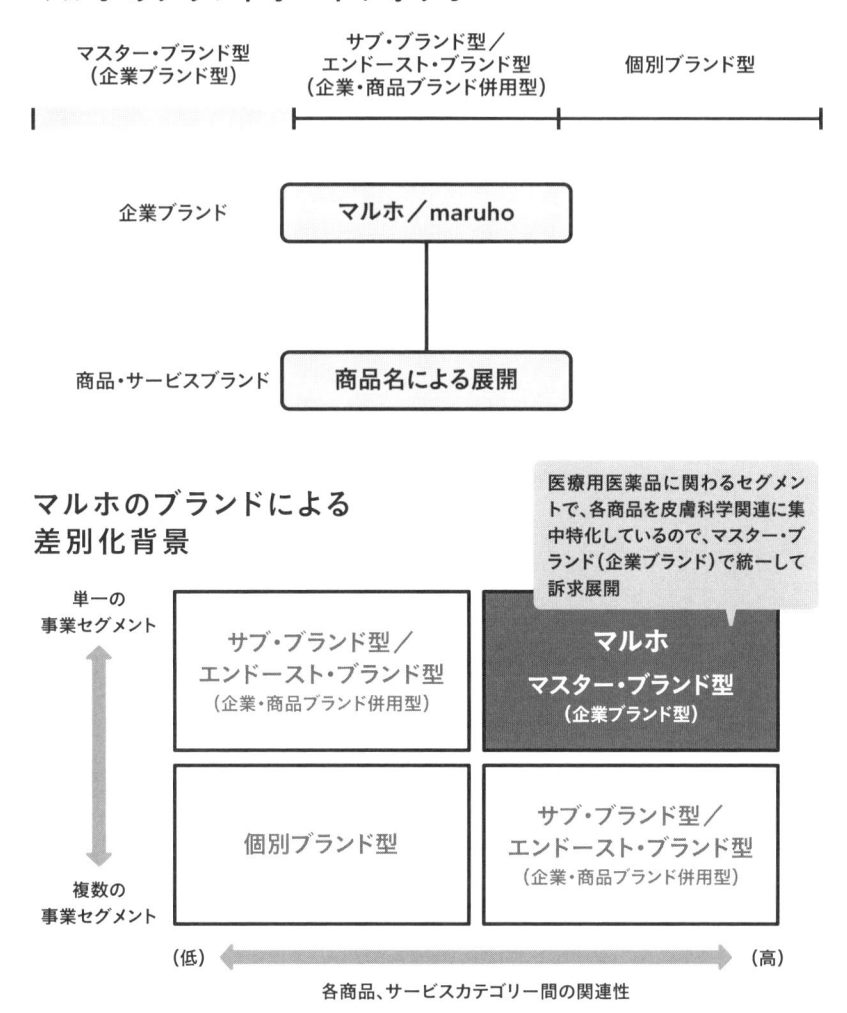

マスター・ブランド型　　サブ・ブランド型／　　個別ブランド型
（企業ブランド型）　　　エンドースト・ブランド型
　　　　　　　　　　　　（企業・商品ブランド併用型）

企業ブランド　　　　　マルホ／maruho

商品・サービスブランド　　商品名による展開

## マルホのブランドによる差別化背景

単一の事業セグメント

| | 各商品、サービスカテゴリー間の関連性 | |
|---|---|---|
| サブ・ブランド型／エンドースト・ブランド型（企業・商品ブランド併用型） | | **マルホ**　**マスター・ブランド型**（企業ブランド型） |
| 個別ブランド型 | | サブ・ブランド型／エンドースト・ブランド型（企業・商品ブランド併用型） |

複数の事業セグメント

（低）　←　各商品、サービスカテゴリー間の関連性　→　（高）

> 医療用医薬品に関わるセグメントで、各商品を皮膚科学関連に集中特化しているので、マスター・ブランド（企業ブランド）で統一して訴求展開

▸Maruho

皮膚科医療用医薬品市場で国内最大シェアを誇り、海外で販売活動を始めていない現在も世界の皮膚科医薬品企業ランキングですでにトップ10入りするマルホ。2002年に皮膚科学関連医薬品に特化することで、「整形外科のマルホ」から「皮膚科学関連医薬品のブティック・カンパニー」として「マルホ」ブランドの統一感を発揮。他社製薬会社と比較して規模は小さいものの医科用皮膚薬業界では高い認知度を誇る。

CHAPTER04

CASE

18

TOTO

## サブ・ブランド型ブランド展開企業①

## 海外市場でハイエンド領域に絞り込み、高品質ブランドの地位を確立

国内の一般家庭における温水洗浄便座の普及率は70％を超え、トイレで"お尻を洗う"習慣は日本では完全に定着した。企業が持つ固有の商品名にもかかわらず、温水洗浄便座というカテゴリーの総称として「ウォシュレット」と呼ぶ人は多い。

この"お尻を洗う"習慣を生み出し、定着させた企業がTOTOだ。2012年に同社温水洗浄便座1号機の『ウォシュレットG』（1980年発売）は、日本機械学会から「機械遺産」の称号を与えられている。

同社は衛生陶器（システムトイレ）やウォシュレット、ユニットバスや水栓金具を始めとする住宅設備機器と、タイル建材、ハイドロテクト塗料、セラミックといった新領域商品からなる事業を推進している企業だ。

同社のブランド展開は、企業ブランドと商品カテゴリーブランドとの併用になっている。企業ブランドに衛生陶器やウォシュレットのイメージだけが付着しないよう、カテゴリーごとにブランドを用意しているわけだ。

▶POINT

世界市場を3つのステージに分け、ブランド価値の向上に取り組んだTOTO。「ブランド化できない領域はない」という好例だ。

同社は18の国と地域に61の連結対象会社を展開し、日本、中国、米国、アジア・オセアニア、欧州の5極体制で事業を展開。だが12年3月期に見る同社の海外売上高構成比は14％で、8割以上の売上を国内で上げる内需型企業である。同社自身この点を自覚しており、18年3月期には、売上高目標6000億円の海外比率を4分の1にすべく海外展開を加速させる考えだ。

同社を代表する商品であり日本人の文化ともなったウォシュレットが完備されている施設は少ない。そのため衛生用品市場（トイレ関連市場）において、世界市場を次の3つのステージに分類し、同社のブランド価値を高め、売上シェアを高める取り組みを行っている。

● 第1ステージ（企業ブランドと商品の認知度向上）

高級ブランドのイメージを形成するため、現地の高級ホテルや空港など地元の人たちが接し、企業イメージの向上に貢献する物件や施設に自社商品の売り込みを図る。このステージにある国々は、08年に進出した欧州と11年に進出したインドが該当する。

● 第2ステージ（企業ブランドと商品の浸透）

地元の富裕層が好む商品のデザイン化に注力しながら、同社製品を主力に扱う販売代理店を拡大する。このステージにある国々は、86年に進出し12年に新工場が稼働したタイ、01年に進出しウォシュレットが好調な韓国、02年に進出し売上高が2桁成長を見せるベトナムが該当する。

● 第3ステージ（企業ブランドと商品の評価確立）

デザイン性に加え、節水などの高機能化により企業と商品のブランド力をさらに向上させ、日

本と同様にショールーム展開によって顧客との接点を増大させる。このステージにある国々は、77年に進出し生産の自動化に着手するとともにキッチン事業を強化しているインドネシアと、79年に進出し高級ブランドの地位を確立したことで生産と販路を内陸部に拡大、アフターサービスによって他社を圧倒することを目指す中国、87年に進出しシェアナンバーワンを誇る台湾、90年に進出した米国が該当する。

同社の売上高構成比を見ると、国内市場は新築の落ち込みをリフォーム需要でカバーしているものの、頭打ちの傾向が強い。その一方、新興国を中心とした海外市場は成長性が高く、特に中国における同社の営業利益率は21％（12年実績）に上る。

中国のトイレ市場は5000万個といわれる中、上位10％の高級品市場で同社は4割というトップシェアを誇る。その成功要因は、進出当初から5つ星ホテルや空港などへの自社商品の納入実績を高め、高級ブランドのイメージを確立できたことによる。ちなみに価格を見ると、定番品で5万円前後と上海市民の月収並みで、超高級品だと年収ほどになる強気の設定だ。こうした取り組みが功を奏し、現地富裕層の所有意欲をくすぐり、庶民には憧れの的の存在にすることに成功する。

TOTOは中国市場で高級ブランドとしての地位を確立し、中国進出する日本企業のベンチマーク（他社の長所を学び、自社の業務や経営を改善する方法）先であり、お手本となっている。同社は新天地、中国においてハイエンド領域に絞り込み、自社と自社商品のブランドイメージを引き上げ、中国市場でハイエンドブランドの地位を確立することに成功した。

## TOTO株式会社の概要

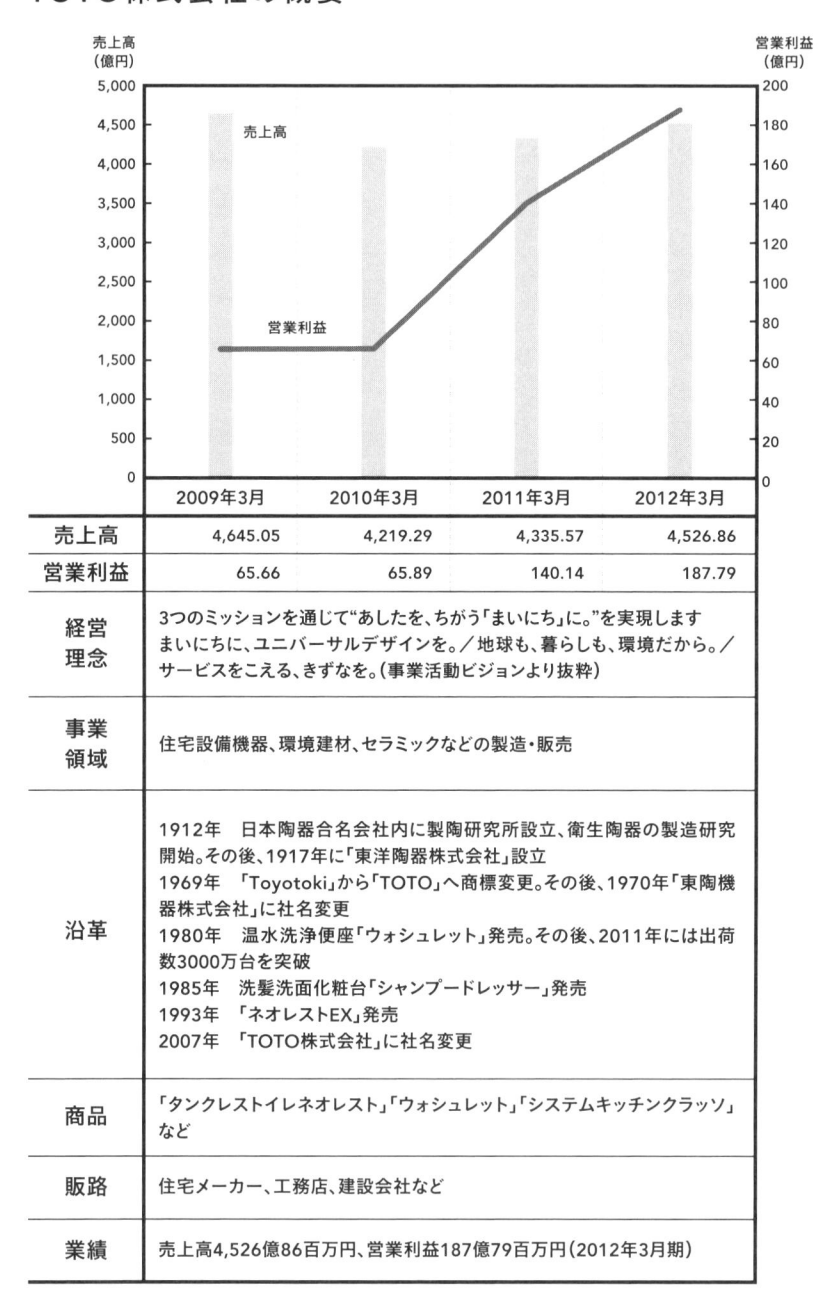

| | 2009年3月 | 2010年3月 | 2011年3月 | 2012年3月 |
|---|---|---|---|---|
| 売上高 | 4,645.05 | 4,219.29 | 4,335.57 | 4,526.86 |
| 営業利益 | 65.66 | 65.89 | 140.14 | 187.79 |

|  |  |
|---|---|
| 経営理念 | 3つのミッションを通じて"あしたを、ちがう「まいにち」に。"を実現します<br>まいにちに、ユニバーサルデザインを。／地球も、暮らしも、環境だから。／サービスをこえる、きずなを。(事業活動ビジョンより抜粋) |
| 事業領域 | 住宅設備機器、環境建材、セラミックなどの製造・販売 |
| 沿革 | 1912年　日本陶器合名会社内に製陶研究所設立、衛生陶器の製造研究開始。その後、1917年に「東洋陶器株式会社」設立<br>1969年　「Toyotoki」から「TOTO」へ商標変更。その後、1970年「東陶機器株式会社」に社名変更<br>1980年　温水洗浄便座「ウォシュレット」発売。その後、2011年には出荷数3000万台を突破<br>1985年　洗髪洗面化粧台「シャンプードレッサー」発売<br>1993年　「ネオレストEX」発売<br>2007年　「TOTO株式会社」に社名変更 |
| 商品 | 「タンクレストイレネオレスト」「ウォシュレット」「システムキッチンクラッソ」など |
| 販路 | 住宅メーカー、工務店、建設会社など |
| 業績 | 売上高4,526億86百万円、営業利益187億79百万円(2012年3月期) |

## TOTOのブランドポートフォリオ

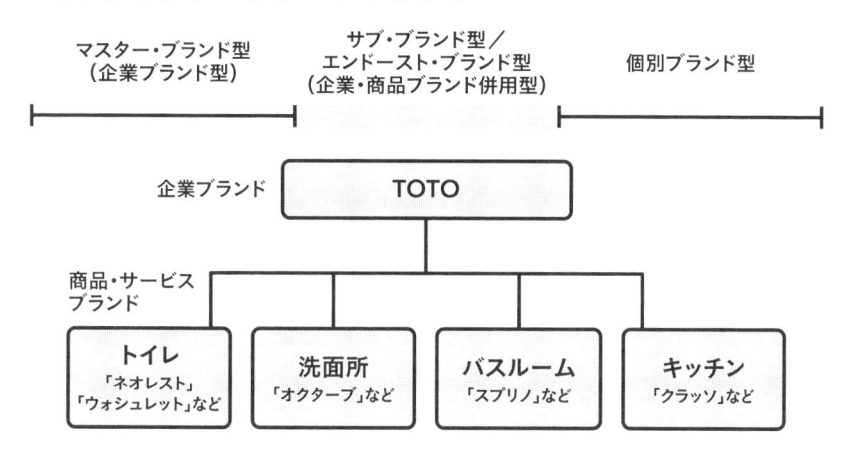

| マスター・ブランド型<br>(企業ブランド型) | サブ・ブランド型／<br>エンドース・ブランド型<br>(企業・商品ブランド併用型) | 個別ブランド型 |

企業ブランド — **TOTO**

商品・サービスブランド:
- トイレ 「ネオレスト」「ウォシュレット」など
- 洗面所 「オクターブ」など
- バスルーム 「スプリノ」など
- キッチン 「クラッソ」など

## TOTOのブランドによる差別化背景

縦軸: 単一の事業セグメント ⇔ 複数の事業セグメント
横軸: 各商品、サービスカテゴリー間の関連性(低)⇔(高)

- 単一の事業セグメント×低関連性: **TOTO サブ・ブランド型／エンドース・ブランド型（企業・商品ブランド併用型）**
  - 注釈: 住設に関わるセグメントで、トイレ他、様々なカテゴリーの商品を展開しているので、サブ・ブランド型（企業・商品ブランド併用）で訴求展開
- 単一の事業セグメント×高関連性: マスター・ブランド型（企業ブランド型）
- 複数の事業セグメント×低関連性: 個別ブランド型
- 複数の事業セグメント×高関連性: サブ・ブランド型／エンドース・ブランド型（企業・商品ブランド併用型）

▸TOTO

トイレで国内シェアトップを誇り、中国ではハイエンドトイレ市場に的を絞りブランドイメージを引き上げるTOTO。トイレのイメージが強い同社だが、他の住設カテゴリーに事業を展開する中で、2007年の社名変更に合わせて住設としての企業ブランド「TOTO」と各商品ブランドの併用でブランド力を発揮。また大建工業、YKK APとともにリフォーム事業を「リモデル」ブランドで強化。

CHAPTER04

*FUJIFILM

CASE 19

サブ・ブランド型ブランド展開企業②
富士フイルムのアスタリフト

## 新市場へ参入して一からどうブランドを確立したか

技術革新によって市場構造が変質していく中、企業が最も恐れるべきは、新技術や新商品の登場により自社の市場が陳腐化し、市場そのものが消失することだ。ワープロやパソコンの登場によりタイプライターが、DVDやCD-ROMの登場とインターネットの普及により紙の百科事典が、その役目を終えて市場から姿を消して久しい。

市場で覇権を握っていたトップ企業が、万一自社の市場が消滅する危機に立たされたときには、早急に新たな市場を見つけ、その市場に最適な新商品を投入するなどの対策をとり、新市場で地位を確立して、新たな売上と利益を確保する必要がある。理屈では誰でもわかっている取り組みではあっても、実際に取り組んで成果を上げるところにたどり着くまでの道のりは容易でない。

2012年に最大のライバル企業であり約130年の歴史を持つイーストマン・コダックが経営破綻する中、医薬品や化粧品など事業の多角化に踏み切り、化粧品という新規事業の立ち上げに成功した企業が富士フイルムだ。

写真フィルム事業は、00年時点で同社全体に占める割合のおよそ2割、部門別売上高では26

## CHAPTER04 ブランドによるマーケティング戦略

00億円を超える規模を誇っていた。写真フィルムを販売し現像すると、印画紙需要も生まれるという循環型ビジネスモデルだった。

しかし、デジタル技術の進歩により、同事業は稼ぎ頭だったフィルムの売上高は、毎年200億円のペースで減少する事態に直面する。ここで同社が取り組んだのが、およそ2年をかけて行った自社技術の棚卸し作業だ。

これまで同社は写真を美しく表現するため、独自の技術を培ってきた。写真フィルムは発色のための粒子や光を感じる粒子などの多数の層からできているといった知見だ。一方、人間の肌構造は写真フィルムとの共通点が多く、たとえば、人の肌は真皮にコラーゲンを含み、さまざまな機能の異なる細胞が存在する。

そこで同社は、コラーゲンのノウハウと写真プリントを長持ちさせる酸化制御技術、そして美しく色鮮やかな写真に欠かせないナノテクノロジーを活用し、女性用化粧品の開発に乗り出す。

そこで誕生するのが化粧品の「アスタリフト」だ。「アスタリフト」は、コエンザイムQ10の約1000倍（富士フイルム調べ）の力を持つ植物由来の赤い天然成分「アスタキサンチン」を配合。同社独自のナノテクノロジーにより、その力を肌深くまで素早く浸透させるとともに、3種類のコラーゲンも加えた商品だ。

商品は完成しても、マーケティング上で2つの大きな課題に直面する。

1つは、同社が化粧品を発売するという事業ポジショニングとブランド体系だ。同社では過去に女性だけを相手にした商品やブランドは存在せず、企業イメージとの整合性も希薄だった。社

▶POINT
------
事業開始に当たり、商品情報を詳細に伝えられる通販からスタートさせていることにも注目したい。

内では、他社へのOEM化や化粧品会社とのダブルブランドにするといった意見もあったようだ。

しかし、商品ブランドとともに「富士フイルム」という企業ブランドを打ち出すことに決定する。あまたある化粧品会社の中で、新ブランドを立ち上げて知名度と認知度を高め、ブランド価値を向上させるのは容易ではないという理由だ。

もう1つは、化粧品販売のノウハウが社内にないことだ。そこで当初はネットを中心とした通信販売からスタート。販売を開始すると売れ行きは好調で、化粧品の問屋やデパートのバイヤーから店頭販売の要請があり、その後店頭販売も開始する。そして現在では、タレントを起用したテレビ広告も投入し、積極的な販売に取り組んでいる。

**同社化粧品事業におけるブランド体系は、企業ブランド名の下に、化粧品ブランドを置く方法だ。同社名を打ち出すことで、生活者に信用と信頼を感じてもらうことを主眼としている。**社名が化粧品イメージに合致しないという声が多い中、「アスタリフト」という商品名だけでは手に取ってはもらえないという同社の判断が功を奏したわけだ。

企業が新規事業に着手し新商品を投入する際、本業とかけ離れた事業や商品を手掛ける場合、企業名をあえて表に出さず、事業ブランド名(場合によっては新会社名にすることもある)や個別商品ブランド名でコミュニケーションを図ることが多い。

だが、富士フイルムはあえて自社名を出し、イメージよりも自社が培ってきた信用と信頼をアピールする方法を選んだ。どの企業でも採用できるブランド政策ではないが、1つのブランディング事例として記憶しておきたい。

## 富士フイルム株式会社の概要

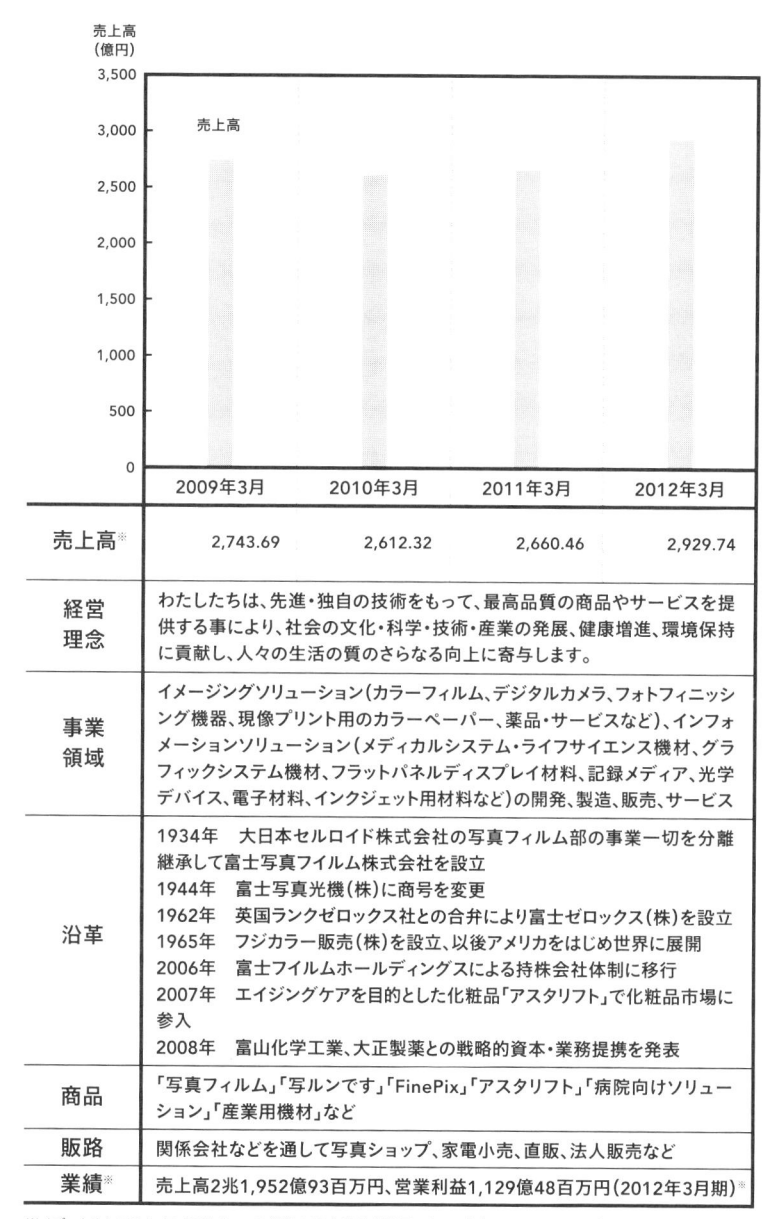

売上高
(億円)

| | 2009年3月 | 2010年3月 | 2011年3月 | 2012年3月 |
|---|---|---|---|---|
| 売上高※ | 2,743.69 | 2,612.32 | 2,660.46 | 2,929.74 |

| | |
|---|---|
| 経営理念 | わたしたちは、先進・独自の技術をもって、最高品質の商品やサービスを提供する事により、社会の文化・科学・技術・産業の発展、健康増進、環境保持に貢献し、人々の生活の質のさらなる向上に寄与します。 |
| 事業領域 | イメージングソリューション(カラーフィルム、デジタルカメラ、フォトフィニッシング機器、現像プリント用のカラーペーパー、薬品・サービスなど)、インフォメーションソリューション(メディカルシステム・ライフサイエンス機材、グラフィックシステム機材、フラットパネルディスプレイ材料、記録メディア、光学デバイス、電子材料、インクジェット用材料など)の開発、製造、販売、サービス |
| 沿革 | 1934年　大日本セルロイド株式会社の写真フィルム部の事業一切を分離継承して富士写真フイルム株式会社を設立<br>1944年　富士写真光機(株)に商号を変更<br>1962年　英国ランクゼロックス社との合弁により富士ゼロックス(株)を設立<br>1965年　フジカラー販売(株)を設立、以後アメリカをはじめ世界に展開<br>2006年　富士フイルムホールディングスによる持株会社体制に移行<br>2007年　エイジングケアを目的とした化粧品「アスタリフト」で化粧品市場に参入<br>2008年　富山化学工業、大正製薬との戦略的資本・業務提携を発表 |
| 商品 | 「写真フィルム」「写ルンです」「FinePix」「アスタリフト」「病院向けソリューション」「産業用機材」など |
| 販路 | 関係会社などを通して写真ショップ、家電小売、直販、法人販売など |
| 業績※ | 売上高2兆1,952億93百万円、営業利益1,129億48百万円(2012年3月期) |

※メディカルシステム・ライフサイエンス単独の売上高は非開示のため、富士フイルムホールディングス株式会社資料よりブレインゲイト推計
※業績は富士フイルムホールディングス

## 富士フイルムのブランドポートフォリオ

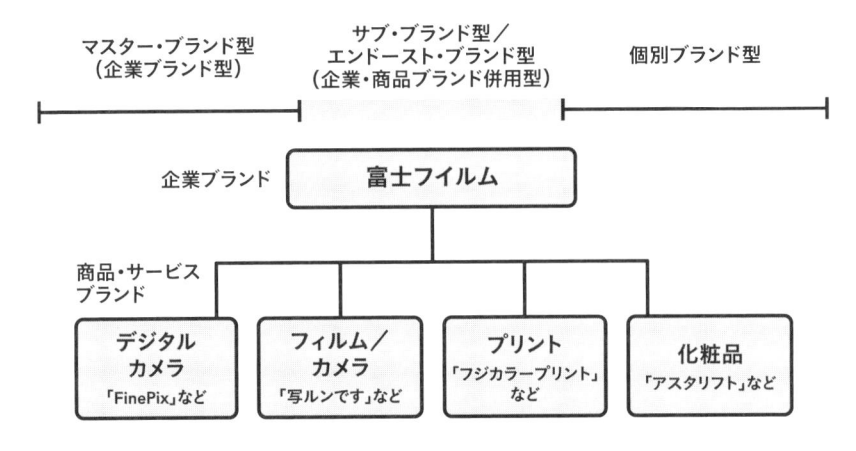

```
マスター・ブランド型        サブ・ブランド型／           個別ブランド型
（企業ブランド型）          エンドースト・ブランド型
                          （企業・商品ブランド併用型）
|―――――――――――|―――――――――――――――――|―――――――――|
```

企業ブランド ─ **富士フイルム**

商品・サービスブランド
- デジタルカメラ 「FinePix」など
- フィルム／カメラ 「写ルンです」など
- プリント 「フジカラープリント」など
- 化粧品 「アスタリフト」など

## 富士フイルムのブランドによる差別化背景

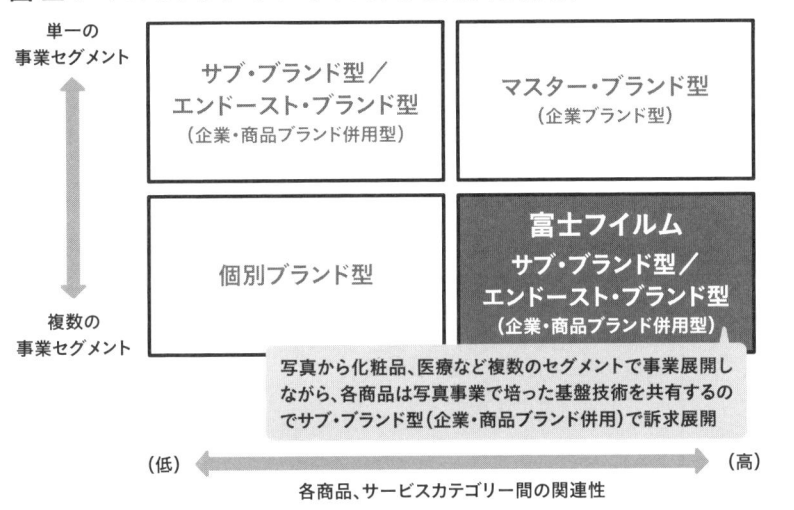

縦軸：単一の事業セグメント ↕ 複数の事業セグメント
横軸：各商品、サービスカテゴリー間の関連性（低）⇔（高）

| | 関連性（低） | 関連性（高） |
|---|---|---|
| 単一の事業セグメント | サブ・ブランド型／エンドースト・ブランド型（企業・商品ブランド併用型） | マスター・ブランド型（企業ブランド型） |
| 複数の事業セグメント | 個別ブランド型 | **富士フイルム** サブ・ブランド型／エンドースト・ブランド型（企業・商品ブランド併用型） |

写真から化粧品、医療など複数のセグメントで事業展開しながら、各商品は写真事業で培った基盤技術を共有するのでサブ・ブランド型（企業・商品ブランド併用）で訴求展開

▶FUJIFILM

画像をデジタル方式で記録する一般向けカメラは1988年に同社から誕生するが、その後カメラメーカー、電機メーカー各社の参入により、カメラ、フィルム以外での事業成長を模索。その過程で化粧品などを展開するが、写真事業で培った基盤技術を共有しており、技術としての企業ブランド「富士フイルム」と商品カテゴリーブランド（化粧品の場合「アスタリフト」）を併用することで各ブランドの相乗効果を発揮。

CHAPTER04 *KAGOME

CASE 20 カゴメ

サブ・ブランド型ブランド展開企業③

## ブランドステートメントで事業の拠り所と好循環をつくり出す

売上と収益の拡大だけを考えると、企業は自社の専門性や優位性を発揮できる特定の分野から、規模を追求する総合化の道を選ぶことが多い。その結果、企業の個性や魅力が失われ、ときには存在意義すら喪失してしまう場合がある。

逆に自社の強みに絞り込んで存在意義を再定義し、その考えの下に商品開発とブランドづくりを行えば、自社の優位性が発揮され、無益な価格競争から距離を置くことが可能だ。

1980年代後半まで「トマト」に強みを持っていたにもかかわらず、カゴメは一時期総合食品メーカーを標榜し、トマトジュースや野菜ジュースに加え、大手飲料メーカーが得意とするウーロン茶やコーヒー、麦茶、果汁系のジュースにまで手を広げてしまう。その結果、ブランド力のない清涼飲料カテゴリー商品は店頭で安売りされ、品目数の増大による物流費の増大など販売経費が膨らみ、売れない在庫の拡大が値引き販売につながるといった負の連鎖に陥った。

91年に自社の定義を「農業食品メーカー」とし、およそ2000あった商品数を半分ほどにまで縮小させ、選択と集中の戦略をとる。経営効率は改善するものの、自社の定義が明確でない上、

▸POINT

自社のコア・コンピタンスに沿った商品開発と事業展開により、ブランドステートメントに表明された約束が果たされていく。

社内にブランド概念やブランド意識が希薄だったため業績は停滞してしまう。96年に同族や血縁でない生え抜きの経営者が就任。自社のコア・コンピタンス（中核となる企業の強み）を踏まえ、同社は「トマトと野菜のカンパニー」であると98年に定義する。その結果、同社の中核商品に成長する「野菜生活」という商品とブランドが誕生することになる。

2002年カゴメラビオ（旧雪印ラビオを買収）を完全子会社化し、「乳酸菌」という新たな経営資源を獲得。カゴメが従来から持つ「野菜の抗酸化力」とカゴメラビオが持つ「乳酸菌の免疫力」という2つの資源を拡張できた。これにより、同社では「体内環境正常化」から「体内環境活性化」という領域にまで自社の強みを拡張する。ここから同社では、添加物などに頼らず自然が持つ恵みで「体内環境活性化」を実現し、新たな需要を創造する取り組みを開始する。

乳酸菌という新たな経営資源を入手したことで、カゴメはこれまで定義してきた「トマトと野菜のカンパニー」という企業の枠を超えるため、自社のコア・コンピタンスを再び定義し直す必要性に気づく。そこで取り組んだのがコア・コンピタンスの再定義と、「カゴメ」という企業のブランドステートメント（企業の使命や価値観を明文化し、企業活動の拠り所となる存在。カゴメでは「ブランド」は社会やお客さまに約束することだと定義している）の作成だ。

同年の社長交代を機に、ブランドステートメントを「自然を、おいしく、楽しく。KAGOME」として発表する。ここでいう「自然」は、自然の恵みがもつ抗酸化力や免疫力を活用して、食と健康を追求すること。「おいしく」は、自然に反する添加物や技術に頼らず、体にやさしいおいしさを実現すること。「楽しく」と

は、地球環境と体内環境に十分に配慮し、食の楽しさで新しい需要を創造することだ。同社はこのように定義した上で明文化し、社会に表明した。

これを受けて社内では、飲料や食品など事業単位で顧客に提供する価値を明確にし、商品づくりと自社ブランドのコミュニケーション展開を開始する。カゴメのブランド価値経営の開始だ。

これらの取り組みの成果として、京都の上賀茂でつくられる伝統的な漬物「すぐき漬け」から発見した植物由来の乳酸菌「ラブレ菌」を使用した乳酸菌飲料「植物性乳酸菌 ラブレ」が誕生する。ラブレ菌は、同社の動物性乳酸菌（L・カゼイ菌）と比較して、腸内で生きぬく力が非常に強いのが特長だ。

「植物性乳酸菌 ラブレ」は06年2月に関東・甲信越・東海・北陸・近畿エリアのCVS限定で130ミリリットルサイズを発売、同年3月には80ミリリットルサイズ3本パックと宅配専用の100ミリリットルを加えた3アイテムを全国発売（沖縄を除く）する。予想以上の受注が舞い込み、同年4月には関東・甲信越（1都9県）に販売エリアを縮小するお詫び広告を掲載するまでのヒット商品になる。その後、全国発売（沖縄を除く）の体制に戻るのは、翌07年1月まで待つことになる。

自社のコア・コンピタンスを明確化し、コア・コンピタンスに沿った商品開発と事業展開によりブランドステートメントに表明された約束が果たされていくことで、企業の価値は確固たるものになる。単なる規模の拡大は、ブランド戦略上から見ても、企業の価値を向上させることにはつながらない。何にでも手を出し、何でもある企業に、生活者は個性や魅力を感じない。

## 株式会社カゴメの概要

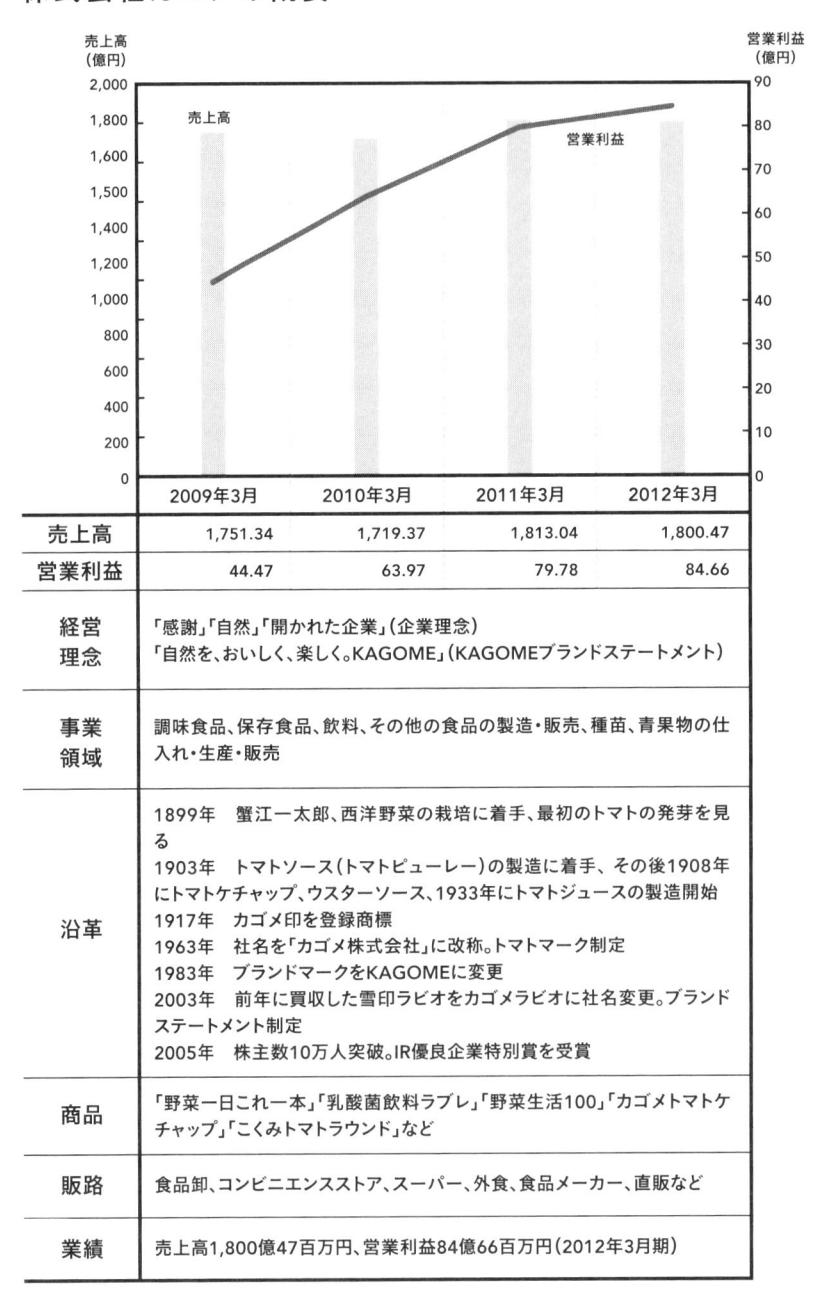

| | 2009年3月 | 2010年3月 | 2011年3月 | 2012年3月 |
|---|---|---|---|---|
| 売上高 | 1,751.34 | 1,719.37 | 1,813.04 | 1,800.47 |
| 営業利益 | 44.47 | 63.97 | 79.78 | 84.66 |

| | |
|---|---|
| 経営理念 | 「感謝」「自然」「開かれた企業」(企業理念)<br>「自然を、おいしく、楽しく。KAGOME」(KAGOMEブランドステートメント) |
| 事業領域 | 調味食品、保存食品、飲料、その他の食品の製造・販売、種苗、青果物の仕入れ・生産・販売 |
| 沿革 | 1899年　蟹江一太郎、西洋野菜の栽培に着手、最初のトマトの発芽を見る<br>1903年　トマトソース(トマトピューレー)の製造に着手、その後1908年にトマトケチャップ、ウスターソース、1933年にトマトジュースの製造開始<br>1917年　カゴメ印を登録商標<br>1963年　社名を「カゴメ株式会社」に改称。トマトマーク制定<br>1983年　ブランドマークをKAGOMEに変更<br>2003年　前年に買収した雪印ラビオをカゴメラビオに社名変更。ブランドステートメント制定<br>2005年　株主数10万人突破。IR優良企業特別賞を受賞 |
| 商品 | 「野菜一日これ一本」「乳酸菌飲料ラブレ」「野菜生活100」「カゴメトマトケチャップ」「こくみトマトラウンド」など |
| 販路 | 食品卸、コンビニエンスストア、スーパー、外食、食品メーカー、直販など |
| 業績 | 売上高1,800億47百万円、営業利益84億66百万円(2012年3月期) |

## カゴメのブランドポートフォリオ

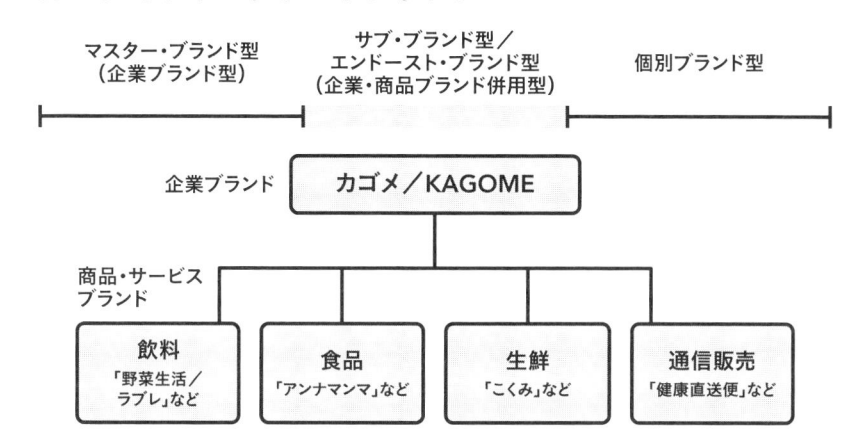

マスター・ブランド型　　サブ・ブランド型／　　個別ブランド型
（企業ブランド型）　　　エンドースト・ブランド型
　　　　　　　　　　　（企業・商品ブランド併用型）

企業ブランド　　　　カゴメ／KAGOME

商品・サービス
ブランド

- 飲料「野菜生活／ラブレ」など
- 食品「アンナマンマ」など
- 生鮮「こくみ」など
- 通信販売「健康直送便」など

## カゴメのブランドによる差別化背景

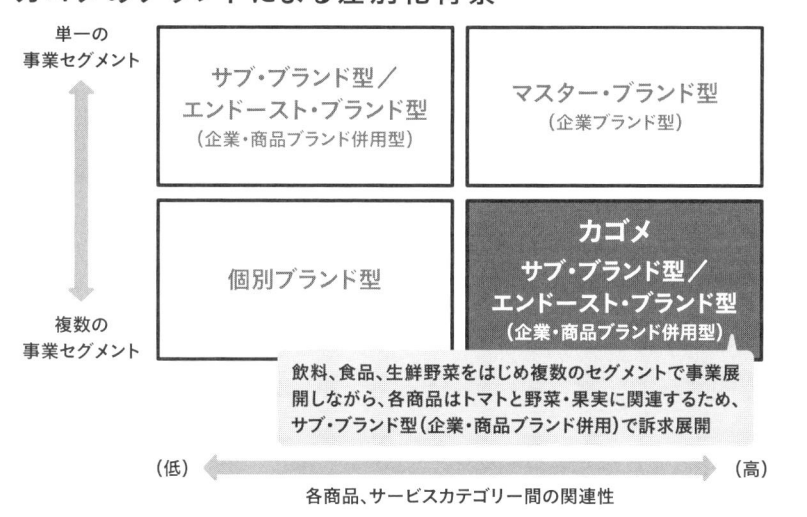

単一の事業セグメント ↕ 複数の事業セグメント

|  | （低）←各商品、サービスカテゴリー間の関連性→（高） |
|---|---|
| 単一 | サブ・ブランド型／エンドースト・ブランド型（企業・商品ブランド併用型） ／ マスター・ブランド型（企業ブランド型） |
| 複数 | 個別ブランド型 ／ **カゴメ　サブ・ブランド型／エンドースト・ブランド型（企業・商品ブランド併用型）** |

飲料、食品、生鮮野菜をはじめ複数のセグメントで事業展開しながら、各商品はトマトと野菜・果実に関連するため、サブ・ブランド型（企業・商品ブランド併用）で訴求展開

▸KAGOME

トマトの栽培に源流を持ち、トマト関連食品、飲料を軸に事業を拡大したカゴメ。2002年に価格訴求から価値訴求への転換を図る中、KAGOMEブランドステートメントを制定。事業セグメントを複数展開する中で、すべての商品はトマト、野菜、果実、乳酸菌という自然の恵みに由来し、その統一感を企業ブランド「KAGOME」で、また商品カテゴリーごとの商品特性は、商品ブランドを併用することで相乗効果を発揮。

CHAPTER04

・Hiramatsu

CASE
21
ひらまつ

個別ブランド型ブランド展開企業①

## ブランド・ポートフォリオ戦略を持ち込み、ブランド価値を毀損しない

レストラン業は料理人が経営者を兼ねるケースが多く、この経営手法は人件費を抑え利益率を高くすることはできるが、売上と企業の規模にはおのずと制約が生まれる。さらに高付加価値を売り物にしたい企業の場合には、販路や店舗の数をあまりに増やすとブランドの希少性が損なわれるため、むやみな多店舗化はできない。

逆に、規模を追求する企業では1店舗当たりの売上金額には限界があるため、多店舗化の道を選ぶことが多くなる。その代償としてブランドの付加価値が希薄化するため、手頃な価格の商品を販売することになり、競合企業と価格競争に陥ることになる。

店舗数を増やしてもブランド価値を希薄化させずに、事業規模を拡大させている企業がサービス業の中にも存在する。ひらまつだ。

創業者の平松宏之氏が1982年、29歳で西麻布に「ひらまつ亭」を開業したところから同社の事業が始まる。同氏は90年代にフランス流のカフェを成功させて日本にカフェブームを起こし、ホテルや結婚式場で行うのが慣例だった結婚披露宴をレストランで行うレストランウエディング

というマーケットを開拓する。さらにパリに高級フランス料理店を出店、日本人シェフとして初めてミシュランの1ツ星を獲得するなどの手腕を発揮する。

事業は順調に成長していくが、今後も持続的成長を続けられる高級レストラングループを目指すためポートフォリオマネジメントを取り入れ、ブランド・ポートフォリオ戦略を実践する。

同社のブランド・ポートフォリオ戦略の概要だが、6つのレストランブランドにより店舗運営を行い、出店する候補地にふさわしいタイプの店舗を出店していくことが基本だ。ブランド価値を毀損しないよう、1ブランドの出店数は5～10店舗程度に抑え、ブランド価値を維持することを基本戦略にしている。

ひらまつグループのブランドフォーメーションは、Hiramatsuという企業ブランドの下に、Hiramatu（ひらまつ）、ASO（アソ）、PAUL BOCUSE（ポール・ボキューズ）、HAEBERLIN（エーベルラン）、POURCEL（プルセル）、D&D LONDONという6つのマスター・ブランドを配置している。この6つの下に、ブランドごとにブランドコンセプトをコントロールしながら、ブティックブランドを展開するスタイルだ。

たとえばHiramatsuというマスター・ブランドの下には、RESTAURANT HIRAMATSU（レストランひらまつ）、LE BAERENTHAL（ル・バエレンタル）、La Cave de HIRAMATSU（キャーヴド・ひらまつ）があり、またPAUL BOCUSE（ポール・ボキューズ）の下にはMaison（メゾン）PAUL BOCUSE、Jardin（ジャルダン）PAUL BOCUSE、BRASSERIE（ブラッスリー）PAUL

▶POINT

単にブランド名を増やすだけでなく、それぞれブティックブランドのポジションが顧客単価からも考慮されている。

BOCUSEを配置する構成だ（2013年5月時点）。

ブランドポートフォリオ戦略は、複数のブランドを運営する際に、中核になるブランドだけでなく、他のブランドも含めて企業全体のブランド構造を設計。個別ブランドの役割や適用する範囲、相互の関係性などを明確にして住み分ける。

ひらまつのブランド・ポートフォリオは、単にブランド名を増やすだけでなく、それぞれブティックブランドのポジションが顧客単価からも考慮されている。

Hiramatsuのマスター・ブランドの場合、レストランひらまつとル・バエレンタルは夜の顧客単価が1万8000円以上なのに対して、キャーヴ・ド・ひらまつは同1万2000円となっている。

ポール・ボキューズのマスター・ブランドの場合、メゾン・ポール・ボキューズとジャルダン・ポール・ボキューズは夜の顧客単価が1万5000円以上だが、ブラッスリー・ポール・ボキューズの場合は同3000～5000円という設定だ。

ブランド・ポートフォリオに沿って考えられた店舗ごとに顧客層は異なり、異なるブティックブランドのため同社内のレストランどうしが競合することは少ない。また複数の店舗を回遊利用してもらえるメリットは大きい。同一名称で多店舗化していない最大のメリットだ。

ひらまつの営業実績を振り返ってみると、2008年のリーマンショック以降、東日本大震災や欧州債務危機に始まる世界的な景気減速の中でも、安定した売上と利益を出し続けている。同社は世界でもまれな日本発のプレミアム・レストラン・ブランドとして着実に成長している。

## 株式会社ひらまつの概要

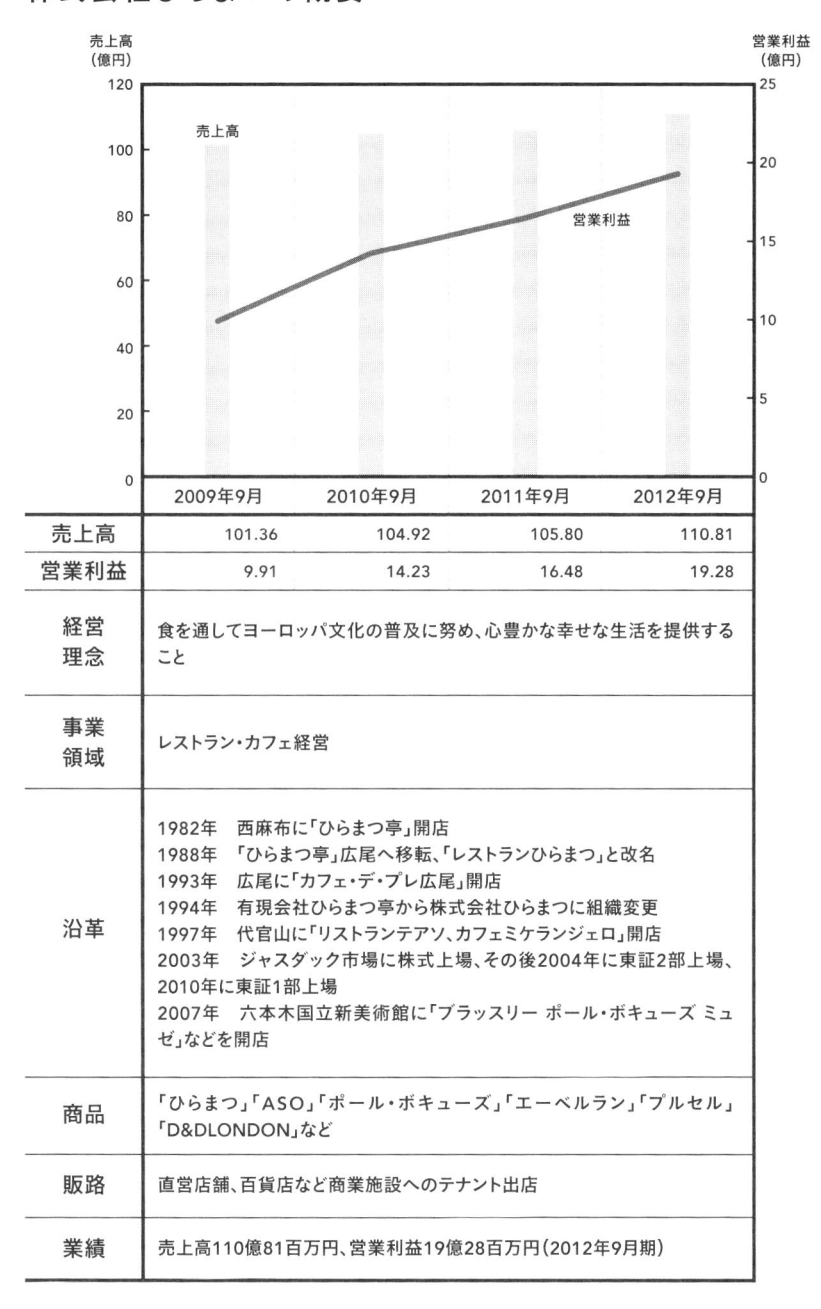

| | | | | |
|---|---|---|---|---|
| | 2009年9月 | 2010年9月 | 2011年9月 | 2012年9月 |
| 売上高 | 101.36 | 104.92 | 105.80 | 110.81 |
| 営業利益 | 9.91 | 14.23 | 16.48 | 19.28 |

| | |
|---|---|
| 経営理念 | 食を通してヨーロッパ文化の普及に努め、心豊かな幸せな生活を提供すること |
| 事業領域 | レストラン・カフェ経営 |
| 沿革 | 1982年　西麻布に「ひらまつ亭」開店<br>1988年　「ひらまつ亭」広尾へ移転、「レストランひらまつ」と改名<br>1993年　広尾に「カフェ・デ・プレ広尾」開店<br>1994年　有現会社ひらまつ亭から株式会社ひらまつに組織変更<br>1997年　代官山に「リストランテアソ、カフェミケランジェロ」開店<br>2003年　ジャスダック市場に株式上場、その後2004年に東証2部上場、2010年に東証1部上場<br>2007年　六本木国立新美術館に「ブラッスリー ポール・ボキューズ ミュゼ」などを開店 |
| 商品 | 「ひらまつ」「ASO」「ポール・ボキューズ」「エーベルラン」「プルセル」「D&DLONDON」など |
| 販路 | 直営店舗、百貨店など商業施設へのテナント出店 |
| 業績 | 売上高110億81百万円、営業利益19億28百万円（2012年9月期） |

## ひらまつのブランドポートフォリオ

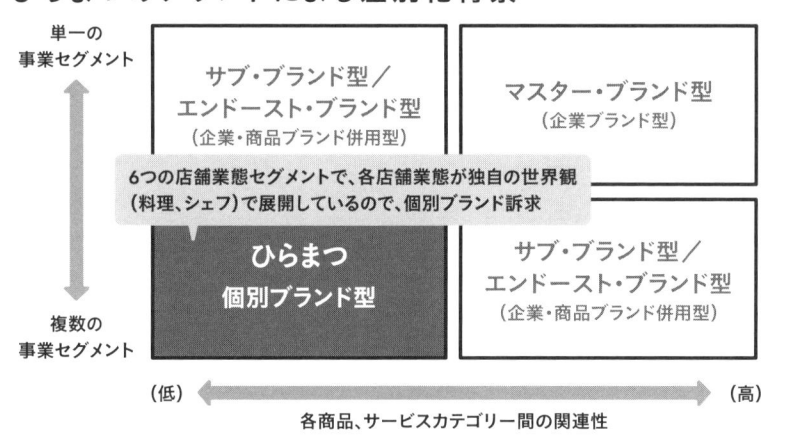

※一部マスター・ブランド型（企業ブランド型）も見られるが、多数の個別ブランドを展開しているため個別ブランド型の企業事例とした

| マスター・ブランド型<br>（企業ブランド型） | サブ・ブランド型／<br>エンドースト・ブランド型<br>（企業・商品ブランド併用型） | 個別ブランド型 |

社名　　　株式会社ひらまつ　　　自社フランス料理店以外で社名は表に出さない

商品・サービスブランド

| 「Hiramatsu」ひらまつ | 「ASO」アソ | 「PAUL BOCUSE」ポール・ボキューズ | 「HAEBERLIN」エーベルラン | 「POURCEL」プルセル | 「D&D LONDON」ボタニカ／アイコニック |

自社ブランド　　　　　　　　　　　他社提携ブランド

（ひらまつはフランス料理、アソはイタリア料理）　　（ポール・ボキューズ、エーベルラン、プルセルは著名なフランス料理店の日本における展開、D&D LONDONはイギリス、コンラン卿が手がけるレストランの日本展開）

## ひらまつのブランドによる差別化背景

単一の事業セグメント ↕ 複数の事業セグメント

| | サブ・ブランド型／エンドースト・ブランド型<br>（企業・商品ブランド併用型） | マスター・ブランド型<br>（企業ブランド型） |
| --- | --- | --- |
| | **ひらまつ 個別ブランド型** | サブ・ブランド型／エンドースト・ブランド型<br>（企業・商品ブランド併用型） |

6つの店舗業態セグメントで、各店舗業態が独自の世界観（料理、シェフ）で展開しているので、個別ブランド訴求

（低）←　各商品、サービスカテゴリー間の関連性　→（高）

### ▸Hiramatsu

西麻布に「ひらまつ亭」を開店して以来、常にヨーロッパの食文化を日本に紹介し続けてきたひらまつ。フランスに出店した「ひらまつ」は現地でミシュラン1ツ星を獲得し、フランス料理といえばひらまつの名声を誇る中、イタリア料理や、ヨーロッパ本国で活躍するシェフの店を日本に導入する。各ブランドの独自の世界観を守るために個別ブランド型展開でブランド力に磨きをかける。

CHAPTER04

CASE

22

個別ブランド型ブランド展開企業②
アシックス（オニツカタイガー）

ASICS

## 復活ブランドを活用してファッション市場を開拓

日本企業の強みでありながら最大の弱点にもなり得るのは、機能価値を重視して新機能開発に重点を置き、営業政策も既存販路を前提にしている点だ。

たとえば時計市場では、機能性を追求して1年に1秒の狂いもない電波時計という画期的な機能を開発しても、欧州ブランドの時計のように付加価値にはつながらず、販売価格も高くできないでいる。時計は「時を知るという一次機能」で選択される時代は終わり、「二次機能としてのデザイン性やブランド力」で選択される時代になったことに気づくのが遅れたからだ。

さらに、特定のジャンルで強者になることで、ある分野に特化したブランドイメージが定着しすぎてしまい、事業領域を拡大する際には足かせになることもある。

スポーツ用品メーカーのアシックスは2005年にミズノを抜いて、国内のスポーツメーカーのトップに立った。大手企業がひしめく中で、インターブランド社が実施した日本のグローバルブランドトップ30では見事18位にランクインするほど、高いブランド評価を獲得している。

同社の歴史は、創業者である鬼塚喜八郎氏が1949年にスポーツシューズ会社の鬼塚を設立

CHAPTER04 ブランドによるマーケティング戦略

▶POINT

ブランド価値を向上させるためには、優れた役者（商品）に、ふさわしい舞台（売り場と売り方）を用意することだ。

したところから始まる。虎のマークを付けた鬼塚タイガーのシューズは、当時国内シェアを独占した。77年、鬼塚、ジィティオ、ジェレンクの3社が対等合併してアシックスになることで、いったんこのブランドは消えることになる。

同社はトップアスリートたちに競技や国際試合で自社製シューズを使用してもらうことでブランド力を高める方法を実践する。これを鬼塚氏は「頂上作戦」と名付けた。この取り組みは功を奏し、マラソンやバスケットボールなどの競技分野で同社の評価は高まり、同社主導の商品づくりによって市場形成が行えるまでになる。だがこのマーケティング手法は、競技用シューズだけで通用する方法だった。

90年代に入ると市場に大きな転機が訪れる。ナイキ、アディダス、プーマといった競合企業が登場し、スポーツシューズの世界にファッションの波が押し寄せたことだ。スポーツシューズは競技の場で履くだけでなく、ファッションギアとして街歩きにも利用されるようになる。

同社は競技用シューズとして機能性は高いがファッション性に欠ける、売れるものならどこにでも売るという販路政策を続けてしまう。新機能を開発し、いっきに市場に売り込むという競技用シューズで成功したプロダクトアウト（商品中心のマーケティング）の発想だった。

当時同社の主要流通チャネルはスポーツ用品店しか存在せず、スポーツシューズをファッションと捉える生活者は、スポーツ用品店には見向きもしなかった。その結果同社は、90年代半ばから2000年にかけて何度も赤字に陥り、02年度まで8年間無配が続くことになる。

同社の窮状を救うのが、「オニツカタイガー」という復刻ブランドの登場だ。00年初頭に同社

の欧州現地法人が、オニツカタイガーが過去に手掛けた既存商品に多少手を加え、専用の販路としてブティックなどを開拓し、商品の販売を開始したところこれが評判になる。

この取り組みに国内のセレクトショップ、ハリウッドランチマーケットが着目し、引き合いが舞い込むことで日本でも成功のにつながる。続いて01年秋に、米国でデザインされたオニツカタイガーを日米欧の市場に投入することにつながる。これら一連の取り組みにより、オニツカタイガーのブランド名は若者を中心に知られ、ファッション誌にも取り上げられるようになった。

アシックスの競技用シューズは技術開発から商品開発まで時間と手間がかかるが、オニツカタイガーが事業領域とするファッションの分野ではこのモノづくりは通用しない。そこで同社は生産のリードタイムを短縮させ、チャネルはスポーツ用品店ではなく、ファッションを理解し接客力のある販路の開拓を実践していく。また直営店展開も開始する。

オニツカタイガーのシューズは競技用だったデザインを街履き用に変更し、商品にストーリー性を持たせ、日本の伝統的な柄や素材を起用して日本スタイルを強調するのが特徴だ。**同社はアシックスというマスター・ブランドに加え、オニツカタイガーという個別ブランドの二本柱により、効率的に経営資源を配分し、マーケティングを展開している。**

日本国内では少子化と競技人口の減少が重なり、同社はスポーツ競技以外の市場を開拓しなければ持続的成長は望めない環境に直面していた。そうした中で、オニツカタイガーという新たな市場と販路、そして20～30代を中心とした新規顧客を開拓しただけに留まらず、同社の企業ブランド全体のイメージ向上につながった。

## 株式会社アシックスの概要

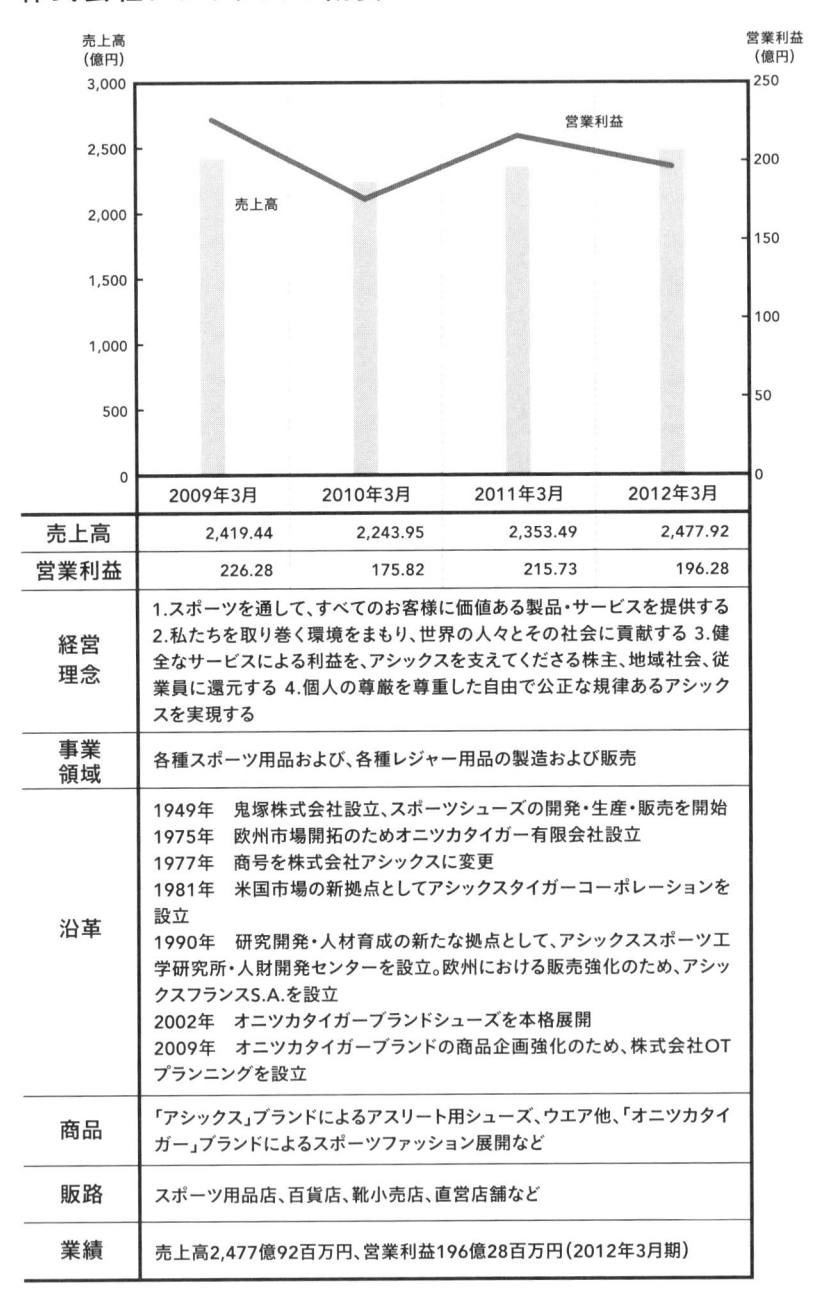

売上高（億円） / 営業利益（億円）

（グラフ：2009年3月～2012年3月の売上高（棒）と営業利益（線））

| | | | | |
|---|---|---|---|---|
| | 2009年3月 | 2010年3月 | 2011年3月 | 2012年3月 |
| 売上高 | 2,419.44 | 2,243.95 | 2,353.49 | 2,477.92 |
| 営業利益 | 226.28 | 175.82 | 215.73 | 196.28 |

| | |
|---|---|
| 経営理念 | 1.スポーツを通して、すべてのお客様に価値ある製品・サービスを提供する 2.私たちを取り巻く環境をまもり、世界の人々とその社会に貢献する 3.健全なサービスによる利益を、アシックスを支えてくださる株主、地域社会、従業員に還元する 4.個人の尊厳を尊重した自由で公正な規律あるアシックスを実現する |
| 事業領域 | 各種スポーツ用品および、各種レジャー用品の製造および販売 |
| 沿革 | 1949年　鬼塚株式会社設立、スポーツシューズの開発・生産・販売を開始<br>1975年　欧州市場開拓のためオニツカタイガー有限会社設立<br>1977年　商号を株式会社アシックスに変更<br>1981年　米国市場の新拠点としてアシックスタイガーコーポレーションを設立<br>1990年　研究開発・人材育成の新たな拠点として、アシックススポーツ工学研究所・人財開発センターを設立。欧州における販売強化のため、アシックスフランスS.A.を設立<br>2002年　オニツカタイガーブランドシューズを本格展開<br>2009年　オニツカタイガーブランドの商品企画強化のため、株式会社OTプランニングを設立 |
| 商品 | 「アシックス」ブランドによるアスリート用シューズ、ウエア他、「オニツカタイガー」ブランドによるスポーツファッション展開など |
| 販路 | スポーツ用品店、百貨店、靴小売店、直営店舗など |
| 業績 | 売上高2,477億92百万円、営業利益196億28百万円（2012年3月期） |

## アシックスのブランドポートフォリオ

※一部マスター・ブランド型（企業ブランド型）も見られるが、「オニツカタイガー」を展開しているため個別ブランド型の企業事例とした

| マスター・ブランド型<br>（企業ブランド型） | サブ・ブランド型／<br>エンドースト・ブランド型<br>（企業・商品ブランド併用型） | 個別ブランド型 |
|---|---|---|
| 社名 | 株式会社アシックス | ファッションスポーツで社名は表に出さない |
| 商品・サービスブランド | アスリートスポーツなど「アシックス」 | ファッションスポーツ「オニツカタイガー」 |

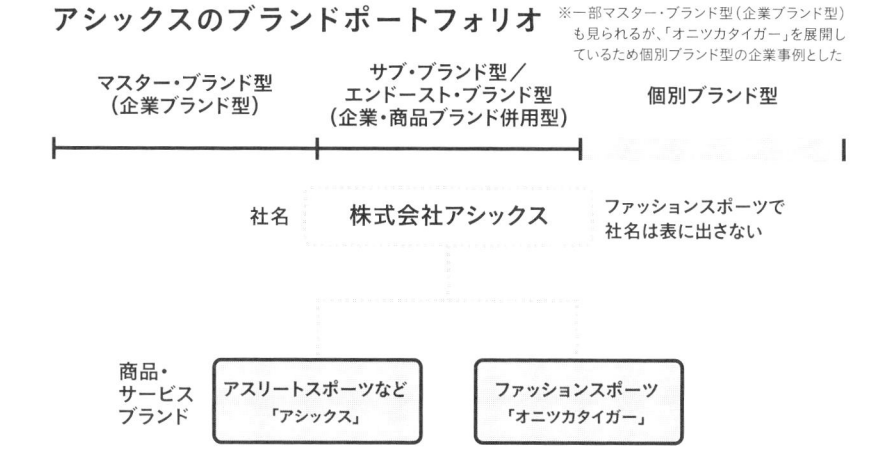

## アシックスのブランドによる差別化背景

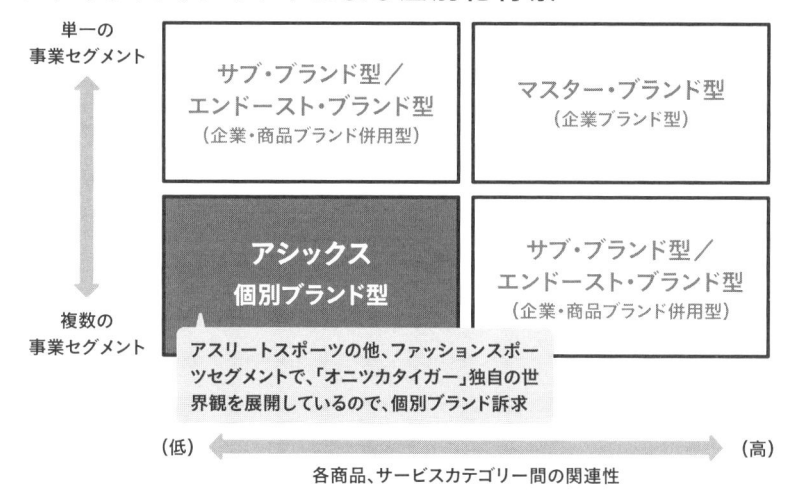

縦軸：単一の事業セグメント ⇔ 複数の事業セグメント
横軸：各商品、サービスカテゴリー間の関連性（低）⇔（高）

| | （低） | （高） |
|---|---|---|
| 単一の事業セグメント | サブ・ブランド型／エンドースト・ブランド型（企業・商品ブランド併用型） | マスター・ブランド型（企業ブランド型） |
| 複数の事業セグメント | **アシックス 個別ブランド型** | サブ・ブランド型／エンドースト・ブランド型（企業・商品ブランド併用型） |

アスリートスポーツの他、ファッションスポーツセグメントで、「オニツカタイガー」独自の世界観を展開しているので、個別ブランド訴求

▶ASICS

「オニツカタイガー」ブランドとして名声を確立するものの、その後社名変更によりアシックスブランドを主力事業に展開。90年代のスニーカーブームで「オニツカタイガー」ブランドをライフスタイルブランドとしてリバイバル。日本のブランドが欧州で先行して好評を博し、日本でも火がついた稀有な事例だ。個別ブランド展開を図ることで「オニツカタイガー」ブランドの独自性を強化。

CHAPTER
·······································
05
——————

・SERVICE

サービスによる差別化に重点を置いたマーケティング戦略

CHAPTER 05

SERVICE

## すべての企業は顧客にとってサービス業である

### 企業は顧客とどう共創関係をつくり出すか

今やすべての企業は、顧客にとってサービス業であるという認識に立つ時代だ。マーケティングはモノの生産から生まれた概念だが、無形のモノ（サービス、情報、知的所有権など）がその後に登場したことで、マーケティング上のサービス概念や定義も変遷を重ねている。

多くの製造業は、モノを通じて顧客に満足を提供すれば良いと考えてきた。特に技術力など商品力に自信のある企業ほど、この傾向は強い。サービスとは、購入後に修理が必要になった際のアフターサービス的位置付けであり、利益に結び付かないという考えを持つ人も多かった。

だが今日、成功している企業は、こうした過去の発想に縛られていない。むしろコモディティ化する市場において、自社の優位性を発揮する要素であり資源だという認識だ。

コトラーはサービスの定義を、「販売のために行われる活動や提供されるベネフィットのことで、本質的に無形であり、長期的に所有されることはない」とした。また、「一方が他方に与える、本質的に無形の活動またはベネフィットであり、結果として何の所有権ももたらさないものである。サービスの生産は、形ある製品に結び付くこともあるし、結び付かないこともある」と

も説明している。

セオドア・レビット（顧客志向という重要な概念を提唱）は、今日あらゆる企業に必要とされる視点として、「サービス産業などというものは存在しない。産業によって、ほかの産業よりもサービス的要素が多いか、少ないかの違いがあるだけだ。あらゆる企業がサービス業に従事しているのである」と提唱している。

今日、先進的な企業におけるサービスは、顧客との友好的な関係性の維持や強化、さらには顧客との共同作業による自社商品の高度化や改良改善といった、企業と顧客が「共創」関係を目指す概念に移行している。

こうした中で企業が提供するサービスは、商品を販売するために付随する無形の行為という概念ではなく、レビットが指摘したように、「すべての企業は顧客にとってサービス業である」という認識に立った姿勢と行為に変容した。

コトラーはサービス業を分類する視点として、サービスの特性を①非有効性（サービスは目に見えず、購入前に見たり味わったり触れたりすることができない）、②変動性（サービスは誰がどこでどう提供するかによってその質が変わる）、③不可分性（サービスはそれを提供する人と区分けすることができない）、④非貯蔵性（サービスは蓄えておくことができない）の4つに分けて指摘している。この分類に関連してヴァラリー・ザイトハムルは、次の指摘をしている。

● サービスの無形性に対応するマーケティングとして、口コミを利用し促進する手立てを考える。

顧客の購入後にコミュニケーション活動を行う。

## サービス・ドミナント・ロジックで考える

コトラーは、サービス業のマーケティングには4Pに加え、「インターナル・マーケティング」と「インタラクティブ・マーケティング」の2つが必要だとしている。

**1 インターナル・マーケティング**

サービス業で働き、顧客と接する社員たちには教育を始めとする動機付けの機会を継続的に行ってES（従業員満足度）を高め、顧客に満足や感動を提供しCS（顧客満足度）を最大化する取り組み。この施策は、企業が顧客に行う一般的なマーケティング（エクスターナル・マーケティングという）よりも優先すべき存在だと指摘している。

**2 インタラクティブ（相互）・マーケティング**

サービスの質は、サービスを提供する側とサービスを受ける顧客側との相互作用に大きく影響

- サービスの不可分性（生活者が生産に関与し、大量生産が難しい）に対応するマーケティングとして、社内に優れた人材を選抜し育成する。顧客管理を行う。多くの場所に立地する。
- サービスの異質性（標準化や品質管理ができない）に対応するマーケティングとして、サービスを工業化（たとえば顧客の名前を個人が覚えるのでなく、ITで仕組み化）したり、カスタマイズ化したりする。
- サービスの消滅性（サービスが在庫できない）に対応するマーケティングとして、変動する需要に対応して戦略を立案する。需要と供給のバランスがとれるよう調整する。

する。そのため人をもてなすことが好きで、もてなすことに長けた人材に入社してもらい（人材採用モデルと仕組みづくり）、また教育の機会を提供するといった取り組み。

またコトラーは、サービス・マーケティングを展開する企業が取り組む課題として、①競争上の差別化、②サービスレベルの向上、③生産性の向上が必要だとしている。日本企業の場合、特に③の収益につながるようにサービスの仕組みがつくられているかどうかが重要なポイントだ。

日本をはじめ先進国ではあらゆる分野でコモディティ化が進み、単に商品の機能や性能を高度化するだけでは、圧倒的な優位性を発揮することが困難になってきた。

成功している企業を分析すると、モノの領域に固執した機能開発や購入価値づくりではなく、ネットなどを利用して従来存在しなかった機能の拡張や、過去に存在しなかった新たな利用価値を創造していることがわかる。たとえばアップルのiPodやiPadは、iTunesといったサービスとアプリに連携することで、その価値を最大化させた。

また無印良品（良品計画）やユニクロ、H&M、ZARAはメーカーとしての機能に加え直営小売店を所有することで小売機能を備え、「二次産業か三次産業か」「製造業かサービス業か」「実店舗かネット上のバーチャルショップか」などという区分は最早意味を持たなくなっている。

日本企業は「優秀な日本製」をアピールして商品を製造し、世界を魅了してきた。だがこれからは、サービス概念の理解と自社事業への取り込みが必要だ。これは物づくりとともに、「生活者が求めるサービス」という見えない価値を付与して顧客を魅了することだ。あるいは他社には提供できないサービス対応により、自社商品の継続購入につなげるという視点を加味することだ。

モノが存在せず、サービスだけで感動を提供する企業など存在しない。モノの価値を最大化させ、顧客の心をつかんで離さない重要な要素がサービスなのだ。

マーケティングはモノからスタートして発想することが多い。だがサービスという無形の財を考えるとき、どうしてもモノかサービスかを区分して発想するため、サービスという無形の財を考えるとき、どうしても近年のサービス研究において、「サービス・ドミナント・ロジック（SDL＝Service Dominant Logic）」という考え方が登場した。モノもサービスも包括的に捉え、すべての経済活動はサービスであり、企業が顧客（生活者）とともにいかに価値（商品やサービス）を創造できるかという「価値共創」の考え方だ。

従来のモノ中心のマーケティングを「グッズ・ドミナント・ロジック（GDL＝Goods Dominant Logic）」という。これは顧客（生活者）はモノやサービスを「購入する人」という位置付けで、他社にない優れた商品やサービスをつくって販売する「交換価値」を重視してきた。だがSDLでは、顧客をモノやサービスを「利用する人」と位置付け、「使用価値」を重視する。顧客の果たす役割も、モノづくりではなく、「価値づくり」を行うべきだと考える。GDLでは顧客は「消費する人」だが、SDLではモノやサービスを消費するだけでなく「価値の生産者」としての役目も担う。「企業とともに価値を創造する存在」に変わるのだ。

また、GDLはモノかモノ以外かを区分してマーケティングを考えるが、SDLは経済活動すべてをサービスと捉え、①モノをともなうサービスと、②モノをともなわないサービスという見方をする。本章では、この①と②に分けて企業事例を解説していく。

CHAPTER05 CASE 23

HOGY MEDICAL

モノの生産をともなうサービス提供企業①
ホギメディカル

## 自社商品を顧客が求めるサービスとソリューションに変換

メーカーは、自社商品の課題解決や機能の高度化などの改良改善を積極的に行う。だが、商品が実際に使用される状況で、ユーザーが直面している社内の問題や課題、手間やコストの改善について思い巡らすことはあまりない。顧客が本当に求めているのは「モノ」でなく、「ソリューション（問題の解決）」である場合が多いが、それに気付かずにいる企業は数多い。

モノによる差別化だけで優位性を発揮することが困難になっている状況下で、自社商品を「顧客が望むソリューション」と位置付けてサービス化させると、ユーザーに喜ばれながら高収益を得て、しかも市場を占有できる場合がある。

少子高齢化の進展により日本の医療保険制度は抜本的な見直しが必要となり、政府は相次いで医療費抑制策を実施してきた。たとえば、2008年に実施された診療報酬の改定では全体的にマイナス改定になったため、医療機関の収益は大きく落ち込み、医療機関と彼らを相手にする医療関連業界の経営環境は厳しい状況が続いている。

「病院のほとんどが赤字だが、なぜ赤字なのかがつかめない」といわれるのが医療現場の実態だ。

▶POINT

赤字の原因を特定し、経営改善にまで踏み込めば、取引先にとって大事なビジネスパートナーとして評価される。

CHAPTER05_サービスによる差別化に重点を置いたマーケティング戦略

医療機関にはそもそも、コスト管理の概念がなかった。手術の場合、必要になる数百点にもおよぶ医療材料を倉庫から集めて使うため、そうなるには訳があった。手術の場合、必要になる数百点にもおよぶ医療材料を倉庫から集めて使うため、患者1人当たりの原価を弾き出すのは簡単でない。また、看護師が手術準備に手間取り、あるいは手術に必要な材料が手術室に足りないと倉庫に取りに行くなどの手間や時間も機会損失につながる。そのため、本来ならコストとしてカウントする必要があるが、これも容易ではない。さらに、こうした原因が重なり手術室の稼働率が下がるといった事態に至ると、見えざる機会損失の問題にまで発展してしまう。

これら病院が直面する課題に真正面から取り組み、自社商品をユーザーが求めるソリューションに変換し、成長している企業がある。ホギメディカルだ。

同社は、医療器具の完全滅菌を実現したメッキンバッグの製造販売でトップシェアを誇り、院内感染防止に貢献する医療用不織布製品を開発し提供。病院の経営効率向上に寄与する医療用キット製品の販売を行いながら、現在は製品、物流、情報管理の総合システムである「オペラマスター」というサービス商材を生み出して成長している。

「オペラマスター」とは、病院が手術を行う際に手術ごとに必要な手術用材料、部材をそれぞれパッケージ化し、手術する前日に病院に届ける仕組みで、蓄積されたデータを基に病院の経営を効率化する提案も行うシステムだ。

その中身は、同社が契約した医療機関に専用パソコンと常駐スタッフを提供し、通常使用されている医療材料がデータとして登録され、同社の本社コンピューターと接続する。

手術の予定が入ると、担当医師、手術日時、患者情報、症例、使用する手術室などについて端末に入力する。入力時には、その手術で使われる同社の医療材料（キット製品内容）が入力され、発注される。手術の1週間前までには、その手術で使われる同社キット製品が病院に納品されるという仕組みだ。

工場は徹底的に効率化されており、1キットからの受注生産も可能で、最短納期は4日だ。手術を開始する際はキットの梱包を解けば準備は完了し、終了後の片付けは納品された袋に入れて廃棄する。手術後は、パソコンに実施情報を入力して終了する。

こうして蓄積されたデータを基に、毎月1回月次報告会が病院で行われ、詳細なレポートが提出される。手術室の稼働状況とそれぞれに要した時間、件数、原価などが分析され、ホギメディカルの社員により経営提案が行われるという流れだ。

同社では「オペラマスター」を製品、物流、情報管理の総合システムとした。医療機関の経営改善に欠かせない業務の効率化、在庫削減、原価管理などに対応したソリューションサービスだと位置付けている。商品の受発注システムに加え、手術予定管理、人員管理、原価管理のシステムを一体化し、手術に関する一連の情報管理に対応できる点が最大の特長だ。

同社の「オペラマスター」は単なる「モノ」の機能で終わらず、病院経営の課題解決と効率化、そして収益の拡大に貢献する「ソリューションサービス」の形に変換し、独自に市場を創造した。ソリューションサービスの必要は病院に限らず、一般企業にも存在する。自社の事業と商品を、ソリューションサービスという概念でポジショニングし直してみる必要がある。

# 株式会社ホギメディカルの概要

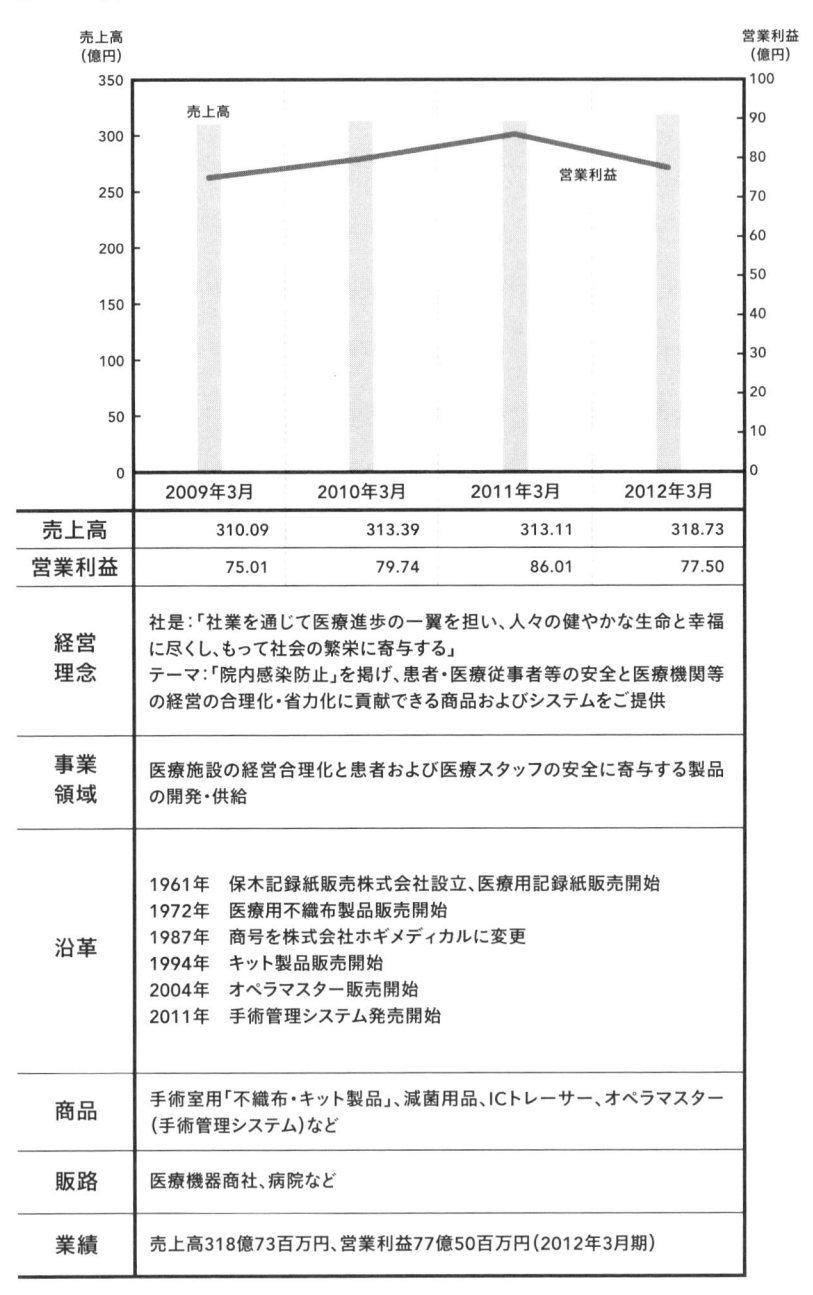

| | 2009年3月 | 2010年3月 | 2011年3月 | 2012年3月 |
|---|---|---|---|---|
| 売上高 | 310.09 | 313.39 | 313.11 | 318.73 |
| 営業利益 | 75.01 | 79.74 | 86.01 | 77.50 |

| | |
|---|---|
| 経営理念 | 社是:「社業を通じて医療進歩の一翼を担い、人々の健やかな生命と幸福に尽くし、もって社会の繁栄に寄与する」<br>テーマ:「院内感染防止」を掲げ、患者・医療従事者等の安全と医療機関等の経営の合理化・省力化に貢献できる商品およびシステムをご提供 |
| 事業領域 | 医療施設の経営合理化と患者および医療スタッフの安全に寄与する製品の開発・供給 |
| 沿革 | 1961年　保木記録紙販売株式会社設立、医療用記録紙販売開始<br>1972年　医療用不織布製品販売開始<br>1987年　商号を株式会社ホギメディカルに変更<br>1994年　キット製品販売開始<br>2004年　オペラマスター販売開始<br>2011年　手術管理システム発売開始 |
| 商品 | 手術室用「不織布・キット製品」、滅菌用品、ICトレーサー、オペラマスター（手術管理システム）など |
| 販路 | 医療機器商社、病院など |
| 業績 | 売上高318億73百万円、営業利益77億50百万円（2012年3月期） |

## ホギメディカルのサービス展開変遷

| 顧客との関係 \ 業態 | モノの生産をともなう<br>サービス提供企業(メーカー) | モノの生産をともなわない<br>サービス提供企業(サービス業) |
|---|---|---|
| モノもしくは<br>サービスの売買 | 医療用キット製品、<br>不織布製品、<br>滅菌用品などの製造販売 | ー |
| サービスを通した<br>顧客との価値共創 | 上記売買に合わせて、<br>手術管理システム<br>「オペラマスター」提供による<br>病院経営の改善 | ー |

## ホギメディカル「オペラマスター」の位置付け

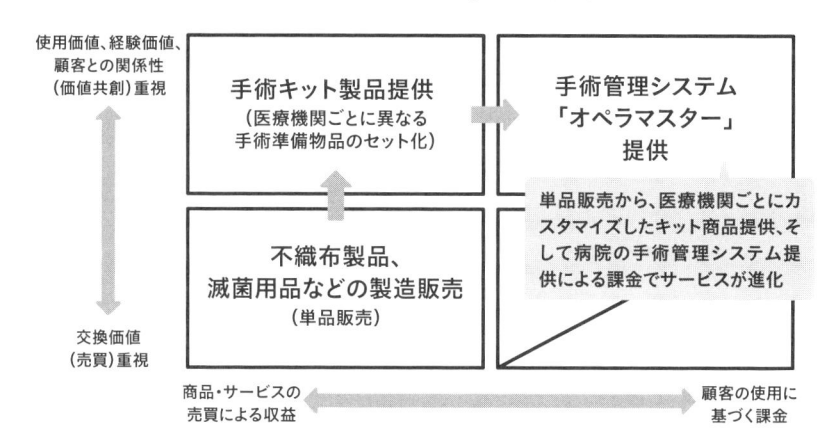

使用価値、経験価値、顧客との関係性(価値共創)重視 ↕ 交換価値(売買)重視

- 手術キット製品提供(医療機関ごとに異なる手術準備物品のセット化)
- 手術管理システム「オペラマスター」提供
- 不織布製品、滅菌用品などの製造販売(単品販売)

商品・サービスの売買による収益 ←→ 顧客の使用に基づく課金

単品販売から、医療機関ごとにカスタマイズしたキット商品提供、そして病院の手術管理システム提供による課金でサービスが進化

▸HOGY MEDICAL

医療用不織布の製造販売から事業を拡大したホギメディカル。これまで看護師が手作業で手術ごとに準備していた医療材料を1994年にキット化して販売することで、手術の効率化を製品から側面支援。2004年には医療機関の業務効率化、在庫削減、原価管理などの総合システム「オペラマスター」サービスを開始。急性期病院1,000施設を想定顧客にシステムの普及を目指し、モノとサービス提供の融合を実現。

CHAPTER5

▶BRIDGESTONE

CASE 24 モノの生産をともなうサービス提供企業②
ブリヂストンのリトレッド事業

## 商品をサービス化させ、サポートサービスを考え出す

 企業が最も恐れるべきことは、自社市場と商品がコモディティ化（価値でなく、価格だけで選ばれる汎用品の意）することだ。顧客から見てどの企業の商品も差がなくなると、価格の安さだけが購入する際の拠り所になるからだ。消費財でも生産財でも、ブランド価値が発揮できず、生活者から愛着を持たれない商品領域ではコモディティ化は確実に進む。
 個人のドライバーが自分のクルマに必要な自動車関連パーツ（たとえばタイヤのような消耗品）を購入する場合、こだわる人なら価格が高くても高品質や高機能の商品を購入するケースがあり、コモディティ化を防ぐためにブランド戦略を展開する必要がある。しかし企業が事業用として利用するトラックやバス、航空機向けの消耗品を調達する際は、経費の削減対象になるため、いくらブランド価値を高めても、高価格で販売することは難しくなる。
 生産財市場で自社商品のコモディティ化を防ぎ、環境への負荷も軽減する取り組みとして自社商品をサービスに転換して成功している企業がある。ブリヂストンだ。
 15兆円といわれる世界のタイヤ市場で売上高は年間3兆円、販売先は150カ国以上で20カ国

余りに工場を持ち、グループ全体の従業員数は14万人と日本を代表するグローバル企業がブリヂストンだ。同社の2010年の世界シェアは16・1％（2位のフランスのミシュランは14・8％、3位の米国のグッドイヤーは11・2％）とトップの地位を占め、海外売上高比率は約8割、タイヤの海外生産比率が約7割という事業体制だ。

ブリヂストンは早くからリサイクル活動に取り組み、03年度から廃タイヤについて「リデュース（Reduce＝発生抑制）」「リユース（Reuse＝再使用）」「リサイクル（Recycle＝原材料・燃料としての再利用）」を進める「廃タイヤ3R推進会議」を設置。廃タイヤの適正処理の推進、および リサイクルの研究・開発を強化している。特に廃タイヤの適正処理とリサイクルについては、「廃タイヤ適正処理推進部会」と「廃タイヤリサイクル推進部会」の専門組織を設けて取り組んでいる。

こうした中、同社は07年にリトレッド事業大手の米国バンダグ社を買収、従来とは異なるリトレッド製造方式を手に入れる。リトレッドとは、中古タイヤを削って表面を貼り替えることだ。リトレッドの従来方式（リモールド製法）は、溝のない生ゴムを台に貼り付け金型を使って溝を刻む方法。だが買収したバンダグ方式は、溝がついているトレッドゴムを台に貼り付ける。この方法だと、金型が不要で小規模な設備で済むため、多くの地域で多品種少量生産が可能になる。

リトレッドはトレッドゴム（路面と接する部分のゴム）以外の部材（台タイヤ）を再利用できるため、新品のタイヤと比べ天然ゴムや石油資源など原材料の使用量が削減でき省資源になる上に、台タイヤの使用寿命が延びるので廃タイヤの削減にも貢献する。また新品を購入するよりも

・POINT

自社商品を売り込むのではなく、取引先のトータルコストを削減する発想に立つと、新たな事業展開方法が見えてくる。

3割ほど価格が安くなる。

同社は、タイヤ市場で商品とサービスを組み合わせた事業としてリトレッド事業を推進。主要顧客層である運送会社や航空会社向けサービスとして力を入れ、世界90カ国以上で同事業を展開している。新品タイヤより石油資源を約68％削減できる環境メリットもあり、米国ではトラックとバスのタイヤで約5割、欧州でも同じく約4割を占めるほど普及している。次なる市場としては、アジアの新興国で需要拡大に取り組むとしている。

さらに同社では、リトレッドタイヤを単品で販売するだけに留まらず、取引先の運行形態や使用条件などの用途に合わせ、「新品タイヤ、リトレッドタイヤ、タイヤのメンテナンス」を組み合わせた「エコ バリューパック」を開発し、08年にサービスを開始した。このサービスは取引先個別の事情を踏まえた提案を行い、ユーザーの経費削減、安全運行、環境対策と省資源の実現を目的にしている。

新品だけでなく安価なリトレッドタイヤも用意し、さらにタイヤが長持ちする使用方法をアドバイスするなど「タイヤ周りのすべて」を請け負い、取引先のトータルコストを引き下げる画期的なサービスだ。

価格の安さを売り物にする新興国メーカーと日本企業が競争して顧客に選ばれるには、モノの販売だけでは難しくなる。これから日本企業が競争優位性を発揮するには、取引先企業が求める「回答」を提案し、そこで必要なサービスの提供を通じてビジネスパートナーとしての地位を築くことだ。

## 株式会社ブリヂストンの概要

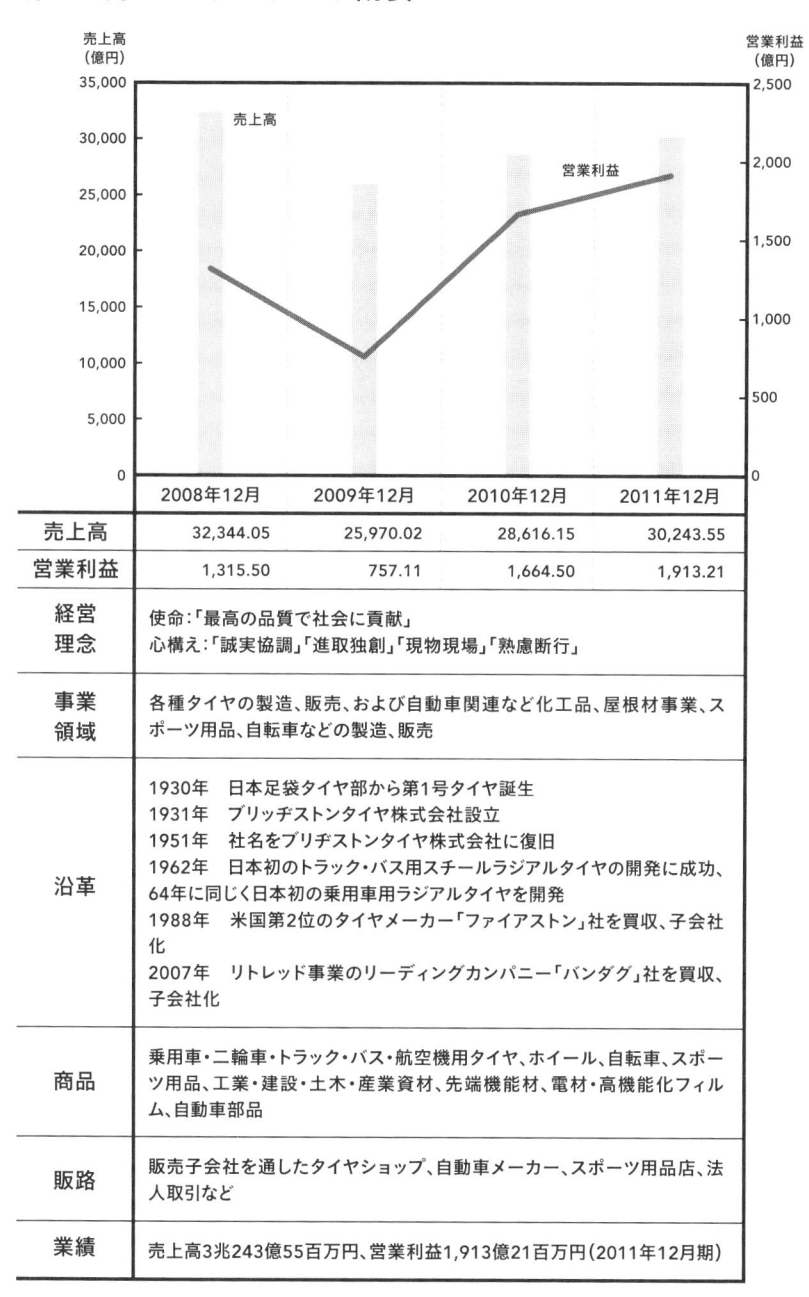

| | 2008年12月 | 2009年12月 | 2010年12月 | 2011年12月 |
|---|---|---|---|---|
| 売上高 | 32,344.05 | 25,970.02 | 28,616.15 | 30,243.55 |
| 営業利益 | 1,315.50 | 757.11 | 1,664.50 | 1,913.21 |

|  |  |
|---|---|
| 経営理念 | 使命：「最高の品質で社会に貢献」<br>心構え：「誠実協調」「進取独創」「現物現場」「熟慮断行」 |
| 事業領域 | 各種タイヤの製造、販売、および自動車関連など化工品、屋根材事業、スポーツ用品、自転車などの製造、販売 |
| 沿革 | 1930年　日本足袋タイヤ部から第1号タイヤ誕生<br>1931年　ブリッヂストンタイヤ株式会社設立<br>1951年　社名をブリヂストンタイヤ株式会社に復旧<br>1962年　日本初のトラック・バス用スチールラジアルタイヤの開発に成功、64年に同じく日本初の乗用車用ラジアルタイヤを開発<br>1988年　米国第2位のタイヤメーカー「ファイアストン」社を買収、子会社化<br>2007年　リトレッド事業のリーディングカンパニー「バンダグ」社を買収、子会社化 |
| 商品 | 乗用車・二輪車・トラック・バス・航空機用タイヤ、ホイール、自転車、スポーツ用品、工業・建設・土木・産業資材、先端機能材、電材・高機能化フィルム、自動車部品 |
| 販路 | 販売子会社を通したタイヤショップ、自動車メーカー、スポーツ用品店、法人取引など |
| 業績 | 売上高3兆243億55百万円、営業利益1,913億21百万円（2011年12月期） |

## ブリヂストンのサービス展開変遷

| 顧客との関係＼業態 | モノの生産をともなう サービス提供企業（メーカー） | モノの生産をともなわない サービス提供企業（サービス業） |
|---|---|---|
| モノもしくは サービスの売買 | 各種タイヤなどの製造販売 | ― |
| サービスを通した 顧客との価値共創 | 上記売買に合わせて、タイヤの貼り替え再生「リトレッド」サービスやタイヤ管理ソリューション「エコバリューパック」提供による顧客のコスト抑制、安全・環境対策支援 | ― |

## ブリヂストン「リトレッド事業（エコバリューパック）」の位置付け

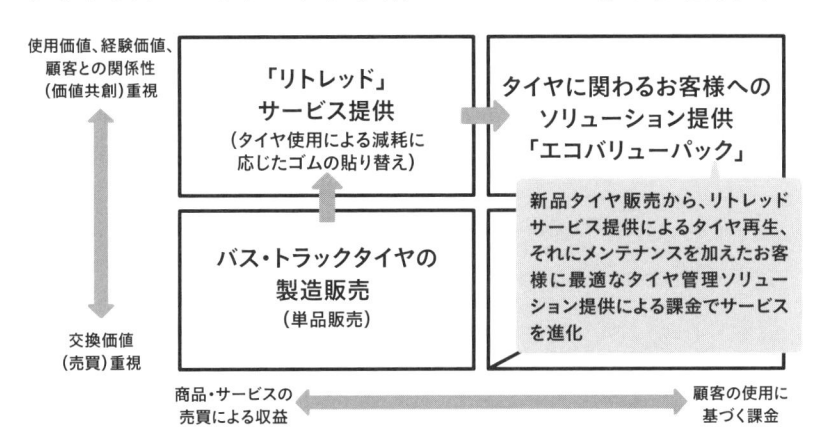

使用価値、経験価値、顧客との関係性（価値共創）重視 ↕ 交換価値（売買）重視

- 「リトレッド」サービス提供（タイヤ使用による減耗に応じたゴムの貼り替え）
- タイヤに関わるお客様へのソリューション提供「エコバリューパック」
- バス・トラックタイヤの製造販売（単品販売）

商品・サービスの売買による収益 ←→ 顧客の使用に基づく課金

> 新品タイヤ販売から、リトレッドサービス提供によるタイヤ再生、それにメンテナンスを加えたお客様に最適なタイヤ管理ソリューション提供による課金でサービスを進化

▶BRIDGESTONE

バス・トラックを活用する事業者向けにリトレッドサービスでブリヂストンは価格競争を回避。2007年には同事業拡大を図るためリトレッドサービス世界最大手の米バンダグ社を買収。さらに顧客企業のタイヤ管理全体を新品タイヤ、リトレッドタイヤ、メンテナンスを組み合わせて提案するエコバリューパックの導入により、モノとサービス提供を融合。

CHAPTER05 サービスによる差別化に重点を置いたマーケティング戦略

CHAPTER05
CASE
25
モノの生産をともなうサービス提供企業③
ネスレのネスプレッソ

·Nestle

### 「時間」に価値を置く生活者の心をつかむ

高度成長期の人々の生活は多忙で効率を重視する傾向が強く、いわゆるインスタント食品が市場に多数登場した。だが時代が成熟し、生活者がゆとりと余裕を重視して本物を求めるようになると、インスタント食品偏重の時代は終わりを告げる。

1934年にインスタントコーヒーを発明したネスレは、売上高で約8兆円の巨大食品メーカーだ。900億円以上を売り上げるメガブランドを30以上抱える同社において、10年連続で30％以上の成長を続け、新たなメガブランドに成長したのが「ネスプレッソ」だ。

ネスプレッソとは、粉にしたコーヒーを使い捨てのカプセル容器に入れ、専用のエスプレッソマシンを使ってエスプレッソなどのコーヒーを抽出する仕組みで、86年にネスプレッソカプセルシステムとして考案したものだ。ネスプレッソを、家庭で気軽に楽しめる商品的なエスプレッソを、家庭で気軽に楽しめる商品だ。ネスプレッソは、スターバックスのようなカフェで味わう本格的なエスプレッソを、家庭で気軽に楽しめる商品だ。ネスプレッソのカプセルコーヒーは2011年度の売上額は約2500億円、そのうちの600億円（約25％）程がフランスでの売上といわれる。

▸POINT
........................................................
商品のコモディティ化を避けるために、高級ブランドビジネスの手法を導入。プレミアムブランド化に成功した。

86年当初、ネスプレッソはオフィス向けコーヒーとしてスイス、日本、イタリアでテスト販売が開始される。だが、当時の経営者は、子会社のネスカフェとの社内競合を懸念し、事業化に積極的ではなかった。そのため事業主体は、子会社のネスカフェではなくネスプレッソが手がけた。ネスカフェと差別化するためプレミアム商品としてポジショニングし、販路はネスレが強い食品スーパー（SM）などではなく通販など直販に限定する。

発売から10年以上経過し、新たに就任したネスレ ネスプレッソの経営者が、ネスプレッソの直販店舗（ブティック）の出店を決め、ここからネスプレッソの本格的な事業攻勢が始まる。00年にブティック1号店の出店場所として、エスプレッソの文化がありブランドの発信拠点であるパリが選ばれる。顧客にブティックに来てもらい、贅沢な雰囲気の中でエスプレッソを楽しむことをアピールするのが狙いだ。この直販店でネスプレッソのコンセプトを生活者にアピールできるようになり、ネスプレッソはプレミアムブランドとしての地位を獲得していく。

ネスレはネスプレッソを「高級志向」の商品とし、他社品との差別化を図るためにパリのシャンゼリゼ通りに加え、高級店が並ぶロンドンのナイツブリッジを始めとして欧州内に150店以上のネスプレッソブティックを開設。店頭ではコーヒーの試飲、ネスプレッソ本体の購入、専用コーヒーカプセルの注文を行えるようにした。

ネスプレッソ事業を率いるメンバーには、イタリアのサルバトーレ・フェラガモやフランスのLVMHなどの高級ブランド企業の社員を招いた。このビジネスでネスレは、高級ブランドビジネスの手法を取り入れる。

その1つの例が、流通経路の絞り込みだ。ネスプレッソのコーヒーカプセルは、ネスプレッソブティックか同社のホームページでしか販売せず、購入者は「ネスプレッソクラブ」会員として登録される仕組みにした。その規模はフランス国内ですでに820万人を超えており、この会員たちにネスプレッソブランドの伝道師になってもらえるよう同社では働きかけている。

ネスプレッソの成功は欧米のコーヒー市場を変えつつある。カプセルでは1杯ずつコーヒーを入れる「ポーションド・コーヒー」の市場は、ネスレの推測では15年までに金額ベースで25％まで伸びると見ている。

またネスレは、ネスプレッソ同様にカプセルを使ったシステムを業界に先駆けてティー市場でも投入し、カプセル市場拡大の動きはティー市場にも起きると考えているようだ。

ネスレのインスタントコーヒーは「簡便性」を売り物にし、SMや総合スーパー（GMS）などの最寄り品を販売する販路で、価格重視で生活者に購入されている。だがこのままでは間違いなく、コモディティ化が加速する。その一方、こだわる人たちは自宅でレギュラーコーヒーを愛飲し、カフェも利用する。

コーヒーとともに過ごす時間に価値を置く生活者の心を捉えるため、ネスレが取り組んだのは「専用のコーヒー抽出機（日本では2万〜7万円）」と「カプセル入りコーヒー（同1杯当り約70円）」、「エスプレッソなどカフェで楽しむメニュー」そして「ブティックという販路」という4フォーメーションだ。単にコーヒーという商品を販売するのではなく、付加価値を感じてもらう仕組みを生み出した。ここにも自社商品をサービス化させる戦略的視点が存在する。

CHAPTER05　サービスによる差別化に重点を置いたマーケティング戦略

## ネスレの概要

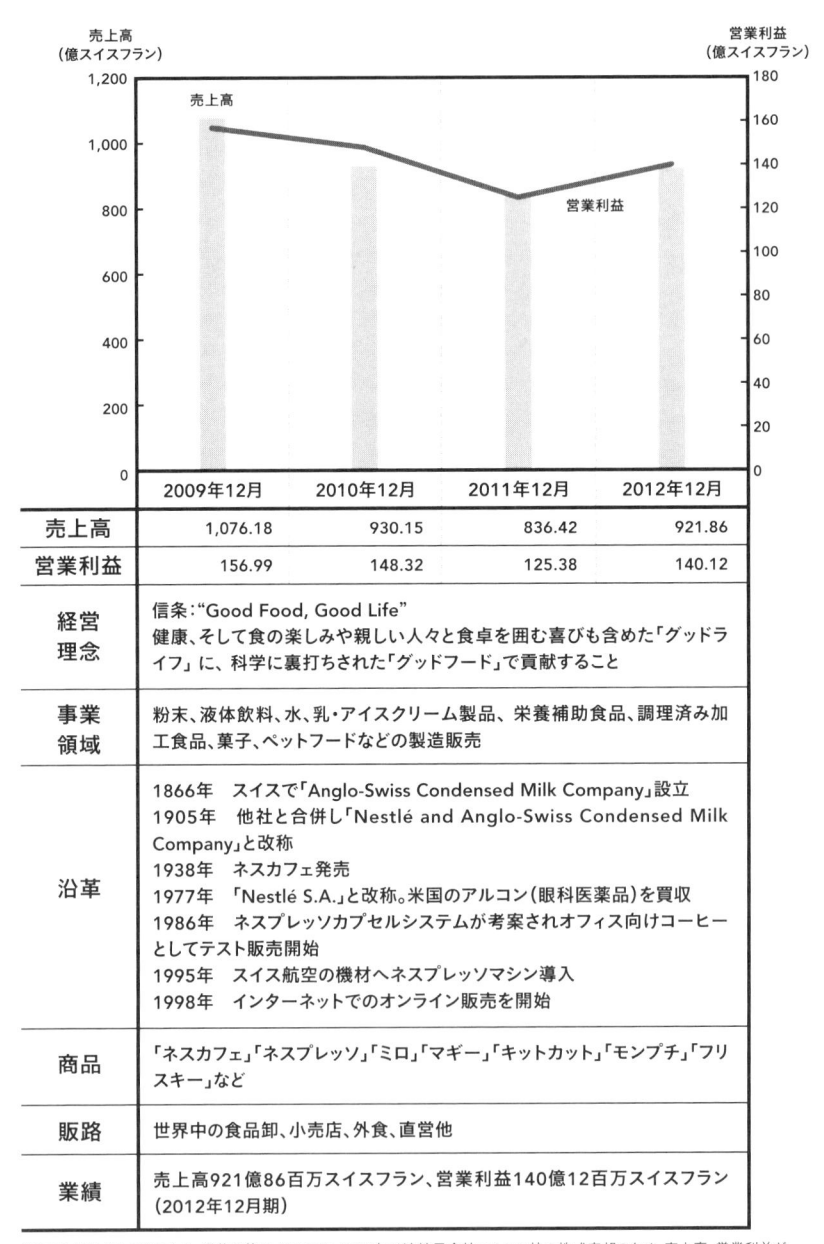

| | 2009年12月 | 2010年12月 | 2011年12月 | 2012年12月 |
|---|---|---|---|---|
| 売上高 | 1,076.18 | 930.15 | 836.42 | 921.86 |
| 営業利益 | 156.99 | 148.32 | 125.38 | 140.12 |

| | |
|---|---|
| 経営理念 | 信条:"Good Food, Good Life"<br>健康、そして食の楽しみや親しい人々と食卓を囲む喜びも含めた「グッドライフ」に、科学に裏打ちされた「グッドフード」で貢献すること |
| 事業領域 | 粉末、液体飲料、水、乳・アイスクリーム製品、栄養補助食品、調理済み加工食品、菓子、ペットフードなどの製造販売 |
| 沿革 | 1866年　スイスで「Anglo-Swiss Condensed Milk Company」設立<br>1905年　他社と合併し「Nestlé and Anglo-Swiss Condensed Milk Company」と改称<br>1938年　ネスカフェ発売<br>1977年　「Nestlé S.A.」と改称。米国のアルコン(眼科医薬品)を買収<br>1986年　ネスプレッソカプセルシステムが考案されオフィス向けコーヒーとしてテスト販売開始<br>1995年　スイス航空の機材へネスプレッソマシン導入<br>1998年　インターネットでのオンライン販売を開始 |
| 商品 | 「ネスカフェ」「ネスプレッソ」「ミロ」「マギー」「キットカット」「モンプチ」「フリスキー」など |
| 販路 | 世界中の食品卸、小売店、外食、直営他 |
| 業績 | 売上高921億86百万スイスフラン、営業利益140億12百万スイスフラン(2012年12月期) |

※ネスレはスイス企業のため、単位は億スイスフラン。2010年は連結子会社アルコン社の株式売却のため、売上高、営業利益が大幅に変更

## ネスレのサービス展開変遷

| 顧客との関係 \ 業態 | モノの生産をともなう<br>サービス提供企業(メーカー) | モノの生産をともなわない<br>サービス提供企業(サービス業) |
|---|---|---|
| モノもしくは<br>サービスの売買 | コーヒー、コーヒー関連製品<br>の製造販売 | ― |
| サービスを通した<br>顧客との価値共創 | 上記売買に合わせて、<br>カプセル式プレミアムコーヒー<br>システム(ネスプレッソ専用<br>エスプレッソマシーンと<br>ネスプレッソカプセル)により、<br>家庭で好みに応じて、<br>簡単に上質で多様なコーヒーを<br>提供 | ― |

## ネスレ「ネスプレッソ」の位置付け

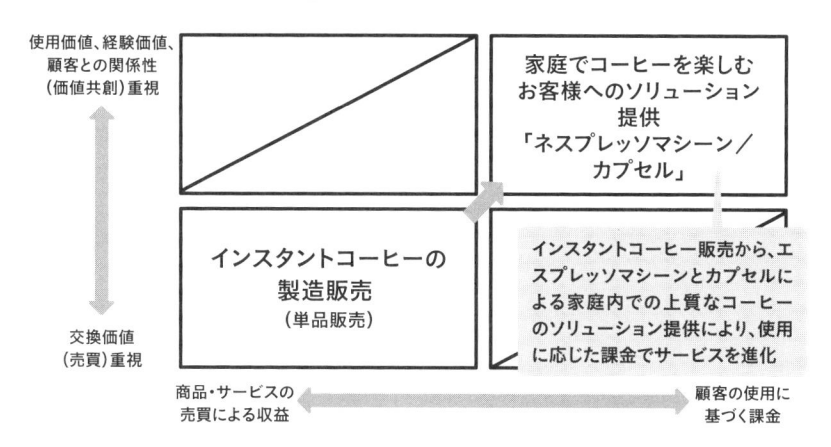

使用価値、経験価値、顧客との関係性(価値共創)重視 ／ 交換価値(売買)重視

- インスタントコーヒーの製造販売(単品販売)
- 家庭でコーヒーを楽しむお客様へのソリューション提供「ネスプレッソマシーン／カプセル」
- インスタントコーヒー販売から、エスプレッソマシーンとカプセルによる家庭内での上質なコーヒーのソリューション提供により、使用に応じた課金でサービスを進化

商品・サービスの売買による収益 ⇔ 顧客の使用に基づく課金

▸Nestle

世界最大手の食品メーカー、ネスレは、カフェでしか味わえない本格的なエスプレッソを家庭でも味わえるネスプレッソカプセルシステムを考案し、90年代から事業を拡大。ネスプレッソマシーン販売後に、専用のカプセル販売を全国百貨店のネスプレッソブティックやサイト、電話による直販で展開し、顧客との長期的な関係構築と収益逓増型事業展開を実現。

CHAPTER05

・FP Corporation

CASE 26 エフピコ

モノの生産をともなうサービス提供企業④

## 取引先の価値向上と売上に貢献するメーカーに変身

 箱や容器に代表される梱包材料や梱包容器は、商品を運ぶ際には必ず必要とされ中身の商品を破損させない役割を持つ。だが、それ自体が商品の価値を向上することは少なく、使用後はすぐに廃棄されることが多い。こうした生産財はある面で必要悪的な部分があり、使用する企業にすればコストに過ぎず、少しでも安価に済ませたい意向が強い。

 食品スーパー（SM）や食料品店で使われている簡易食品容器も同様で、利益率の低い日本の小売業では、コストとしか見なさないことがある。だが簡易食品容器の分野で、1962年の創業から一貫して成長を続け躍進している企業がある。エフピコだ。

 同社は簡易食品容器メーカーとして、精肉、鮮魚、寿司、総菜といった食品を保護し運搬する商品を提供し、納入先の販売促進にも貢献する役割も担っている。

 同社の2011年3月期の連結売上高は前年同期比12・6％増の1407億円、経常利益は同10・2％増の134億円と2桁の増収増益を達成。12年3月期も売上高が1556億円、経常利益が149億円となった。

同社は簡易食品容器メーカーとして自社の容器形状を研究し、内容物の崩れや転倒、汁漏れなどが少なく、さらに中に入れる商品の見栄えが良くなる容器を開発してきた。

過去にSMで使用されていた食品トレーは、白色しか選択肢がなかった時代があった。その理由は「トレーに色がつくと品種が増えて手間も増え、リサイクル原料のリサイクルペレットに加工する際も白のままなら再利用が容易で大量生産できる」というメーカー側の都合に過ぎなかった。

同社は81年、白色の食品トレーを初めてカラー化した。単に安価な商品を大量に販売する時代は終わり、食品のグレードによって販売方法と販売価格が変わることに対応した取り組みだ。利益が少ない安売り品の肉は白色トレーを使っても、和牛など値段が張り高品質な商品には食欲をそそり、グレード感を感じるようにディスプレーしたいという小売業の潜在ニーズを、カラートレーで実現した。

同社は環境対策にも早くから取り組み、容器包装リサイクル法が施行される前の80年代から、主力商品である食品トレーの回収・リサイクル事業を開始。全国に独自の回収ネットワークを構築し、回収したトレーを破砕し原料に加えた「エコ（再生）トレー」という名称で商品化している。これは同社の主力商品に育っている。

またSMの入り口で見かけるトレーなど使用済み容器の回収ボックスは、同社が主導して設置したものだ。ここで集められた使用済みトレーは、エフピコのリサイクル工場で選別と洗浄後に破砕されて再生用原料になり、トレーとして再生産される。これが「トレー to トレー」と呼ばれる独自のリサイクルシステムだ。この工場ではハンディキャップのある人たちが社員として

CHAPTER05　サービスによる差別化に重点を置いたマーケティング戦略

▶POINT
・・・・・・・・・・・・・・・・・・・・・・・・・・・・・・・・・・・・・・・・・・・・・・・・・・・・・・・・・・・・・・・・・・・・
社会が要求するエコロジーやリサイクルに加え、取引先の価値と利益に貢献する取り組みが、顧客に評価されている。

雇用され働いている。

エフピコはエコトレーで原料の3割程度をリサイクルで補っているため、原油価格が高騰してもエフピコの利益率維持に貢献している。またエコトレーの採用は、取引先のSMにもメリットがある。エコトレーは汎用トレーに比べると割高だが、ゴミになる場合と比べて二酸化炭素の削減効果があり、リサイクルへの取り組みを顧客にアピールできるからだ。

この他、自社品を薄く軽量にすることにも取り組み、20年前は5グラムだったものが、現在は3.41グラムにまで軽量化。店頭では同じスペースでもより多くのトレーの保管・陳列ができるようになったという。

エフピコが扱う容器は大小約5000種類あるが、小売業において容器代は商品売価の2%が1つの目安とされる。この基準を踏まえ、容器代が売価の2%を下回っている商品を使用する取引先には、適正価格の容器を使った効果的な販促方法や、積み重ねができる容器の採用によりスタッフの作業を軽減化する方法などを、営業担当者が提案している。

かつてマクドナルドは自社商品を、1個ずつクラムシェルと呼ばれる発泡容器に入れて販売していた時代があった。当時の米国では発泡容器を製造する際にフロンガスを使用しており、これが市民団体から批判された。その後、米国の発泡容器メーカーがフロンガスを5%しか使わない新材料を開発して置き換えたが、今度はゴミ問題でバッシングされ、結局使用を中止している。

エフピコは、必要悪に終わらず、取引先の価値向上と売上に貢献する企業と商品に変身できれば、環境に優しく価値提案企業になれるという好事例だ。

## 株式会社エフピコの概要

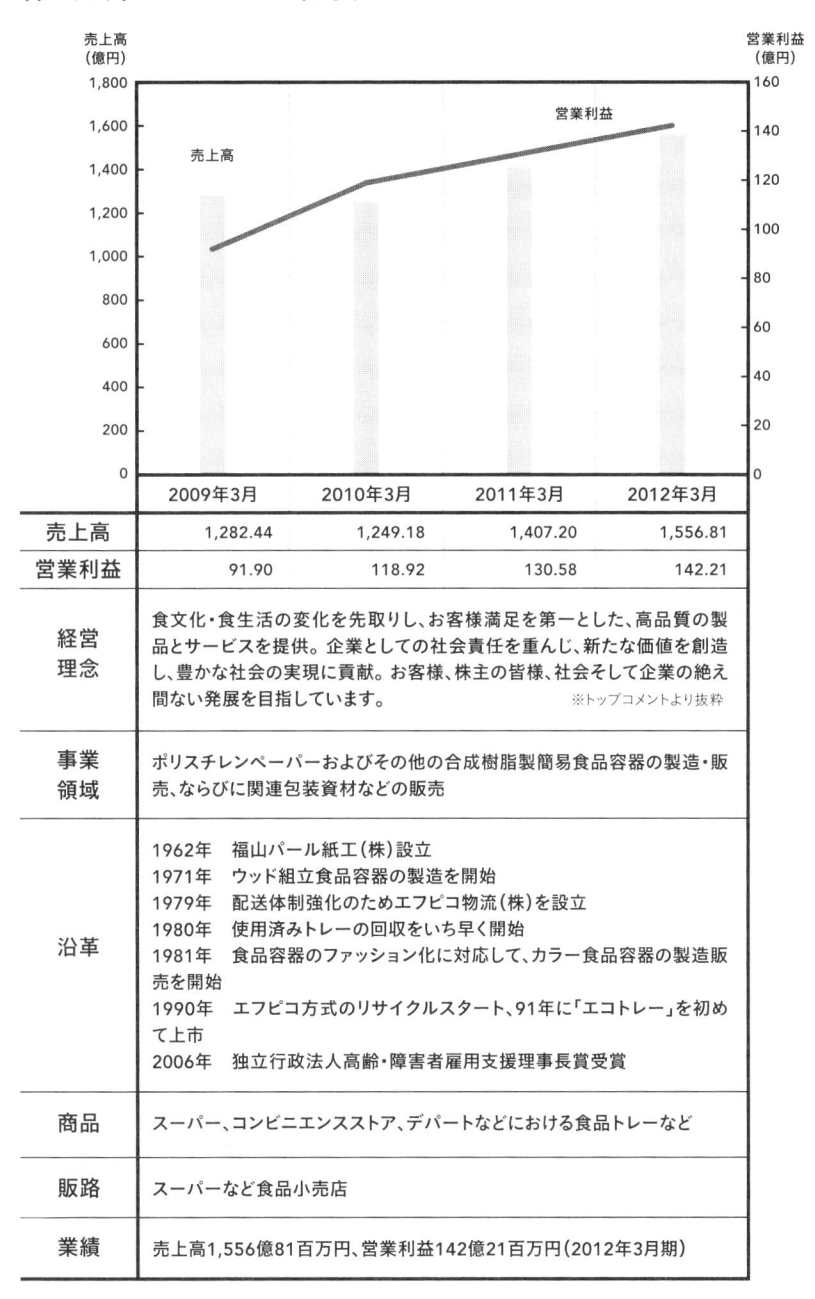

| | 2009年3月 | 2010年3月 | 2011年3月 | 2012年3月 |
|---|---|---|---|---|
| 売上高 | 1,282.44 | 1,249.18 | 1,407.20 | 1,556.81 |
| 営業利益 | 91.90 | 118.92 | 130.58 | 142.21 |

| | |
|---|---|
| 経営理念 | 食文化・食生活の変化を先取りし、お客様満足を第一とした、高品質の製品とサービスを提供。企業としての社会責任を重んじ、新たな価値を創造し、豊かな社会の実現に貢献。お客様、株主の皆様、社会そして企業の絶え間ない発展を目指しています。　　　　　　　　　　　※トップコメントより抜粋 |
| 事業領域 | ポリスチレンペーパーおよびその他の合成樹脂製簡易食品容器の製造・販売、ならびに関連包装資材などの販売 |
| 沿革 | 1962年　福山パール紙工（株）設立<br>1971年　ウッド組立食品容器の製造を開始<br>1979年　配送体制強化のためエフピコ物流（株）を設立<br>1980年　使用済みトレーの回収をいち早く開始<br>1981年　食品容器のファッション化に対応して、カラー食品容器の製造販売を開始<br>1990年　エフピコ方式のリサイクルスタート、91年に「エコトレー」を初めて上市<br>2006年　独立行政法人高齢・障害者雇用支援理事長賞受賞 |
| 商品 | スーパー、コンビニエンスストア、デパートなどにおける食品トレーなど |
| 販路 | スーパーなど食品小売店 |
| 業績 | 売上高1,556億81百万円、営業利益142億21百万円（2012年3月期） |

## エフピコのサービス展開変遷

| 顧客との関係 \ 業態 | モノの生産をともなう<br>サービス提供企業（メーカー） | モノの生産をともなわない<br>サービス提供企業（サービス業） |
|---|---|---|
| モノもしくは<br>サービスの売買 | 食品小売業向け<br>食品トレーなど簡易食品容器<br>の製造販売 | — |
| サービスを通した<br>顧客との価値共創 | 上記売買に合わせて、各企業に合わせた食品トレーによるソリューション提供（顧客の販売力向上につながる食品トレー提案、リサイクルまで含めたサプライチェーン展開）による顧客企業のマーケティング支援、ゴミ処理費用削減、環境対策の実現 | — |

## エフピコ「リサイクル事業」位置付け

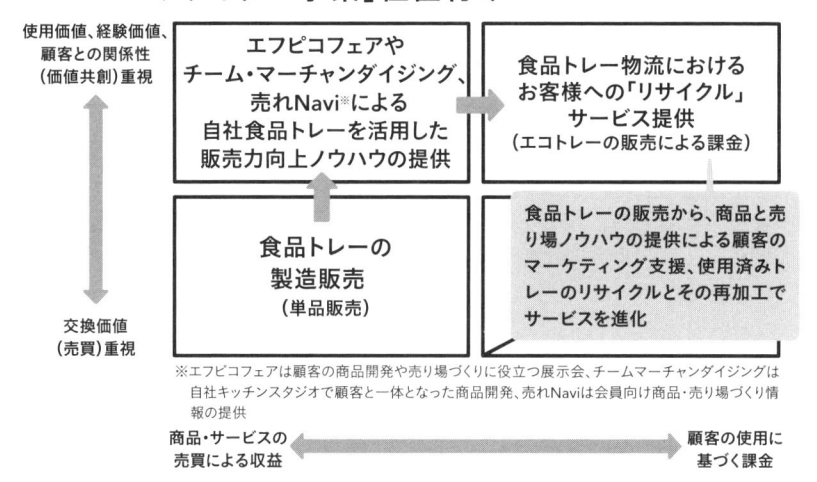

使用価値、経験価値、顧客との関係性（価値共創）重視 ↕ 交換価値（売買）重視

- エフピコフェアやチーム・マーチャンダイジング、売れNavi※による自社食品トレーを活用した販売力向上ノウハウの提供 → 食品トレー物流におけるお客様への「リサイクル」サービス提供（エコトレーの販売による課金）
- 食品トレーの製造販売（単品販売）

食品トレーの販売から、商品と売り場ノウハウの提供による顧客のマーケティング支援、使用済みトレーのリサイクルとその再加工でサービスを進化

※エフピコフェアは顧客の商品開発や売り場づくりに役立つ展示会、チームマーチャンダイジングは自社キッチンスタジオで顧客と一体となった商品開発、売れNaviは会員向け商品・売り場づくり情報の提供

商品・サービスの売買による収益 ←→ 顧客の使用に基づく課金

▶FP Corporation

食品トレーの製造販売で着実に業績を伸長するエフピコ。躍進の背景は食品トレーの販売に留まらず、顧客企業における販売力向上に踏み込んでノウハウを提供する独自の営業体制だ。さらに食品トレーをお客様にお届けする動脈物流から、食品トレーを回収して再加工する静脈物流まで、食品トレーに関わる循環物流を構築することで顧客企業の環境対策に貢献し関係を強化。

CHAPTER05 サービスによる差別化に重点を置いたマーケティング戦略

CHAPTER05
YAMATO TRANSPORT

CASE
27
ヤマト運輸

モノの生産をともなわないサービス提供企業①

## 顧客の需要を創造するトータルソリューションカンパニーに脱皮

日本を代表するサービス事業者であり、ビジネスの成功事例として必ず登場する企業が、ヤマト運輸だ。多くのビジネスパーソンは、同社が事例に登場すると「またか」という印象を持ち、「もう学ぶことはない」と感じる人もいるだろう。だが筆者は、同社にはまだまだ学ぶべき要素が多いと考えている。

ヤマト運輸は1919年に創業し、45年には車両151台、従業員500名という日本一のトラック運送会社だった。だが長距離大量輸送への対応が遅れ、西濃運輸や福山通運など地方組に追い抜かれてしまう。71年、同社の2代目経営者として、社業を大きく飛躍させる小倉昌男氏が社長に就任した。

1台のトラックにそれぞれ荷主が異なる荷物を混載する率が高いほど、運送会社にとっては利益が出る。また密度はコストと関連し、特定のエリアに荷物が届く場所の密度によってコストは変わる。その密度は人口に比例する。小倉氏はこれらの点に着目し、小口混載の「宅急便」を考え出す。

▶POINT

ヤマト運輸は運送業から、取引先が求める高付加価値サービスを提供するソリューションビジネス企業に変身した。

小口で混載なら長距離大量輸送のデメリットを克服でき、輸送効率の悪い関東は人口が密集しているため、関東に地盤を持つ同社のネットワークで強みが生かせると考えたわけだ。当時競合するのは親方日の丸の国鉄と郵便小包だけで、マーケティング上からも勝算があると判断。こうして宅急便はスタートする。だが、免許制度による業界の既得権益と国の規制に苦しめられることになる。

80年代には、営業区域が関東地方中心だったため同社は営業地域の拡大を申請するが、当時の運輸省は他の運輸会社から反対され、同社への免許を出し渋った。そこで83年に新聞広告を使い、宅急便事業を開始した76年度の同社の取扱個数は170万個だったが、5年後の80年度は3340万個と、損益分岐点を超えて経常利益率は5・6％になる。それまで静観していた30社以上の競合企業がここでいっきに参入。85年頃宅急便の取扱個数は4億9000万個であったが、90年には他社の参入で市場が膨らみ11億個を超え、5年間で2倍の規模になる。

同社は80年代に「スキー宅急便」「ゴルフ宅急便」「クール宅急便」など送り手側の利便性を考えたサービスを次々に開発。90年代からは受取り手側視点で「時間帯お届けサービス」、セールスドライバーと直接会話できる「ドライバーダイレクト」、CVSなどを使った「店頭受取りサービス」を投入。宅急便の取扱個数は、毎年前年比5％以上のペースで拡大する。宅急便事業のライフサイクルは30年といわれるが、宅急便にも次のイノベーションが必要になる。宅

急便が登場したことで、新たに通販市場が活性化し、同社はここに着目する。通販利用者が増えると、返品などによりコストが膨らむ。そこでTSS（Today Shopping Service）という仕組みを考え出す。ネット経由で注文すると翌朝か注文後最短4時間で顧客に届くという仕組みだ。

このTSSを採用した通販企業では返品率が下がり、その結果として在庫管理、発送、返品を含めた物流管理全体の受注につながることになる。通販会社の収入に占める物流費は11〜13％で、製造メーカーの6〜7％と比べて高い。倉庫や物流業務を効率化して全体のコストを削減すれば同社を選ぶと考え、それが評価されたわけだ。

さらに2005年頃から宅急便市場は価格競争が始まり、同社は宅急便にソリューションを売る事業ポジションに変換。**海外取引のある企業には輸出手続きや国際輸送をヤマトグローバルロジスティクス、国内配送はヤマト運輸、決済はヤマトフィナンシャルが受け持つというグループ内受注を強化。宅急便サービスから、物流のトータルシステムカンパニーにシフトしていく**。同社は運送業から、取引先が求める高付加価値サービスを提供するソリューションビジネス企業に変身したわけだ。

現在、同社グループは国内に約4000の営業拠点と約6万人のセールスドライバーを持つ。ヤマトホールディングス社長の木川眞氏は、イノベーションを起こす同社の需要創造のサイクルとして、①オンリーワンの商品を生み出す、②ライバルの参入を受け入れ、競争環境を生み出す（これで市場規模が膨らむ）、③拡大する市場の中で圧倒的なデファクトスタンダード（事実上の標準）を生み出す、と自説を紹介している。

## ヤマト運輸株式会社の概要

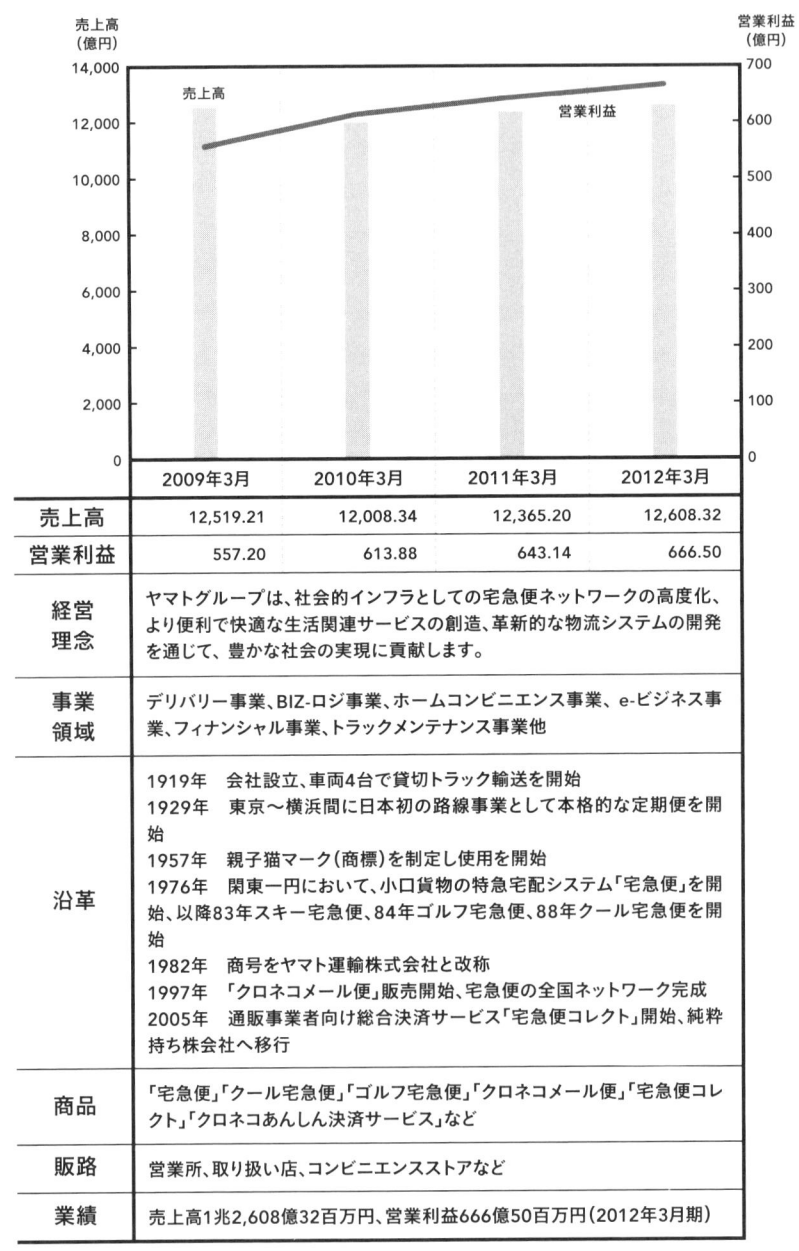

| | 2009年3月 | 2010年3月 | 2011年3月 | 2012年3月 |
|---|---|---|---|---|
| 売上高 | 12,519.21 | 12,008.34 | 12,365.20 | 12,608.32 |
| 営業利益 | 557.20 | 613.88 | 643.14 | 666.50 |

| 経営理念 | ヤマトグループは、社会的インフラとしての宅急便ネットワークの高度化、より便利で快適な生活関連サービスの創造、革新的な物流システムの開発を通じて、豊かな社会の実現に貢献します。 |
|---|---|
| 事業領域 | デリバリー事業、BIZ-ロジ事業、ホームコンビニエンス事業、e-ビジネス事業、フィナンシャル事業、トラックメンテナンス事業他 |
| 沿革 | 1919年　会社設立、車両4台で貸切トラック輸送を開始<br>1929年　東京～横浜間に日本初の路線事業として本格的な定期便を開始<br>1957年　親子猫マーク(商標)を制定し使用を開始<br>1976年　関東一円において、小口貨物の特急宅配システム「宅急便」を開始、以降83年スキー宅急便、84年ゴルフ宅急便、88年クール宅急便を開始<br>1982年　商号をヤマト運輸株式会社と改称<br>1997年　「クロネコメール便」販売開始、宅急便の全国ネットワーク完成<br>2005年　通販事業者向け総合決済サービス「宅急便コレクト」開始、純粋持ち株会社へ移行 |
| 商品 | 「宅急便」「クール宅急便」「ゴルフ宅急便」「クロネコメール便」「宅急便コレクト」「クロネコあんしん決済サービス」など |
| 販路 | 営業所、取り扱い店、コンビニエンスストアなど |
| 業績 | 売上高1兆2,608億32百万円、営業利益666億50百万円(2012年3月期) |

※経営理念、事業領域、沿革はヤマトグループ、売上高、営業利益はヤマトホールディングス株式会社

## ヤマト運輸のサービス展開変遷

| 顧客との関係 \ 業態 | モノの生産をともなう<br>サービス提供企業(メーカー) | モノの生産をともなわない<br>サービス提供企業(サービス業) |
|---|---|---|
| モノもしくは<br>サービスの売買 | ― | 個人向け小口<br>貨物輸送サービス<br>「宅急便」の提供 |
| サービスを通した<br>顧客との価値共創 | ― | 上記売買に合わせて、スキー、ゴルフ宅急便などの用途別、クール宅急便による温度帯別、受取り時間指定、荷物追跡などのカスタマイズされたきめ細やかな輸送サービス提供 |

## ヤマト運輸「宅急便」の位置付け

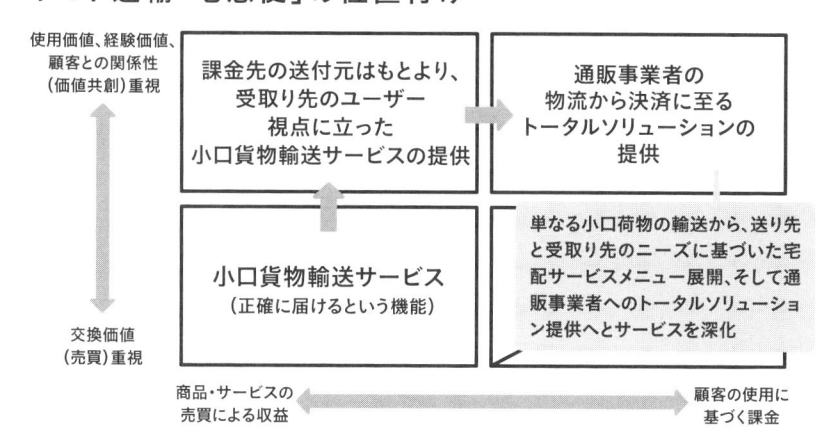

使用価値、経験価値、顧客との関係性(価値共創)重視

- 課金先の送付元はもとより、受取り先のユーザー視点に立った小口貨物輸送サービスの提供
- 通販事業者の物流から決済に至るトータルソリューションの提供
- 小口貨物輸送サービス（正確に届けるという機能）
- 単なる小口荷物の輸送から、送り先と受取り先のニーズに基づいた宅配サービスメニュー展開、そして通販事業者へのトータルソリューション提供へとサービスを深化

交換価値(売買)重視

商品・サービスの売買による収益 ⟷ 顧客の使用に基づく課金

▶YAMATO TRANSPORT

宅配サービスで次々と革新を続けるヤマト運輸。「サービスが先、利益が後」という言葉を残した2代目社長小倉昌男氏の言葉を地で行くサービスメニューの多様化で、他社の追随を許さない「宅急便サービス」を実現。現在は個人の小口荷物の輸送だけに留まらず、たとえば通販会社の決済や商品代金の回収といった物流と商流の2つの流れを押さえた法人へのソリューション提供によりさらにサービス領域を拡大。

CHAPTER05 ・Oriental Land

CASE 28

モノの生産をともなわないサービス提供企業②
オリエンタルランド

## ESを重視してCSを高め、圧倒的なリピーターづくりに成功

デパートのノードストローム、ホテルのザ・リッツカールトン、テーマパークのディズニーランドは、米国でサービスを売り物にする企業だ。だが、これらの企業が考え出したサービスノウハウとオペレーションといったビジネスモデルが、名実ともに世界に誇れる内容なのかは疑問が残る。完成形に近いサービスにまで昇華したのは、日本に登場してからだろう。

その代表例が東京ディズニーリゾート（TDR）だ。本国の米国よりも、はるかに卓越したサービスとホスピタリティ（心のこもったおもてなし）を提供できている。

TDRを運営するオリエンタルランドは、「卓越したホスピタリティを提供する人材こそ自社の強みの源泉」だとし、「何度訪れても常に新しい感動を提供する」企業として自社を位置付けている。同社が質の高いサービスとホスピタリティを提供できるのは、従業員満足度（ES）を向上させる施策で質の高いサービスのロイヤルティ（忠誠心）を高めているからだ。その結果、質の高いオペレーションを継続的に提供（同社はこれを「ハピネスの提供」と呼ぶ）できている。ESが満たされてこそ、TDRを訪れるゲスト（顧客）の満足度（CS）が高まる。顧客のロ

イヤルティが高まることで、収益の安定につながるという認識だ。同社の正社員数は2201名、テーマパーク社員777名、準社員（契約社員）は1万8066名（2012年3月31日現在）。パークは、準社員によってほぼ運営されている。

我々がパーク内で接するキャストの大半は準社員だ。TDRのキャストは、「会社として大切にするべきことと優先順位（行動規準）」として「SCSE」（Safety＝安全、Courtesy＝礼儀正しさ、Show＝ショー、Efficiency＝効率）と呼ばれる行動規準を理解し、ゲストの要望に応え、またゲストからの要求を会社に報告する。

書籍やサイト上で、キャストがゲストに提供した心温まる数々のエピソードが紹介されているが、これらはマニュアルや命令ではなく、キャストたちの自主性から生まれているそうだ。

ソフト面では、ゲストサービスを向上させるにはキャスト（従業員）の意欲を向上させることが何より重要だと考えており、次のような独自の施策に取り組んでいる。

● アイ・ハブ・アイデア
年に1度、準社員も含め現場から提案を募集し、良いアイデアは実際に採用する。

● スピリット・オブ・TDR
ゲストへの対応に秀でたキャストを仲間同士でほめあい、年に1度優秀なキャストやグループをキャスト全員の前で表彰し、社内の一体感を醸成する。

● サンクスデー
毎年1月の閉園後に、キャストがゲストになり、マネージメント（管理職）がパークを運営し

▶POINT

**ES（従業員満足度）が得られてこそ、TDRに訪れるゲスト（顧客）の満足度（CS）とロイヤルティ（忠誠心）が高まる。**

● ファイブスターカード

管理職が園内を巡回し、ゲストに対して良い行動をしたり、笑顔が魅力的だったりしたキャストに手渡されるカードのこと。半年に1度、開場前か閉場後にこのカードをもらったキャストだけが参加できるショーが開催される取り組み。

他方ハード面では、リピーター対策と新たなアトラクションの開発が行われる。テーマパーク事業は大規模な装置産業であり、機材のメンテナンスと新たなアトラクションの開発が毎年平均して200億〜300億円の設備投資がなされ、非常にコストがかかるビジネス形態だ。同社では中途半端なハードやソフトでは、リピーターづくりに結び付かないと考えている。実際、TDRに2回以上訪れているゲストが98％にもおよぶ、という驚異的な結果に結び付いている。

新規アトラクションの開発には5年近い歳月が必要なようで、この内容が同社の競争優位性を発揮する源になっている。テーマパークには長期事業計画の策定が不可欠であり、この内容が同社の競争優位性を発揮する源になっている。

2011年3月11日の東日本大震災で同社は被災し、TDRは1カ月強、東京ディズニーシーは1カ月半にわたり営業休止に追い込まれた。そのため同年4月から6月には営業損失を計上する。だが、震災前から計画していた入場券（1デーパスポート）の値上げを11年4月に実施。デフレで多くの日本企業が値下げする状況下、値上げを断行する。ちなみに同社では過去30年間に8回にわたり、ワンデーパスポートを値上げしている。なお、12年3月期の売上高は3601億円、経常利益は662億円という好業績を出している。

## 株式会社オリエンタルランドの概要

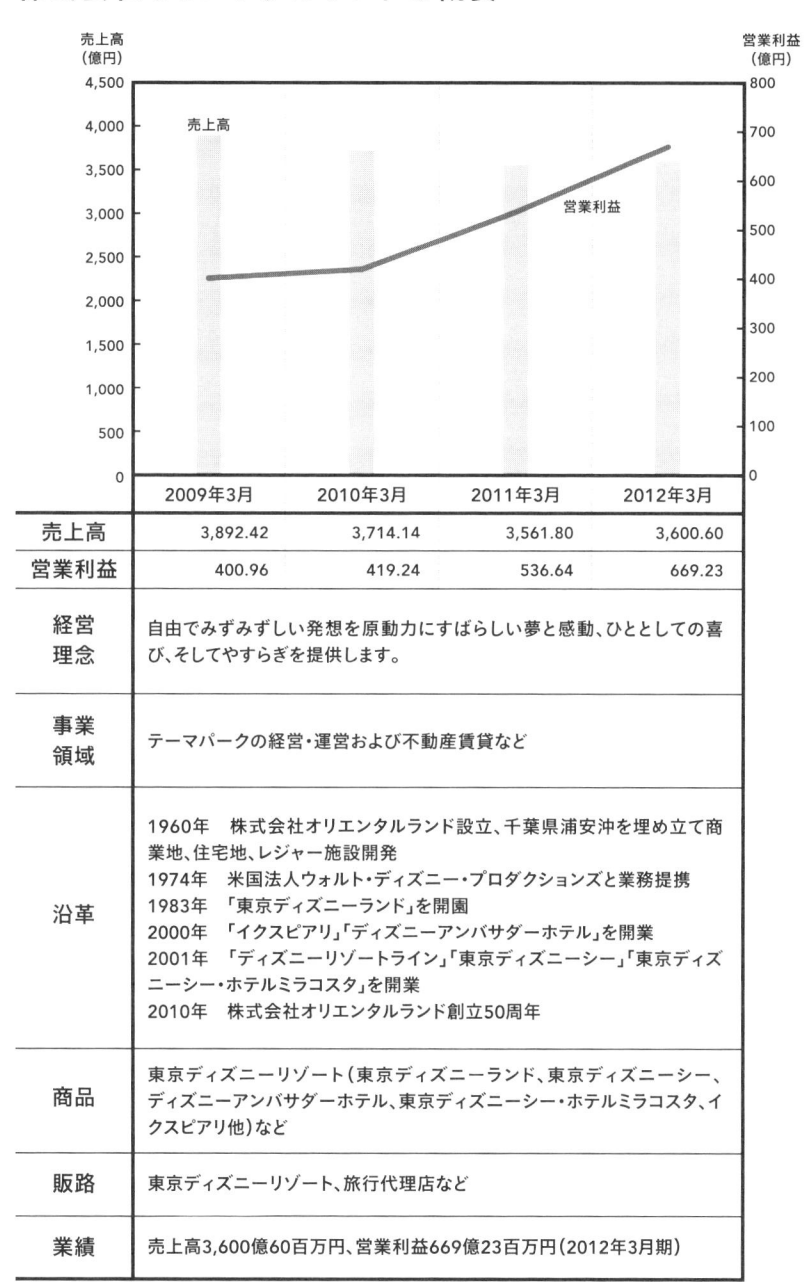

売上高（億円）／営業利益（億円）

| | 2009年3月 | 2010年3月 | 2011年3月 | 2012年3月 |
|---|---|---|---|---|
| 売上高 | 3,892.42 | 3,714.14 | 3,561.80 | 3,600.60 |
| 営業利益 | 400.96 | 419.24 | 536.64 | 669.23 |

| 経営理念 | 自由でみずみずしい発想を原動力にすばらしい夢と感動、ひととしての喜び、そしてやすらぎを提供します。 |
|---|---|
| 事業領域 | テーマパークの経営・運営および不動産賃貸など |
| 沿革 | 1960年　株式会社オリエンタルランド設立、千葉県浦安沖を埋め立て商業地、住宅地、レジャー施設開発<br>1974年　米国法人ウォルト・ディズニー・プロダクションズと業務提携<br>1983年　「東京ディズニーランド」を開園<br>2000年　「イクスピアリ」「ディズニーアンバサダーホテル」を開業<br>2001年　「ディズニーリゾートライン」「東京ディズニーシー」「東京ディズニーシー・ホテルミラコスタ」を開業<br>2010年　株式会社オリエンタルランド創立50周年 |
| 商品 | 東京ディズニーリゾート（東京ディズニーランド、東京ディズニーシー、ディズニーアンバサダーホテル、東京ディズニーシー・ホテルミラコスタ、イクスピアリ他）など |
| 販路 | 東京ディズニーリゾート、旅行代理店など |
| 業績 | 売上高3,600億60百万円、営業利益669億23百万円（2012年3月期） |

## オリエンタルランドのサービス展開変遷

| 業態<br>顧客との関係 | モノの生産をともなう<br>サービス提供企業(メーカー) | モノの生産をともなわない<br>サービス提供企業(サービス業) |
|---|---|---|
| モノもしくは<br>サービスの売買 | ー | 東京ディズニーリゾート<br>(テーマパーク、ホテル、商業施設など)<br>におけるサービス提供 |
| サービスを通した<br>顧客との価値共創 | ー | 上記売買に合わせて、キャストを中心としたホスピタリティの提供による顧客満足度の向上およびリピート顧客の定着、ならびに参加企業※のマーケティング支援 |

※企業がディズニーテーマパーク内の施設を提供し、広告宣伝、販売促進、広報活動に役立てる独自のシステム

## オリエンタルランド「東京ディズニーリゾート」の位置付け

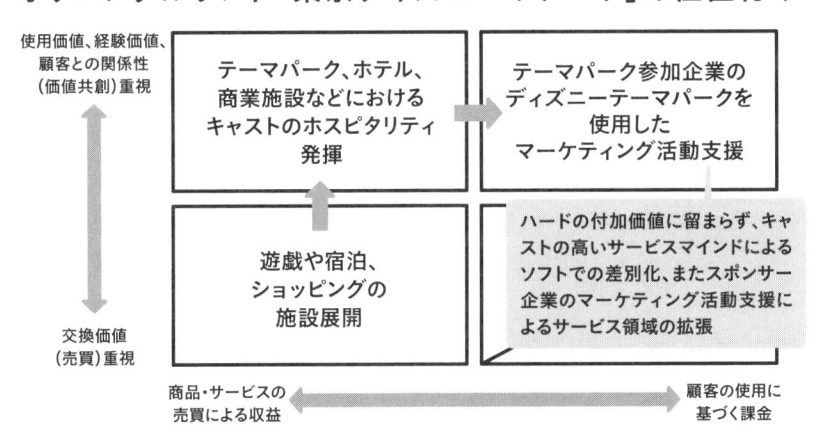

使用価値、経験価値、顧客との関係性(価値共創)重視
↑
テーマパーク、ホテル、商業施設などにおけるキャストのホスピタリティ発揮 → テーマパーク参加企業のディズニーテーマパークを使用したマーケティング活動支援

↑

遊戯や宿泊、ショッピングの施設展開

ハードの付加価値に留まらず、キャストの高いサービスマインドによるソフトでの差別化、またスポンサー企業のマーケティング活動支援によるサービス領域の拡張

↓
交換価値(売買)重視

商品・サービスの売買による収益 ←→ 顧客の使用に基づく課金

▶Oriental Land

30周年を向かえた東京ディズニーリゾート。経済産業省の委託調査で顧客満足度トップに輝く。キャストによる自主的なホスピタリティで業界内外を問わず他社の追随を許さないサービスを実現。法人企業向けのディズニーリゾートを活用したマーケティング支援については、国内では限られたテーマパークのみで提供されるサービスだ。

CHAPTER

06

-INNOVATION

# イノベーションに主眼を置いたマーケティング戦略

CHAPTER06

·INNOVATION

# 今なぜイノベーションが必要なのか

## ビジネスのルールは、イノベーションによって変えられてしまう

IT化の進展やグローバル化により、日本企業と新興国との間で熾烈な生き残り競争が始まった。磐石な経営基盤とブランド力を備えていると思われた日本企業が、急激にその経営を悪化させている。過去の方法論だけでは、いかなる企業もその事業を継続することは難しい。企業が持続的成長を続けるには、顧客の心をつかむマーケティングとともに、「イノベーション」が不可欠である。

イノベーションを提唱した経済学者のヨーゼッフ・アーロイス・シュンペーターは、イノベーションこそ経済発展に重要な役割を果たしていると指摘した。彼は著書『経済発展の理論』(岩波書店)において、イノベーションを「新結合」と呼び、経済発展には人口増加や資本増強以上に、イノベーションのような内的な力が重要な役割を果たすと述べている。

そして、イノベーションの5つの要素として、①創造的活動による新製品（新しい財貨）の開発・生産、②新しい生産方式の導入、③新たなマーケット（販売先）の開拓、④新たな資源（仕入先）の獲得、⑤新しい組織の改革・実現、を指摘している。

またシュンペーターは、イノベーションを単に量的な拡大や成長とするのではなく、「馬車から鉄道へ」と進化したように、非連続的な変化こそが経済発展に重要であり、単に技術革新ではなく世の中に新しい概念を提供することだとも指摘している。

大企業では過去から培ってきた技術、販路、営業方法など、社内の仕組みが合理化されているため、その仕組みが世の中に機能している限り非常に効率が良い。社員は仕組み化された社内のレールに乗って仕事をすれば良いため、ある面で非常に楽になる。

しかし、社会環境の変化や過去に存在していない商品やサービスが他企業から登場し、ビジネスのルールが変更されると、過去の延長線で動いてきた組織では対応できなくなる。市場から退場した多くの企業は、この状況に該当するわけだ。

ドラッカーはシュンペーターを非常に評価し、著書『イノベーションと企業家精神』(上田惇生訳、ダイヤモンド社)の中で、「企業家はイノベーションを行わなければならず、イノベーションは企業家に特有の道具である。イノベーションは富を創造する新たな能力を付与し、資源を本来の資源にするのがイノベーションである」と言及している。

また、「企業の目的の定義は一つしかない。それは顧客の創造である」という重要な提言を行いながら、「企業の目的が顧客の創造であることから、企業には2つの基本的な機能が存在する。マーケティングとイノベーションである」と指摘した。マーケティングと並んで「第二の企業家的機能として必要なのはイノベーションであり、イノベーションにより優れた財やサービスを創造すること」が必要だとも解説している。成功体験を持つ組織や人間ほど過去の成功にしがみつ

き、時代の変化に後れる。過去の成功を忘れ、新たな成功に向けてイノベーションを起こすには、それを容認しバックアップできる組織とトップの存在が欠かせない。

またドラッカーは、イノベーションの機会を次の7つの領域において探すことだとしている。

1 予期せざるものの存在、予期せざる成功、予期せざる失敗、予期せざる事象
2 調和せざるものの存在、あるべきものと乖離した現実、あるいはギャップの存在
3 必然的に必要なるもの、プロセス上のニーズの存在
4 地殻の変動、産業や市場の構造変化
5 人口構成の変化
6 認識の変化、モノの見方・感じ方、考え方の変化
7 新しい知識の獲得

ドラッカーによると、イノベーションは意識して求めるものであり、イノベーションを起こすための組織づくり、経営管理が重要であることを説いている。この考えを踏まえると、企業が軌道に乗り、安定した業績を上げるようになったときこそイノベーションを起こす時期であり、自らその取り組みを行わなければ、他社によって市場が奪われると考えた方がよさようだ。

## イノベーションを阻む要因はどこにあるのか

クレイトン・クリステンセンも、イノベーションに関して現在の日本企業に極めて重要な次の指摘を行っている。それによるとイノベーションには、①従来からある商品（既存商品）の改良

改善を進める「持続的なイノベーション」と、②既存商品の価値を破壊する可能性を秘めたまったく新しい価値を生み出す「破壊的なイノベーション」の2種類が存在するとしている。

かつては自分たちが独自に導き出した仮説によって破壊的なイノベーションを起こし、成功して大企業になった企業は数多い。しかし彼らも知らぬ間に、定量調査重視で顧客の声に応えた既存商品の改良や改善を進めるような組織に変貌していく。生活者への定量調査によって、ニーズがないと判断された企画やアイデアは、後回しになるか無視されてしまう弊害が起こる。

優良企業といわれる企業ほど、その中核事業は、既存商品の改良改善を進める持続的イノベーションによって運営しているケースが多い。だが絶え間ない既存商品の改良改善は、ある時点で顧客のニーズを超え、ときに逸脱した方向に進む。

逆に新興企業や既得権益を持たない企業は、破壊的イノベーションによって過去の延長線上にない商品やサービスを生み出し、生活者に受け入れられる。すると、持続的イノベーションの商品しか生み出せない企業の価値は急速に低下し、その優位性とこれまで築いてきた地位を失う。

クリステンセンは、持続的イノベーションを得意とする企業の特徴として、①顧客の声に耳を傾ける、②求められた商品やサービスを提供するための技術には積極的に投資する、③利益率の向上を目指す、④小さな市場より大きな市場を目標とする、という4項目を挙げる。実はここに、破壊的イノベーションを阻む原因が潜んでいる。

①の指摘は、ともすれば顧客至上主義のマーケティングと混同されやすい。また②の指摘は、生活者に質問すればいつでも正しい答えが返ってきた20世紀に通用したマーケティング発想が現

在でも通用すると勘違いしている企業に多く、残念ながら今でもそうした企業は散見できる。iPodによってウォークマンがその市場を奪われたように、破壊的イノベーションは市場の価値基準を変えてしまう力を発揮する。たとえば、銀塩フィルムとカメラがデジタルカメラへ、真空管が半導体に移行するなど、これまで多くの市場が塗り替えられてきた。

クリステンセンは、企業において破壊的イノベーションを阻む次の5つの要素を挙げている。

1 企業は顧客と投資家に資源を依存している

優良企業ほど顧客が望まず、利益率が低い破壊的イノベーションに投資することが許されないことが多い。そのため他社の破壊的イノベーションによって誕生した商品やサービスを顧客が求める頃には、手遅れになってしまう。

2 小規模な市場より大規模な市場を狙ってしまう

将来的に大市場になる可能性があっても、当初の市場は小さく、そこに大企業が参入することは自社の成長率を維持する上で難しい。そのため大企業ほど、当初から市場が顕在化した大市場を狙ってしまい、小さな市場を大きく育てる意欲は失われる。

3 潜在的な市場は分析できない

大企業ほど、投資する際に経営者や株主に対して市場規模や収益率を数値化し、承認を得てからでないと市場参入できない。だから顕在化していない市場に参入する際、市場の存在を裏付けるデータや根拠の提出が要求される。だが、これから大きくなる市場や需要が顕在化していない市場の場合、市場を説明するデータは存在するはずがなく、意思決定者を説得できない。

4 組織の能力が無能力になってしまうプロセスや価値基準がある

組織の力は、経営者や管理者が優先する価値の基準で決まる。人材などの資源と違い、取り組むプロセスや価値基準には柔軟性がない。本来なら組織の能力を引き出すはずのプロセスや価値基準がもしも間違っていた場合には、組織は無能力な集団になってしまう。

5 イノベーションの供給は、市場の需要と連動するとは限らない

破壊的イノベーションは、最初は小規模な市場から起こり、やがて大市場で競争力を発揮する。そのためイノベーションが進展するペースが速いと、市場の需要よりもイノベーションが先行してしまう。逆の場合は、需要のほうが大きくなる。絶えず両者のバランスが保てるとは限らない。

1～5の指摘を見ると、すでに既定のレールがひかれたタスク遂行型組織の企業ほど、破壊的イノベーションに取り組むには阻害要因が多い。また左脳的な合理的判断だけでは、企業はイノベーションを起こせないことがわかる。いわゆる大企業病だ。

逆に過去に縛られず、柔軟な発想と取り組みが容易な小企業や歴史の浅い企業、また権限委譲が進み、正しい価値基準の下でスピード感のある仕事に取り組める環境にある企業では、破壊的イノベーションに取り組むことは容易だ。もちろん大企業であっても、リーダーが替われば破壊的イノベーションは可能だ。アップル社とスティーブ・ジョブズの存在がいい例である。

これから紹介する企業事例は、顧客側視点の4Cを検討後、企業側視点の独自の4Pを組み立てるプロセスにおいて、イノベーションに主眼をおいたマーケティング戦略をとった企業と位置付ける。そして持続的なイノベーションよりも、破壊的なイノベーションを重視した。

CHAPTER06

CASE
29
IKEA

*IKEA INTERNATIONAL GROUP

## 技術の変化はともなわないが、意味の劇的変化をともなう企業①

## 「価格とサービスをトレードオフする」販売で独自性を発揮

商品そのものでなくサービスの領域からイノベーションを見ると、①新たな技術開発や新システムによる新サービスの創造と、②既存サービスのリポジショニング（市場における自社と自社商品の位置付けを見直すこと）やサービスの再構築・再設計、という2つの見方ができる。後者でイノベーションを行い、世界共通の戦略と商品で成長する企業がIKEAだ。

戦後日本では生活の洋風化が進みながら、空間全体の調和をあまり重視することなく暮らしてきた。昔から存在する日本の生活様式と、蛍光灯（本来は工場やオフィスに用いられる）の光の下で絨毯の上に座り、住宅内部の建材の材質や色とは無関係に家具が選ばれる。そのためファッション（衣料品）のコーディネート力や食（和食から洋食、エスニックに至るメニューの多様性と調理技術と鋭い味覚といった感覚）へのこだわりは、世界に誇れるレベルに到達しているにもかかわらず、居住空間やインテリアなど住の領域では後れをとっていた。インテリア市場で婚礼家具は縮小したものの、既存家具店は旧態依然とした自営業的規模が多い。そこに生活雑貨とともに家具を販売するライフスタイルショップ、安さと機能だけを売り物

にしたホームセンターや量販店、高級家具を販売する家具専門店などが登場してきた。そこでは安いがセンスが悪い実用品か、価格の張るこだわり品かという市場の二極化を起こしていた。ここに同社は、「インテリアや家具のデザインにはこだわるが、価格は安さを求める」人たちを対象に日本に上陸する（実は再上陸である）。

同社の戦略は、「価格とサービスのトレードオフ」という非常にシンプルなものだ。すなわち、出費を抑えるためなら、多少の手間はいとわない人たちを対象に、ローコスト・オペレーション経営を世界中で展開する。

同社は1943年に創業。社員は全世界で13万1000名を超え、カタログの発行部数は年間におよそ2億8００0万冊、31カ国語に翻訳されて39カ国で配布され、世界で最も多く印刷されている本だといわれている。

同社の経営理念は「より快適な毎日を、より多くの方々に」で、この理念に共鳴することが社員の条件として掲げられている。この理念を実現するため、全世界共通の商品づくりと売り場づくりにより、規模の経済を追求している（日本だからといって「こたつ」などは販売しない）。

同社の重要なルールは、「市場で比較可能な商品で最安値を約束すること」だ。新商品は既存商品と比較して2割程度は安くすることで、商品の販売価格を毎年2〜3％引き下げ続けることを経営目標として掲げている。

商品の調達先に向けては「IWAY」と呼ばれる行動指針をつくり、強制労働や児童労働の禁止、従業員への最低賃金の保証、廃棄物の適正処理などを遵守するように求め、社内にはその監

▶ POINT

ビジネスの仕組み全体を見直す「リポジショニング」によって、サービスのイノベーションを生み出す。

査を行う80人の監査人を擁する。

同社の既存商品とサービスのリポジショニング、再構築、再設計のポイントは次の3つだ。

1 商品

購入後、クルマに積んですぐに持ち帰れるように、テーブルの脚を取り外せるようにした「フラットパック」という梱包方法を考え出す。それ以降同社の商品は、すべて組み立て式によるシンプルな北欧デザイン家具に統一されている。コスト意識を徹底したデザインポリシーは「デモグラティック（民主的）デザイン」と呼ばれ、機能美の追求と安さを両立するデザインポリシーが貫かれている。商品開発では、1つの商品に最低でも2年を費やしているようだ。

2 製造方法

商品や原材料の調達先はポーランドや中国を始めとする53カ国、取引先は1000社を超える。上位150社程で、同社全調達数量のおよそ半数を占めるようだ。競争入札ではなく、取引先を絞り込み、長期契約によってまとまった量を生産させて、コストダウンにつなげているという。

3 物流・サプライチェーン

輸送コストを削減するため、コンテナ輸送用のパレットを木製から紙製に変えて、コンテナ積載量を約10％上昇させ、同社全体の0.5％のコストを削減。不必要なコストを社内すべてのシステムから取り除く「バリューチェーン」を実践している。店舗には広大な駐車場が完備され、顧客がフラットパックになった商品を持ち帰ることで、配送コストを削減しコストダウンにつなげている。

## IKEA INTERNATINAL GROUPの概要

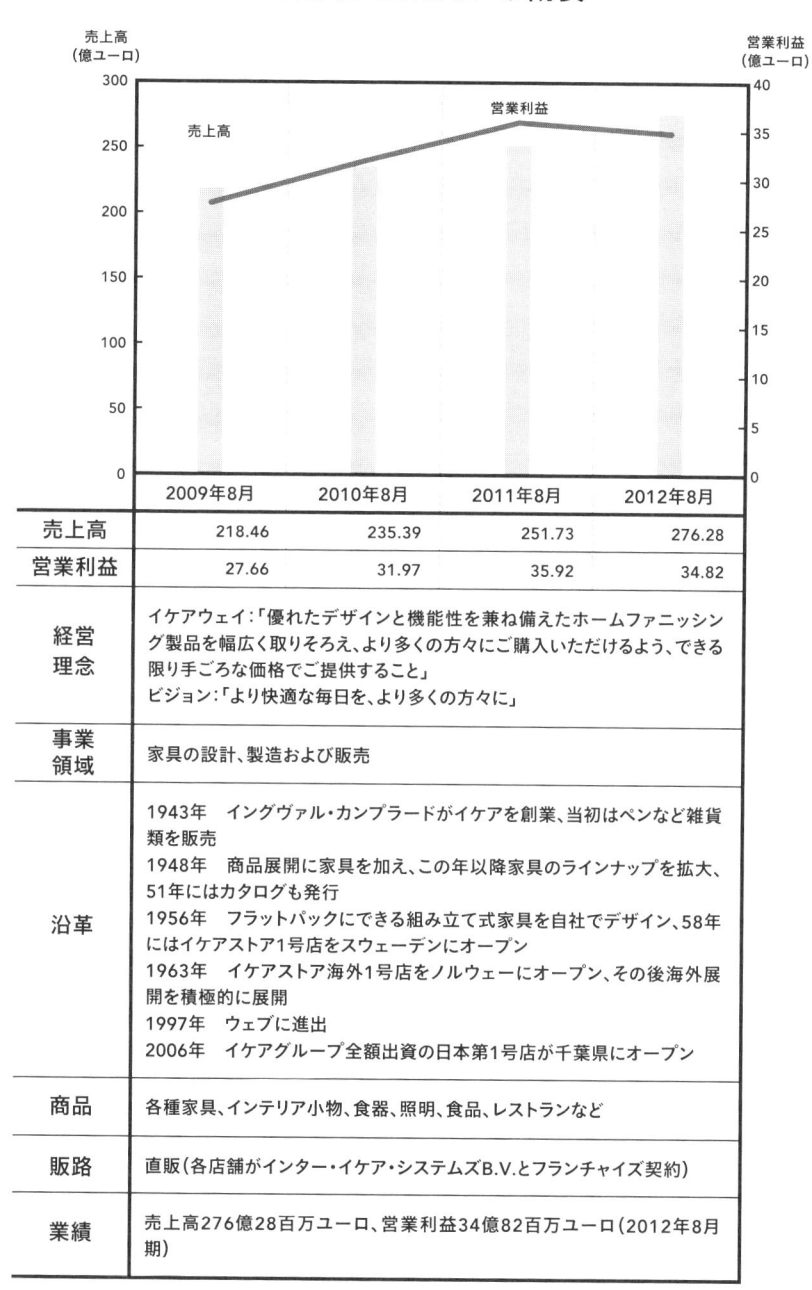

| | 2009年8月 | 2010年8月 | 2011年8月 | 2012年8月 |
|---|---|---|---|---|
| 売上高 | 218.46 | 235.39 | 251.73 | 276.28 |
| 営業利益 | 27.66 | 31.97 | 35.92 | 34.82 |

(売上高・営業利益の単位:億ユーロ)

| 経営理念 | イケアウェイ:「優れたデザインと機能性を兼ね備えたホームファニッシング製品を幅広く取りそろえ、より多くの方々にご購入いただけるよう、できる限り手ごろな価格でご提供すること」<br>ビジョン:「より快適な毎日を、より多くの方々に」 |
|---|---|
| 事業領域 | 家具の設計、製造および販売 |
| 沿革 | 1943年　イングヴァル・カンプラードがイケアを創業、当初はペンなど雑貨類を販売<br>1948年　商品展開に家具を加え、この年以降家具のラインナップを拡大、51年にはカタログも発行<br>1956年　フラットパックにできる組み立て式家具を自社でデザイン、58年にはイケアストア1号店をスウェーデンにオープン<br>1963年　イケアストア海外1号店をノルウェーにオープン、その後海外展開を積極的に展開<br>1997年　ウェブに進出<br>2006年　イケアグループ全額出資の日本第1号店が千葉県にオープン |
| 商品 | 各種家具、インテリア小物、食器、照明、食品、レストランなど |
| 販路 | 直販(各店舗がインター・イケア・システムズB.V.とフランチャイズ契約) |
| 業績 | 売上高276億28百万ユーロ、営業利益34億82百万ユーロ(2012年8月期) |

## IKEAのイノベーション位置付け

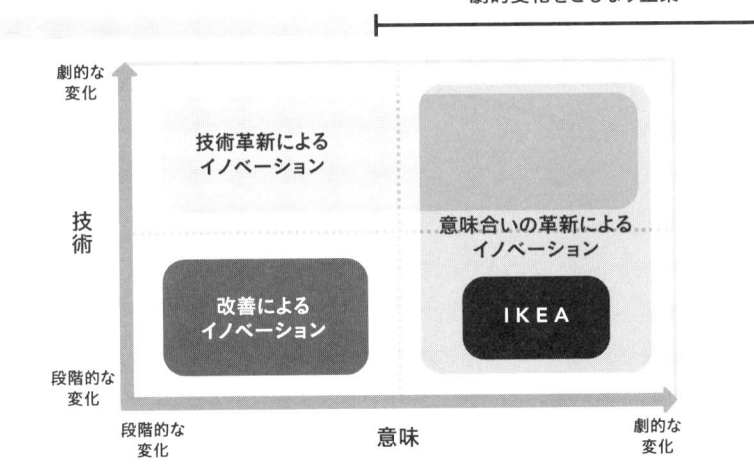

技術の変化はともなわないが、意味合いの劇的変化をともなう企業

技術の劇的変化と意味合いの劇的変化をともなう企業

技術

- 劇的な変化
- 段階的な変化

意味
- 段階的な変化
- 劇的な変化

- 技術革新によるイノベーション
- 意味合いの革新によるイノベーション
- 改善によるイノベーション
- IKEA

## IKEAの意味合い革新

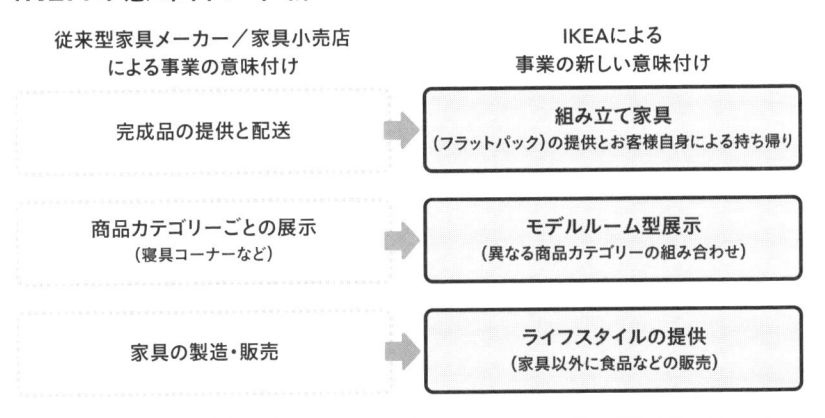

| 従来型家具メーカー／家具小売店による事業の意味付け | IKEAによる事業の新しい意味付け |
|---|---|
| 完成品の提供と配送 | 組み立て家具（フラットパック）の提供とお客様自身による持ち帰り |
| 商品カテゴリーごとの展示（寝具コーナーなど） | モデルルーム型展示（異なる商品カテゴリーの組み合わせ） |
| 家具の製造・販売 | ライフスタイルの提供（家具以外に食品などの販売） |

▸IKEA INTERNATIONAL GROUP

2006年、千葉に1号店を開店後、現在日本で7店舗展開。直近の日本国内販売額は674億円（2012年8月期）で、国内大手の大塚家具（545億円、同12月期）を抜いた。低迷する家具市場で躍進する原動力は、家具販売の新しい意味付けによるイノベーションだ。今後、欧州で格安ホテル進出計画もあり同社のイノベーションから目が離せない。

CHAPTER06
・KOMERI

CASE 30 コメリ

## 技術の変化はともなわないが、意味の劇的変化をともなう企業②

日本の多くの小売業は、海外で誕生した組織小売業のビジネスモデルや販売スタイル、そしてオペレーションを模倣し、国内に持ち込むことが多かった。また先行する1社が国内市場で成功を収めると、その事業スタイルを踏襲した似通った店舗が次々に登場して、熾烈な競争が繰り広げられるのもお決まりの流れだ。

### あえて競合他社には魅力のない商圏を選び、主要顧客を大事にして成功

組織小売業は典型的な規模の経済追求型で、「どこよりも安く」「限りなく豊富な品揃え」「広大な店舗面積」という紋切り型の発想で運営してきた。だが、この方法論で経営してきた量販店（GMS）や食品スーパー（SM）は、現在非常に苦戦している。他社に対する優位性に乏しいからだ。こうした模倣と追従の歴史の中で、独自性を発揮して伸張している小売業がコメリだ。都心部では土地や家賃が高いため、立地条件は悪くてもクルマで利用しやすい郊外に広大な敷地を確保し、大型の駐車場を用意することも一般的だ。このセオリーに当てはめると、ホームセンター（HC）の場合、人口は3万〜5万人以上ある商圏に出店することになる。これより小商圏では、ビ

▶POINT

コメリはセグメンテーションとイノベーションを組み合わせ、「農家のCVS」と呼ばれる独自性を発揮している。

ジネスが成立しないと考えるのが一般的だった。だが、コメリはこの考え方の真逆を行く。

同社は1952年に創業し、ガソリンスタンドや住宅設備機器の販売を行っていた。ところが、73年に勃発した第四次中東戦争にともなって、原油価格の高騰からなる石油ショックが80年頃まで日本を襲う。同社はこれを機に、77年HC事業に参入する。

同社がこれまで手掛け得意だった商品領域を継承し、創業地新潟の地場産業である金物や建築資材、そして農業用品中心の店舗展開を行う。自社の得意分野に特化し、同業他社にない顧客設定と品揃えにより、同社は優位性を発揮することになる。

コメリの特徴は2つある。1つは、「農業を営む人たち」を顧客に設定していることだ。その ため品揃えも大規模なHCとは異なり、同社が得意な金物や建築資材カテゴリーと園芸用品を始めとする農業資材カテゴリーが中心だ。

もう1つは出店方法と店舗形態で、出店エリアにおける知名度の向上と店舗運営の効率化を考えたドミナント戦略（特定のエリアに店舗を集中化して出店し、商圏内のシェアを高める戦略）を採用している点だ。同社の大型HCを中心に置き、その周囲を「ハード&グリーン」と呼ばれる小型店舗を広げるハブ方式の出店により、小商圏を「面」で押さえる戦略をとる。

「ハード&グリーン」とは、DIY（ハード）と園芸用品（グリーン）に絞り込んだ専門店を意味する名称で、店舗面積は約300坪だ。一般的なホームセンターの1000坪を超える規模からすると、いかに小型店であるかがわかる。しかも同店舗は競合他社が目を向けず、商圏としてもあまり魅力のない、地域人口が1万人程度の農村エリアに重点的に出店している。

その理由が2つある。1つは、無益な競争を避けるためだ。競合他社が出店していないエリアなら、競争せずに経営ができる。もう1つは、高齢者が多い農家の人を対象にしているので、小型店のデメリットをメリットに転換できた点だ。顧客が自宅近くにある同店舗で、欲しい物を歩き回ることなく入手できる利便性が、同社の魅力になったからだ。人口密度や来店頻度が低くても、収益が上がる仕組みをコメリは確立した。

同社はHC業界では早期にPOSシステムを導入し、JANコード（日本工業規格制定の標準商品表示。バーコードとして商品に表示）の添付率をいち早く高めた。物流システムでは、自社の物流センターによる一括納入を早期に実現させて流通コストを削減、さらに自社物流網を持たないメーカーや問屋との取引が可能になり、商品を安価に仕入れられる体制を整えた。ネットを使ったEC展開にも注力し、店頭での在庫が難しい大型商品を中心に、「大きく・重く・量が多い」商品を物流センターから直送する体制を整えている。

同社は別名「農家のCVS」とも呼ばれる。主要顧客である農家の人たちへの対応は、店舗形態や品揃えに留まらず、支払い方法にまで手厚く配慮されている。たとえば、農業所得のある顧客を対象に同社が発行するコメリ・アグリカードは、入会金・年会費・金利の手数料などは無料で会員になれる。毎月10日締めの翌月7日引落しの通常決済に加え、毎年1回顧客が指定した月に一括払いできる「収穫期払い」が用意されている。

農家への手厚い対応により、従来農協が強みとしていた市場を、コメリは取り込むことに成功している。

# 株式会社コメリの概要

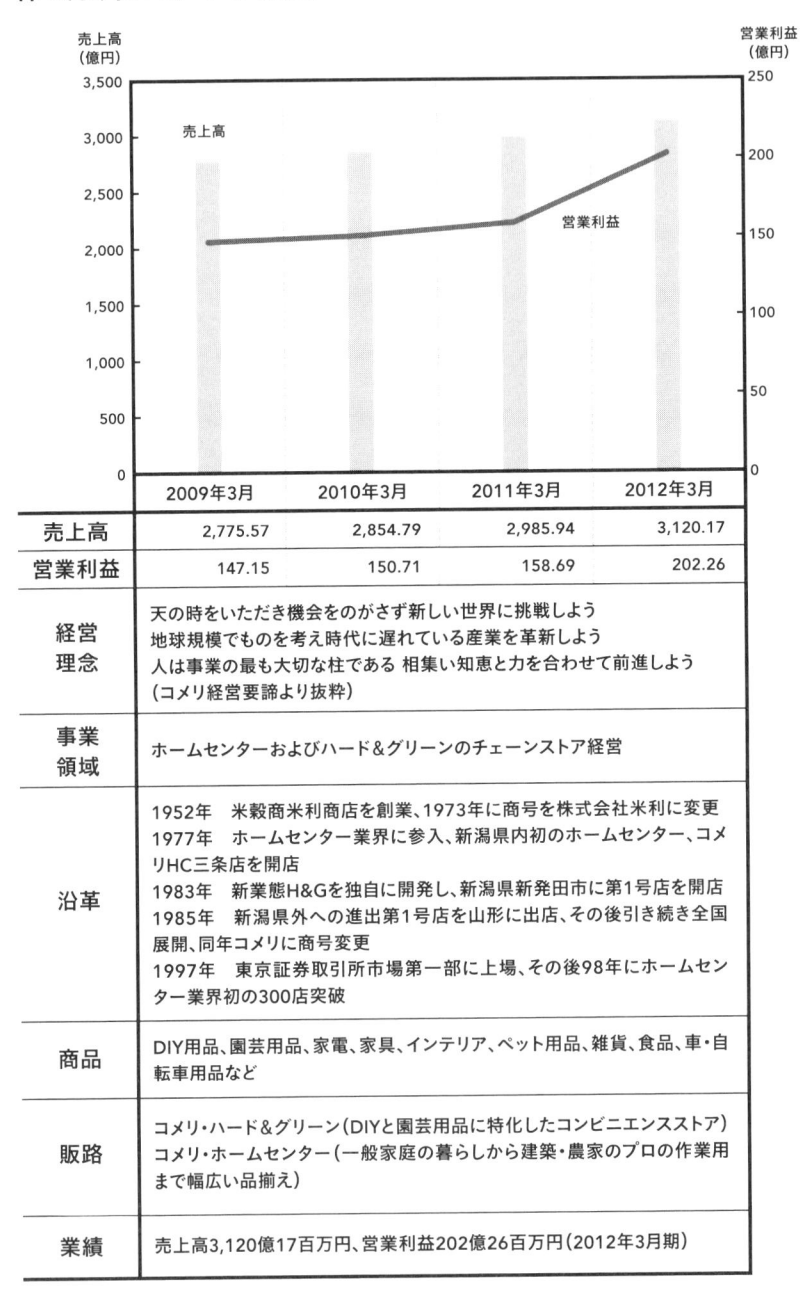

| | 2009年3月 | 2010年3月 | 2011年3月 | 2012年3月 |
|---|---|---|---|---|
| 売上高 | 2,775.57 | 2,854.79 | 2,985.94 | 3,120.17 |
| 営業利益 | 147.15 | 150.71 | 158.69 | 202.26 |
| 経営理念 | 天の時をいただき機会をのがさず新しい世界に挑戦しよう<br>地球規模でものを考え時代に遅れている産業を革新しよう<br>人は事業の最も大切な柱である 相集い知恵と力を合わせて前進しよう<br>（コメリ経営要諦より抜粋） | | | |
| 事業領域 | ホームセンターおよびハード＆グリーンのチェーンストア経営 | | | |
| 沿革 | 1952年　米穀商米利商店を創業、1973年に商号を株式会社米利に変更<br>1977年　ホームセンター業界に参入、新潟県内初のホームセンター、コメリHC三条店を開店<br>1983年　新業態H&Gを独自に開発し、新潟県新発田市に第1号店を開店<br>1985年　新潟県外への進出第1号店を山形に出店、その後引き続き全国展開、同年コメリに商号変更<br>1997年　東京証券取引所市場第一部に上場、その後98年にホームセンター業界初の300店突破 | | | |
| 商品 | DIY用品、園芸用品、家電、家具、インテリア、ペット用品、雑貨、食品、車・自転車用品など | | | |
| 販路 | コメリ・ハード＆グリーン（DIYと園芸用品に特化したコンビニエンスストア）<br>コメリ・ホームセンター（一般家庭の暮らしから建築・農家のプロの作業用まで幅広い品揃え） | | | |
| 業績 | 売上高3,120億17百万円、営業利益202億26百万円（2012年3月期） | | | |

## コメリのイノベーション位置付け

技術の変化はともなわないが、意味合いの劇的変化をともなう企業

技術の劇的変化と意味合いの劇的変化をともなう企業

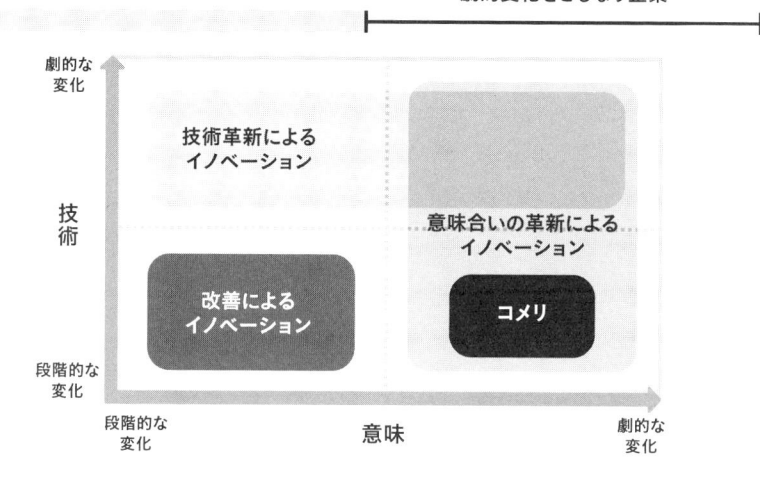

技術：劇的な変化／段階的な変化
意味：段階的な変化／劇的な変化

- 技術革新によるイノベーション
- 意味合いの革新によるイノベーション
- 改善によるイノベーション
- コメリ

## コメリの意味合い革新

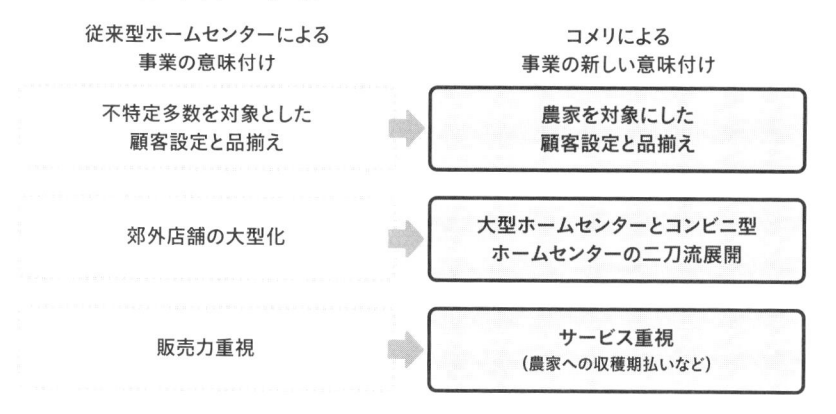

| 従来型ホームセンターによる事業の意味付け | コメリによる事業の新しい意味付け |
| --- | --- |
| 不特定多数を対象とした顧客設定と品揃え | 農家を対象にした顧客設定と品揃え |
| 郊外店舗の大型化 | 大型ホームセンターとコンビニ型ホームセンターの二刀流展開 |
| 販売力重視 | サービス重視（農家への収穫期払いなど） |

▸KOMERI

2007年まで20期連続で増収増益を続けるコメリ（2009年以降、再度増収増益基調）。従来のホームセンターのイメージを打ち破り、農家を対象に、独自サービスを提供することで、同業他社との差別化に成功した。店舗には農業アドバイザーを配置し、農家の悩みに耳を傾ける他、ネット通販「産直市場」で農家の農作物販売も支援。農村の隠れたヒーロー企業だ。

CHAPTER06

CASE

## 31 カルビー

·CALBEE

# 技術の変化はともなわないが、意味の劇的変化をともなう企業③

## カルビー

### ロングセラーに依存せず、新市場創出により企業イメージを刷新

社会構造の変化は企業に大きな影響を与えるが、変化が緩慢な場合、その対応に遅れると企業イメージを刷新する機会にできる場合もある。逆に変化を捉えて新たな事業ステージに進出し、企業と商品のイメージを刷新する機会にできる場合もある。後者の視点で取り組む企業がカルビーだ。

日本は、猛烈なスピードで少子高齢化と人口減少が続いている。子供や若者だけを対象にしたビジネス、健康志向に合致しない商品を供給するメーカーは、いずれ限界を迎えることになる。とりわけ菓子メーカーなどは、早急に次の打ち手が必要な時期に来ている。

同社は商品寿命が短い業界にあって、強力なロングセラーブランド「かっぱえびせん」「カルビーポテトチップス」を擁し、スナック菓子業界で国内シェア1位の地位にある。

ポテトチップスやかっぱえびせんという強い商品ブランドを持つカルビーは、"スナック菓子メーカー"の企業イメージが強い。子供や若者の数が減少すれば、スナック菓子需要が縮小することは明らかだ。そこで同社が取り組んでいるのが、「スナック菓子のカルビー」から「食のカルビー」へと進化して行くことだ。

その牽引役となる商品が、「フルグラ（フルーツグラノーラの略）」である。グラノーラとは、麦や玄米などの穀物にドライフルーツやナッツなどを交ぜた食物繊維が豊富なシリアルのこと。これにフルーツを加えたのがフルーツグラノーラだ。フルグラは新製品ではなく、88年に発売された商品だ。

日本のシリアル市場は約250億円で、これまで横ばいで推移してきた。国内でシリアルといえばコーンフレークというイメージが強く、売上とシェアでは、これまで横ばいで推移してきた。国内でシリアルといえばコーンフレークというイメージが強く、売上とシェアではトップカテゴリーだった。だがフルグラの成功により、グラノーラがコーンフレークと拮抗するまでになる。2012年度の売上は前年比160％以上の60億円に達する見込みで、フルグラはナンバーワンブランドに成長した。

「食のカルビー」を強く推進したのは、09年に会長兼CEOに就任した松本晃氏だ。米国のシリアル市場は1兆円規模なのに対し、日本では250億円と小さい。米国でのビジネス経験が長い松本氏は、「味覚に厳しい日本人にシリアルが受け入れられていないのは、おいしくないからだ」と考える。**フルグラなら既存シリアル商品にはない香ばしい味と食感から、日本人にも受け入れられると判断する。**

同社はフルグラを核としたシリアル事業を推進するため、4つの施策を展開する。

1つめは、フルグラの店頭試食だ。同商品を食べたことのない生活者に実際に体験してもらうため、11年に100店舗で試食を実施。この施策により、12年の売上は1・6倍の60億円にまで成長する。

▶POINT

健康志向の時代に対応し、自社をポジティブイメージに転換するリポジショニングとイノベーションを行った事例だ。

2つめは、レシピコンテストの実施だ。シリアルは牛乳をかける食べ方が一般的だが、これでは食機会も消費量にも限りがある。そこで料理レシピサイトのクックパッドと協働して、フルグラのアレンジレシピコンテストを開催。多様な食べ方を生活者に知ってもらうためだ。

3つめは、ローカル市場の開拓だ。地方では食品スーパー（SM）などに納入され陳列棚に並んでも、すぐ購入に結びつかないことが多い。顧客に食経験がないからだ。そこで地元の牛乳配達店と協働し、宅配している家庭に、フルグラのサンプルを配布する取り組みを実施する。

4つめは、新たな販路としてドラッグストア（DS）やホームセンター（HC）の開拓だ。新たな販路で同商品はよく売れ、取扱い店舗が急速に増えていく。10年にフルグラの約7割はSMチャネルだったが、12年にはDSやHCの販売比率が増え、大容量の800グラム商品はSM以外の比率が5割を超えるようになる。新たな販路が加わったことで購買層にも変化が現れ、中心層だった40〜50代の女性に加え、20〜30代の女性層も多く取り込むようになる。

同社はフルグラに加え、スナック菓子でも健康志向に対応。「食のカルビー」を打ち出す商品として、野菜スナック「ベジップス」を12年に全国で発売した。この商品はじゃがいも、玉ねぎ、かぼちゃ、さつまいもの4種類の野菜を使用し、①野菜ごとに最適な温度で揚げる、②野菜をそのまま素揚げにし、味付けははじゃがいも用にだけ塩を使用する、③素材にこだわり、野菜は契約栽培によって徹底した品質管理を行う、というものだ。

「ベジップス」も発売早々から40〜50代女性に支持され、大ヒット商品に成長。こうしたカルビーの事業展開により、「食のカルビー」という企業イメージがしだいに形成されていくわけだ。

## カルビー株式会社の概要

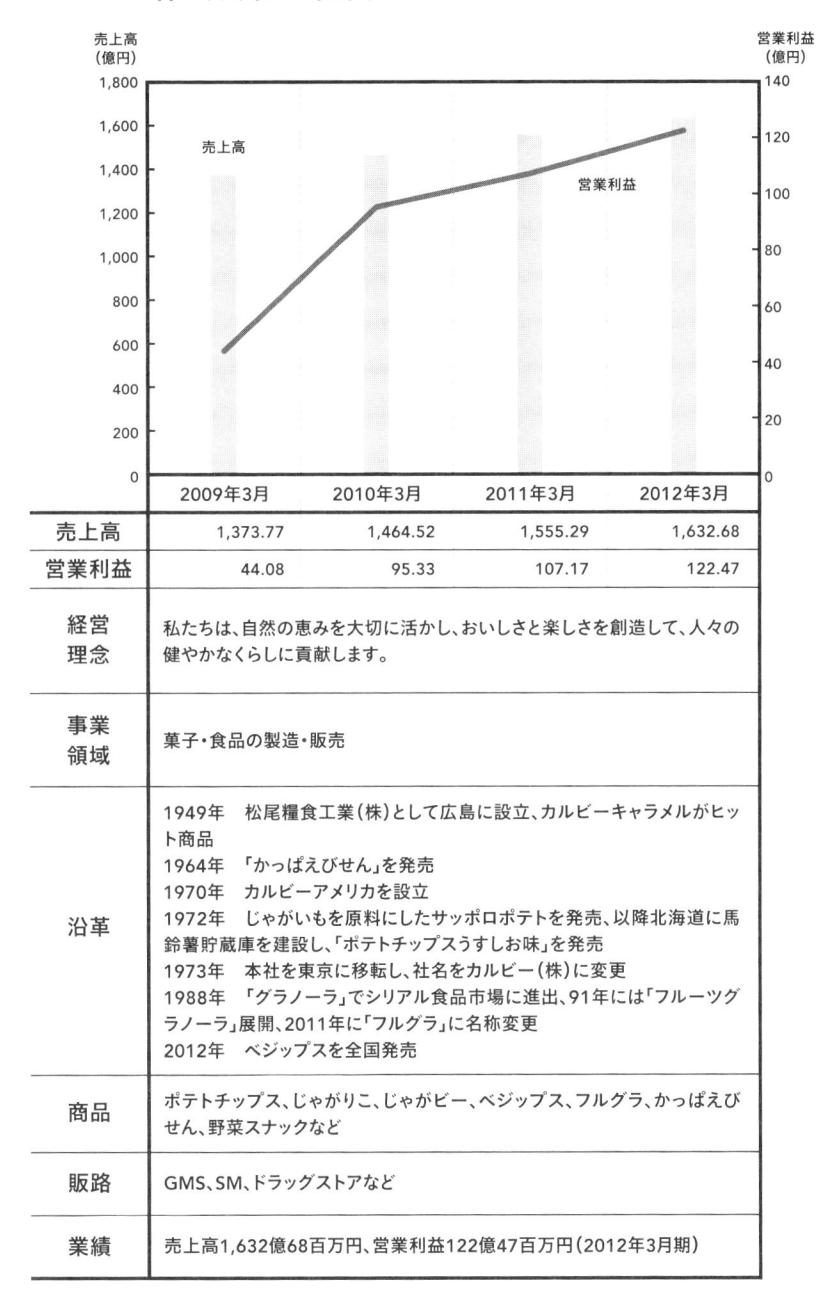

売上高（億円） / 営業利益（億円）

| | 2009年3月 | 2010年3月 | 2011年3月 | 2012年3月 |
|---|---|---|---|---|
| 売上高 | 1,373.77 | 1,464.52 | 1,555.29 | 1,632.68 |
| 営業利益 | 44.08 | 95.33 | 107.17 | 122.47 |

| | |
|---|---|
| 経営理念 | 私たちは、自然の恵みを大切に活かし、おいしさと楽しさを創造して、人々の健やかなくらしに貢献します。 |
| 事業領域 | 菓子・食品の製造・販売 |
| 沿革 | 1949年　松尾糧食工業（株）として広島に設立、カルビーキャラメルがヒット商品<br>1964年　「かっぱえびせん」を発売<br>1970年　カルビーアメリカを設立<br>1972年　じゃがいもを原料にしたサッポロポテトを発売、以降北海道に馬鈴薯貯蔵庫を建設し、「ポテトチップスうすしお味」を発売<br>1973年　本社を東京に移転し、社名をカルビー（株）に変更<br>1988年　「グラノーラ」でシリアル食品市場に進出、91年には「フルーツグラノーラ」展開、2011年に「フルグラ」に名称変更<br>2012年　ベジップスを全国発売 |
| 商品 | ポテトチップス、じゃがりこ、じゃがビー、ベジップス、フルグラ、かっぱえびせん、野菜スナックなど |
| 販路 | GMS、SM、ドラッグストアなど |
| 業績 | 売上高1,632億68百万円、営業利益122億47百万円（2012年3月期） |

## カルビーのイノベーション位置付け

技術の変化はともなわないが、意味合いの劇的変化をともなう企業

技術の劇的変化と意味合いの劇的変化をともなう企業

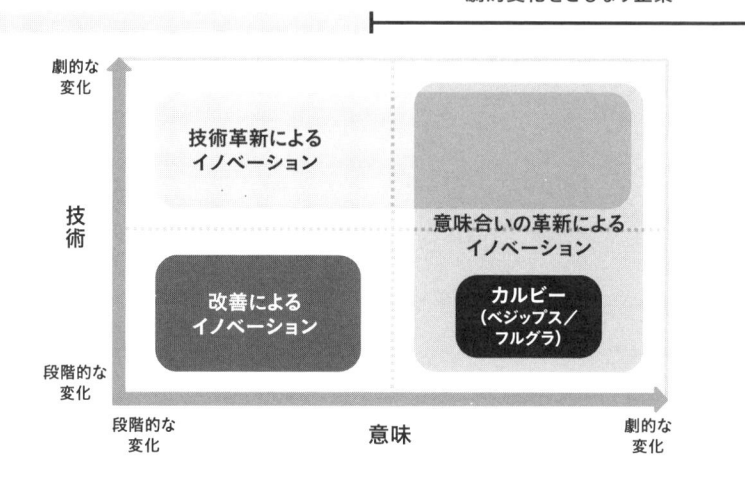

| | 意味：段階的な変化 | 意味：劇的な変化 |
|---|---|---|
| 技術：劇的な変化 | 技術革新によるイノベーション | (意味合いの革新によるイノベーション) |
| 技術：段階的な変化 | 改善によるイノベーション | カルビー（ベジップス／フルグラ）意味合いの革新によるイノベーション |

## カルビーの意味合い革新

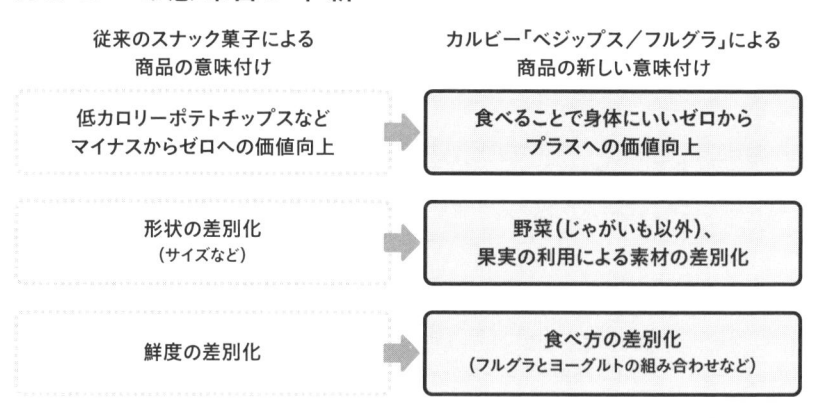

| 従来のスナック菓子による商品の意味付け | カルビー「ベジップス／フルグラ」による商品の新しい意味付け |
|---|---|
| 低カロリーポテトチップスなどマイナスからゼロへの価値向上 | 食べることで身体にいいゼロからプラスへの価値向上 |
| 形状の差別化（サイズなど） | 野菜（じゃがいも以外）、果実の利用による素材の差別化 |
| 鮮度の差別化 | 食べ方の差別化（フルグラとヨーグルトの組み合わせなど） |

▸CALBEE

スナック菓子トップシェアのカルビーが、シリアルでもトップシェア実現。果実感を訴求することで、朝食シーンで普段出されるヨーグルトなどと組み合わせて食機会を増やす「オトモダチ作戦」実施で躍進。発売から20数年を経てトップブランドに成長。「ベジップス」も野菜にこだわるヘルシースナックとして新しい意味付けを実現することでヒット商品化。菓子のカルビーから食のカルビーへの転換を牽引。

CHAPTER06

CASE

32

・ZENRIN

技術と意味の劇的変化をともなう企業①

ゼンリン

## 情報をデジタル化させてコンテンツプロバイダーに事業転換

新聞や雑誌など日本の活字メディアは、現在2つの理由から大きな岐路に立たされている。

1つは、コンテンツ無料化の流れにより、情報にお金を出す人が若者を中心に減少しているため、売上と収益が落ち込んでいることだ。

もう1つは、これまで書籍や新聞紙というコンテンツや電子ブックの登場により、「紙」がなくなり無形になった。その結果、情報を販売するにも、従来のように高い金額を徴収することができなくなったことだ。

デジタル技術の進展により、何冊にもわたる紙の分厚い百科事典がその姿を消したように、近年その姿を見なくなったのが、紙製の地図だ。その一方、ネット上のコンテンツやスマートフォンのアプリ、あるいはカーナビゲーション（カーナビ）には多種多様な地図情報が存在し、その使い勝手は飛躍的に向上している。

情報のフリー化とデジタル化が進展し、既存メディアや出版社が今後の経営を模索している中で、いち早く自社の情報をデジタル化させて事業構造を転換させた企業がある。ゼンリンだ。

CHAPTER06_イノベーションに主眼を置いたマーケティング戦略

▸POINT
..............................................................
紙媒体のデジタル化が多様なビジネスを生むことにいち早く気付き、自社の「情報資源」をコンテンツにした。

地図の出版事業では、ゼンリンと昭文社が市場を二分している。だが、地図事業全体ではゼンリンが昭文社を圧倒している。その理由は、ゼンリンが強みを発揮するカーナビやパソコン向けのソフト販売、それにインターネットによる地図情報配信サービスを主力とする電子地図関連ビジネス市場が急成長しているからだ。一方で昭文社は、この流れに乗り遅れている。旧来の書籍形態による地図出版に依存し、この市場は低落を続けている。

ゼンリンは住宅地図製作会社として1948年に北九州で創業。住宅地図とは町内にある建物が地図上に描かれ、その建物の住人の名前が書き込まれたものだ。主たる用途は、不動産取引を行う際に必要な物件確認、飲食店の出前、新聞配達用などだ。

大迫氏が社長に就任して間もない82年に、コンピューターの時代の到来を確信して地図の電子化を決断。それまで地図の製作は、毎年人の手で書き換えていたが、住宅地図の製作自動化システムや情報利用システムの開発を進めていく。

ヤマト運輸によって宅急便が誕生し、荷物の送り先の確認用に地図が必要になると、市場は急速に拡大していく。この時期にゼンリンはデータをデジタル化することに取り組み、地図データをCD化することで、何冊もの住宅地図を持つ必要をなくした。

宅急便に続き地図業界に大きな転機をもたらしたのが、GPSが民間に開放されカーナビの運用が始まったことだ。すでに地図情報をデジタルデータ化させていた同社は、カーナビを製造するメーカーにこのデジタルデータを提供し、データを使用した企業から利用料を徴収するビジネスモデルに着手する。

ネット上で地図情報が提供されるようになると、同社はプロバイダーに地図のデジタルデータを提供するというビジネスモデルに進化させていく。

同社は商品を紙製の出版物からデジタルデータに転換させただけでなく、課金システムもまた変化させた。従来は地図を必要とする人が地図を買う際にお金を支払い、同社の収益になっていた。だがITの進展により、「地図を利用する人（紙の地図を買う人と有料のアプリ利用者）」に加えて、「地図情報を提供するカーナビのメーカーやネットのプロバイダー」が利用料を支払う形態が加わった。

これは同社が、**出版社からコンテンツとサービスの提供企業に業態が変化したことを意味する**。

こうして同社はグーグル、ヤフー、マイクロソフトをはじめとする企業に国内の地図データを提供し、カーナビ用地図においてもトップシェアを誇る企業となっている。

同社では宅配事業者が利用する地理情報システム（同社ではGISと呼ぶ）のサービス商品や、スマートフォン用有料地図アプリなどに加え、地図情報の精度をさらに高め企業のマーケティングに活用できるデータサービスも行っている。

たとえば「住宅ポイントデータ」は、全国でおよそ3300万棟の建物情報として、個人の家屋、マンション、寮、アパートの区別を始め、住所、建物名称、階数、集合住宅の戸数、延べ床総面積などの情報に緯度・経度も加味している。チラシやサンプルなどをポスティング（戸別配布）する際に、ピンポイントでターゲティングが可能になる内容に仕上がっている。

ビジネスや生活になくてはならない地図情報は、今日でもキラーコンテンツだ。毎年変わる地図データを同社はいち早くデジタル化させ、地図データのコンテンツプロバイダーに変身した。

## 株式会社ゼンリンの概要

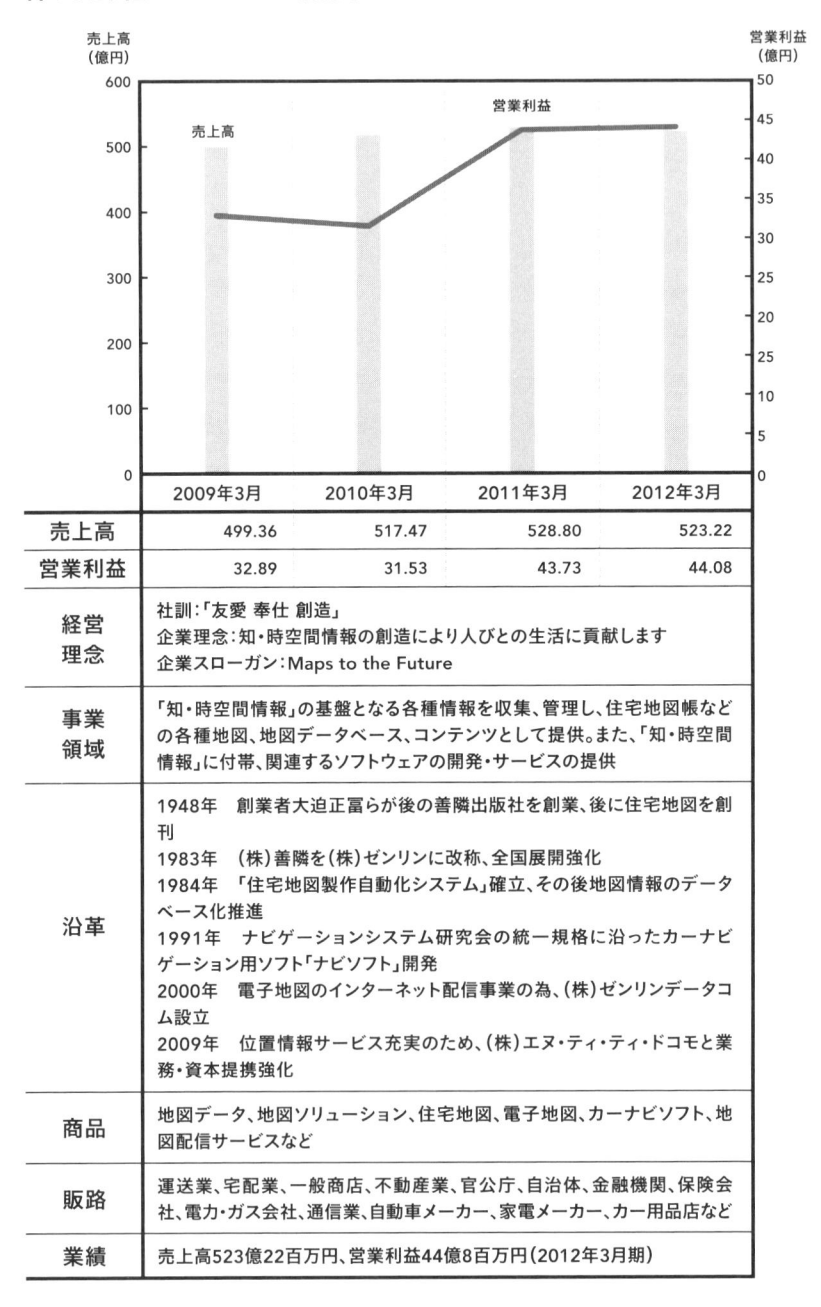

| | 2009年3月 | 2010年3月 | 2011年3月 | 2012年3月 |
|---|---|---|---|---|
| 売上高 | 499.36 | 517.47 | 528.80 | 523.22 |
| 営業利益 | 32.89 | 31.53 | 43.73 | 44.08 |

| | |
|---|---|
| 経営理念 | 社訓:「友愛 奉仕 創造」<br>企業理念:知・時空間情報の創造により人びとの生活に貢献します<br>企業スローガン:Maps to the Future |
| 事業領域 | 「知・時空間情報」の基盤となる各種情報を収集、管理し、住宅地図帳などの各種地図、地図データベース、コンテンツとして提供。また、「知・時空間情報」に付帯、関連するソフトウェアの開発・サービスの提供 |
| 沿革 | 1948年　創業者大迫正富らが後の善隣出版社を創業、後に住宅地図を創刊<br>1983年　(株)善隣を(株)ゼンリンに改称、全国展開強化<br>1984年　「住宅地図製作自動化システム」確立、その後地図情報のデータベース化推進<br>1991年　ナビゲーションシステム研究会の統一規格に沿ったカーナビゲーション用ソフト「ナビソフト」開発<br>2000年　電子地図のインターネット配信事業の為、(株)ゼンリンデータコム設立<br>2009年　位置情報サービス充実のため、(株)エヌ・ティ・ティ・ドコモと業務・資本提携強化 |
| 商品 | 地図データ、地図ソリューション、住宅地図、電子地図、カーナビソフト、地図配信サービスなど |
| 販路 | 運送業、宅配業、一般商店、不動産業、官公庁、自治体、金融機関、保険会社、電力・ガス会社、通信業、自動車メーカー、家電メーカー、カー用品店など |
| 業績 | 売上高523億22百万円、営業利益44億8百万円(2012年3月期) |

## ゼンリンのイノベーション位置付け

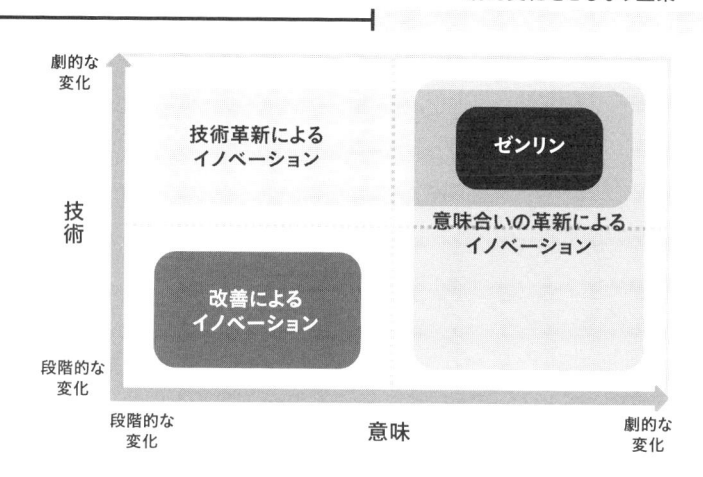

技術の変化はともなわないが、意味合いの劇的変化をともなう企業　　　技術の劇的変化と意味合いの劇的変化をともなう企業

縦軸：技術（段階的な変化 → 劇的な変化）
横軸：意味（段階的な変化 → 劇的な変化）

- 技術革新によるイノベーション（左上）
- ゼンリン／意味合いの革新によるイノベーション（右上〜右下）
- 改善によるイノベーション（左下）

## ゼンリンの意味合い革新

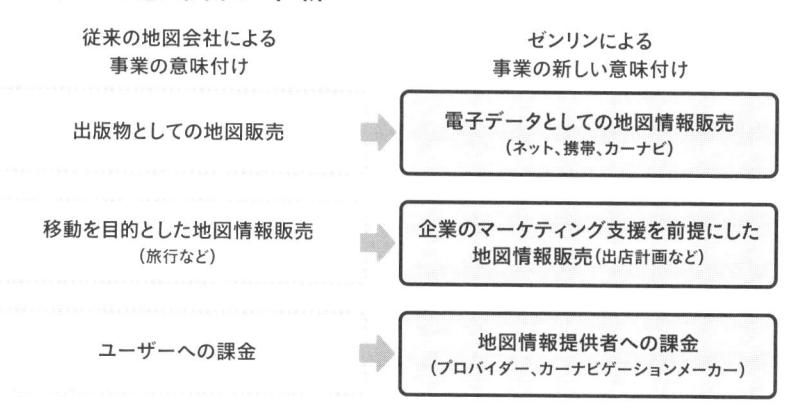

| 従来の地図会社による事業の意味付け | ゼンリンによる事業の新しい意味付け |
|---|---|
| 出版物としての地図販売 | 電子データとしての地図情報販売（ネット、携帯、カーナビ） |
| 移動を目的とした地図情報販売（旅行など） | 企業のマーケティング支援を前提にした地図情報販売（出店計画など） |
| ユーザーへの課金 | 地図情報提供者への課金（プロバイダー、カーナビゲーションメーカー） |

▶ZENRIN

住宅地図会社として始まったゼンリン。地図の電子化という技術の劇的な変化に合わせて、地図データをカーナビ、携帯、ネットに利用拡大し大きなイノベーションを実現した。特に携帯、スマホ、カーナビの普及で、ユーザーの現在地情報が確認できるようになり、企業における地図のマーケティング活用といった新たな用途開発が生まれ始めている。引き続きそのイノベーションに注目したい企業だ。

CHAPTER06

CASE

## 33 ― アイロボットのルンバ

技術と意味の劇的変化をともなう企業②

iRobot

### 画期的な視点に立脚し、商品そのものの意味を変えてしまう

　家事には退屈で面倒なものが多い。とりわけ掃除などはその典型だろう。共働き夫婦にとっては掃除する時間がなく、家の中は汚れやすい。また高齢者になると、重い掃除機を物入れから取り出し、掃除する部屋を移動するたびに、かがみながらコンセントを差し替えるのは苦役だ。

　世界に誇る日本の家電メーカーには生み出せなかった掃除機を生み出し、ヒットさせた企業が米国のアイロボット（iRobot）社で、その商品名はルンバだ。

　同社は、現在CEOのコリン・アングル氏が1990年に同じMIT（マサチューセッツ工科大学）の人工知能研究室出身のロドニー・ブルックス氏、ヘレン・グレイナー氏とともに設立。97年にはNASAの依頼を受け火星探査ロボットをデザインし、その功績により"NASA GROUP Achievement Award"を受賞。その後、同社は家庭用ロボットと政府用ロボットという2つの市場で、実用的なロボットを生み出し成長してきた。

　同社は「世の中には退屈、不衛生、そして危険な仕事はたくさんあるが、こうした仕事から人間を解放したい」という理念の下、現実に存在する問題を解決し、世界に変化をもたらすロボッ

トの開発を目標として掲げ活動している。

アフガニスタンでは、地面や洞窟に隠された高性能爆弾を除去するために、同社のロボットが活動し、2010年にメキシコ湾で起きた石油流出事故では海洋探査ロボット「Seaglider（シーグライダー）」が海底に潜んでいた大量の原油を発見。

さらに、11年の東日本大震災では、被災した福島第一原子力発電所に多目的作業用ロボット「パックボット（人工知能を搭載した軍事用遠隔操作多目的ロボット）」と「ウォリアー（本来は偵察や爆発物の処理などに使われる。原子炉建屋の床に積もった砂やちりを吸い取り、放射線量を減らす）」という2種類のロボットを送り、現在も福島第一原子力発電所内で稼動させている。

同社が開発したルンバは、家電メーカーが製造する掃除機とは異なる。ロボットメーカーが製造し、人工知能を搭載した掃除機なのが最大の特徴だ。02年に発売されたルンバには、独自に開発した人工知能AWARE®（アウェア）をベースに、国家プロジェクトで培った軍事用地雷探査技術（米国政府が600万ドルの開発支援を行った）を活用して開発されている。

ルンバは掃除が必要なところを動き回り、さまざまな角度から掃除をする機能を持つ。部屋を回ってゴミがあればそこに留まり、きれいになるまで掃除し続けるのが特徴だ。人工知能AWARE®と1度に3つの動作を行う3段階クリーニングシステムにより、ルンバのゴミ除去率は99・1％といわれる。

「掃除をしてくれるロボット」というこれまで存在しなかった概念では、生活者に理解されにくい。そのため、ルンバのコミュニケーションコンセプトは「自動掃除機」に変更され、それから

CHAPTER06．イノベーションに主眼を置いたマーケティング戦略

▶POINT

過去の商品ポジションや意味付けを変えるという「新発想のイノベーション」によって、既存市場を新市場に変えられる。

顧客層が広がっていく。04年に入ると、主婦層はもとより家事の時間を節約したい30代共働き世帯と、掃除機を使うことに肉体的負担を感じる70代の高齢者にまで広がる。

ルンバは買い替え需要を想定した既存の掃除機とは異なり、すでに所有している掃除機と併用する需要を新たに創造。お金で時間を買える人たちが、主要購入層になった。

要求水準が高い日本のルンバユーザーと、不具合が生じた状況などのレポートが正規総代理店のセールス・オンデマンド社の改善リクエストとともに米国本社に送られる。同社では、「日本の要求水準を満たした商品を出せば全世界で売れる」と認識している。

掃除機という成熟しコモディティ化した家電市場において、ダイソンはサイクロン方式という圧倒的な吸引力を備えた掃除機で、独自の市場を獲得した。そしてアイロボットは、掃除するロボットのルンバによって、要求基準の高い日本で新市場を創造して受け入れられた。

両社とも技術をベースにしたイノベーションで成功したわけだが、ダイソンとアイロボットでは、商品ポジションと意味付けがまったく異なる。

ダイソンは既存掃除機の改良改善視点から誕生しており、人間が掃除機を使って掃除することが前提だ。**だがルンバは、「ロボットが掃除をする」という画期的な視点に立脚している。**

技術をベースにしたイノベーションに、過去の商品ポジションや意味付けを変えるという「新発想のイノベーション」が加わると、既存市場はこれまでにない新たな可能性に満ちた新市場へと変質する好例だ。

## アイロボットの概要

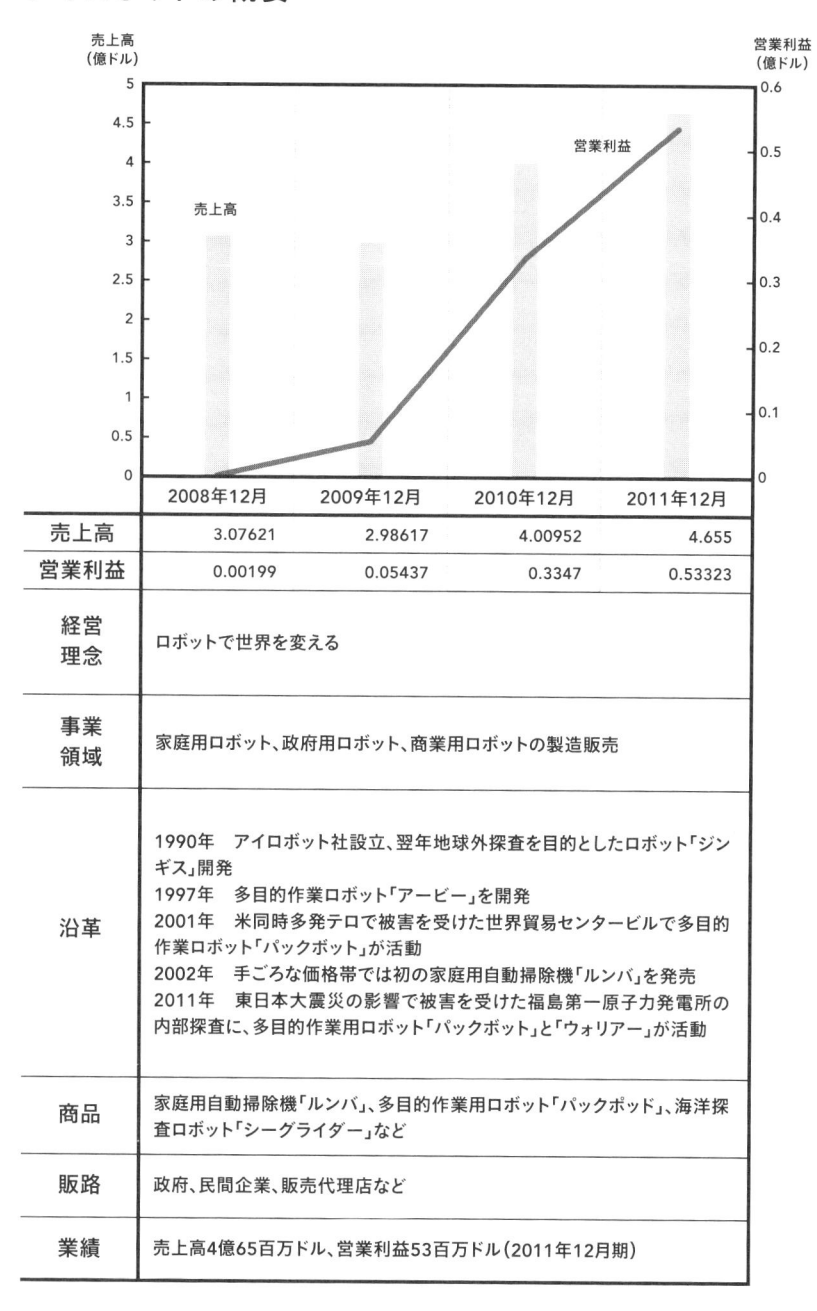

|  | 2008年12月 | 2009年12月 | 2010年12月 | 2011年12月 |
|---|---|---|---|---|
| 売上高 | 3.07621 | 2.98617 | 4.00952 | 4.655 |
| 営業利益 | 0.00199 | 0.05437 | 0.3347 | 0.53323 |

（売上高：億ドル、営業利益：億ドル）

|  |  |
|---|---|
| 経営理念 | ロボットで世界を変える |
| 事業領域 | 家庭用ロボット、政府用ロボット、商業用ロボットの製造販売 |
| 沿革 | 1990年　アイロボット社設立、翌年地球外探査を目的としたロボット「ジンギス」開発<br>1997年　多目的作業ロボット「アービー」を開発<br>2001年　米同時多発テロで被害を受けた世界貿易センタービルで多目的作業ロボット「パックボット」が活動<br>2002年　手ごろな価格帯では初の家庭用自動掃除機「ルンバ」を発売<br>2011年　東日本大震災の影響で被害を受けた福島第一原子力発電所の内部探査に、多目的作業用ロボット「パックボット」と「ウォリアー」が活動 |
| 商品 | 家庭用自動掃除機「ルンバ」、多目的作業用ロボット「パックボッド」、海洋探査ロボット「シーグライダー」など |
| 販路 | 政府、民間企業、販売代理店など |
| 業績 | 売上高4億65百万ドル、営業利益53百万ドル（2011年12月期） |

## アイロボットのイノベーション位置付け

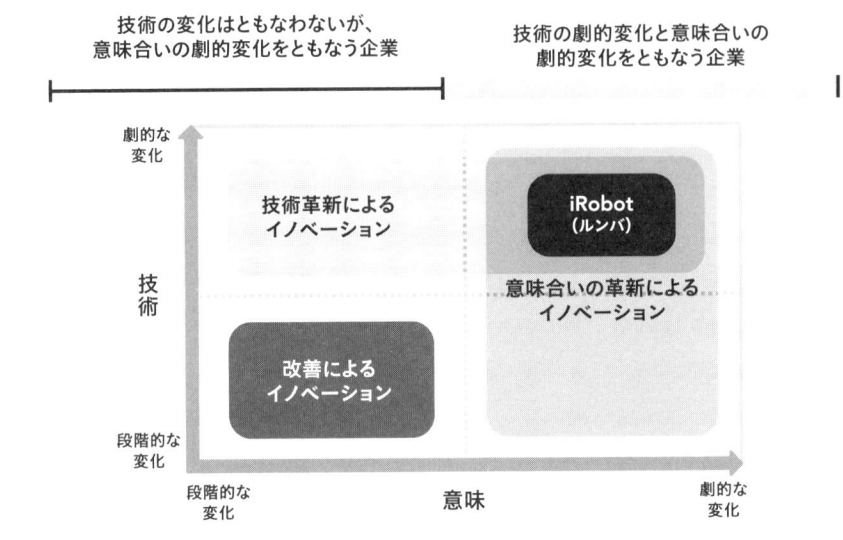

技術の変化はともなわないが、意味合いの劇的変化をともなう企業

技術の劇的変化と意味合いの劇的変化をともなう企業

```
技術
 劇的な変化 │
         │   技術革新による        iRobot
         │   イノベーション       (ルンバ)
         │
         │                   意味合いの革新による
         │                   イノベーション
         │   改善による
         │   イノベーション
 段階的な変化│
         └─────────────────────────── 意味
          段階的な変化              劇的な変化
```

## iRobotの意味合い革新

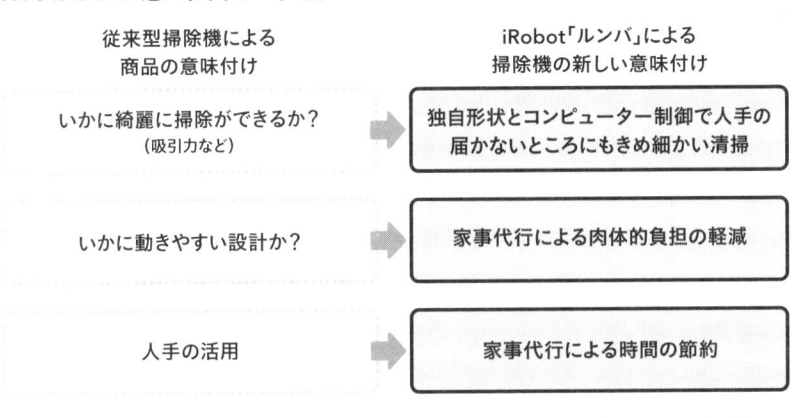

| 従来型掃除機による商品の意味付け | iRobot「ルンバ」による掃除機の新しい意味付け |
|---|---|
| いかに綺麗に掃除ができるか？（吸引力など） | → 独自形状とコンピューター制御で人手の届かないところにもきめ細かい清掃 |
| いかに動きやすい設計か？ | → 家事代行による肉体的負担の軽減 |
| 人手の活用 | → 家事代行による時間の節約 |

▶iRobot

人手に頼らないロボット型自動掃除機が「ルンバ」だ。共働きや子育て、一人暮らしといった忙しくて家事に時間を割けない人や、身体の不自由な高齢者向けに新しい掃除機市場が誕生した。「ルンバ」のライバルは、従来の掃除機でなく、メイド派遣のような家事代行会社となる。家電の進化が家事時間短縮に貢献する中、今後はロボットによる家事代行の領域拡大に期待したい。

CHAPTER06 CASE

## 34 セコム

技術と意味の劇的変化をともなう企業③

# 事業範囲を明確に定めながら、新たな事業モデルを構築し領域を拡張

高品質な商品によって世界で活躍する製造業は多いが、日本のサービス業はグローバル展開する企業が残念ながら少ない。その最大の理由は、サービスが人の力に依存し、仕組み化することが難しい点にあった。

1962年に警備事業を開始したセコムは、現在では防災、医療、保険、地理情報サービス、情報、不動産という7つの分野に事業領域を広げ、誰もが安心して生活できる「社会システム産業」の構築を目指している企業だ。

同社は64年に開催された東京オリンピックで選手村の警備を行った実績が評価され、同社とその事業に対する信頼を高めてきた。だが業務の拡大に連動して人件費が膨らみ、当時は常駐警備が主流だったため人材の数しか受注することができず、人材がボトルネックとなった。

この問題を解決するために考案されたのが、「機械警備」というオンラインセキュリティシステムだ。この仕組みは、オフィスや工場に設置されたセンサーなどの保安機器と、同社のコントロールセンターとを通信回線で結び、異常が起こるとセンサーが感知した信号を同センターへ送

▶POINT
創業者の「イノベーションは技術革新でなく、思想のイノベーションだ」との指摘は、どの業界にも共通する発想だ。

信、警備会社の担当者が駆けつけるというものだ。このシステムを導入した専門学校に殺人犯が侵入し、同システムが作動して警察官が駆けつけ逮捕したという実績により、機械警備への関心がいっきに高まる。同社は従来の巡回警備をやめ、機械警備へと同社の事業をシフトしていく。

その後、一般家庭向けにセキュリティサービスを開始する。ココセコムとは専用携帯端末を人や車に装着し、GPSと携帯電話の電波で位置情報を取得。万一のときには、担当者が現場に駆けつけるという仕組みだ。子供の所在確認や、車の盗難対策という需要に呼応して生まれたサービスだ。

警備事業は、企業向け分野では全国に180万社・600万の事業所がある中で、同社と契約しているのは12年時点でおよそ85万事業所（約14％）。一般家庭向け分野では、全国にある5200万世帯のうち、82万世帯と契約している。世帯全体で見れば同社のシェアは1・6％程度であり、ホームセキュリティが普及する余地はまだ極めて大きいと考えているようだ。

同じく12年時点での海外売上比率は3・8％で、グループ全体ではアジアを中心に19カ国に進出。イギリスでは、同社子会社の「セコムPLC」がイギリスの金融大手企業HSBCやRBS（ロイヤルバンク・オブ・スコットランド）、ロンドンのヒースロー空港、ロンドン警察のセキュリティシステムなどを手掛けている。

研究開発は主に社内で行い、使用する機器の約7割をグループ企業で製造。機器による収益獲得方法は長期契約制によるレンタル方式が中心で、機器の取付けもグループ企業が対応する。

メディカルサービス事業としては病院事業に参入し、遠隔医療システムの開発を進めている。最近は、PFI（民間資金を活用した社会資本整備）による刑務所の運営にも乗り出した。さらにオンラインセキュリティーを導入して、万一損害が発生した場合に顧客の財産保全を行うため、損害保険事業にも着手している。

東日本大震災での教訓を踏まえ、同社ではすでに新たな支援サービスを開発している。津波で重要な書類が流され、銀行の預金口座や各種証書の番号がわからなくなったという例や、携帯電話の流失・紛失により大切な人と連絡が取れないといった声を踏まえ、伝言メモや写真などのデータを同社のセキュアデータセンターで預かる「新型ホームセキュリティ」である。

同社の事業は治安・犯罪から始まり、現在では事故、自然災害、病気・老化、食料リスク、サイバーリスクにまでその領域を広げている。

取締役最高顧問で創業者の飯田亮氏は、「イノベーションというのは技術革新のことではなく、思想のイノベーションのことなんだ」と発言している。

80年代まで人間による巡回警備サービスを中心に事業展開してきた同社は、そのビジネスモデルと事業から決別し、システム化された新たな事業モデルを構築し事業領域を拡張してきた。

だが同社では、どんな事業をしてもよいわけではない。飯田氏がセコムグループ社員向けに執筆した「セコムの事業と運営の憲法」には、「人々に安心のための、そしてよりよき社会のためのサービスシステムである。この基本から外れる事業は、行ってはならない」と自社の事業範囲を明確に規定している。

# セコム株式会社の概要

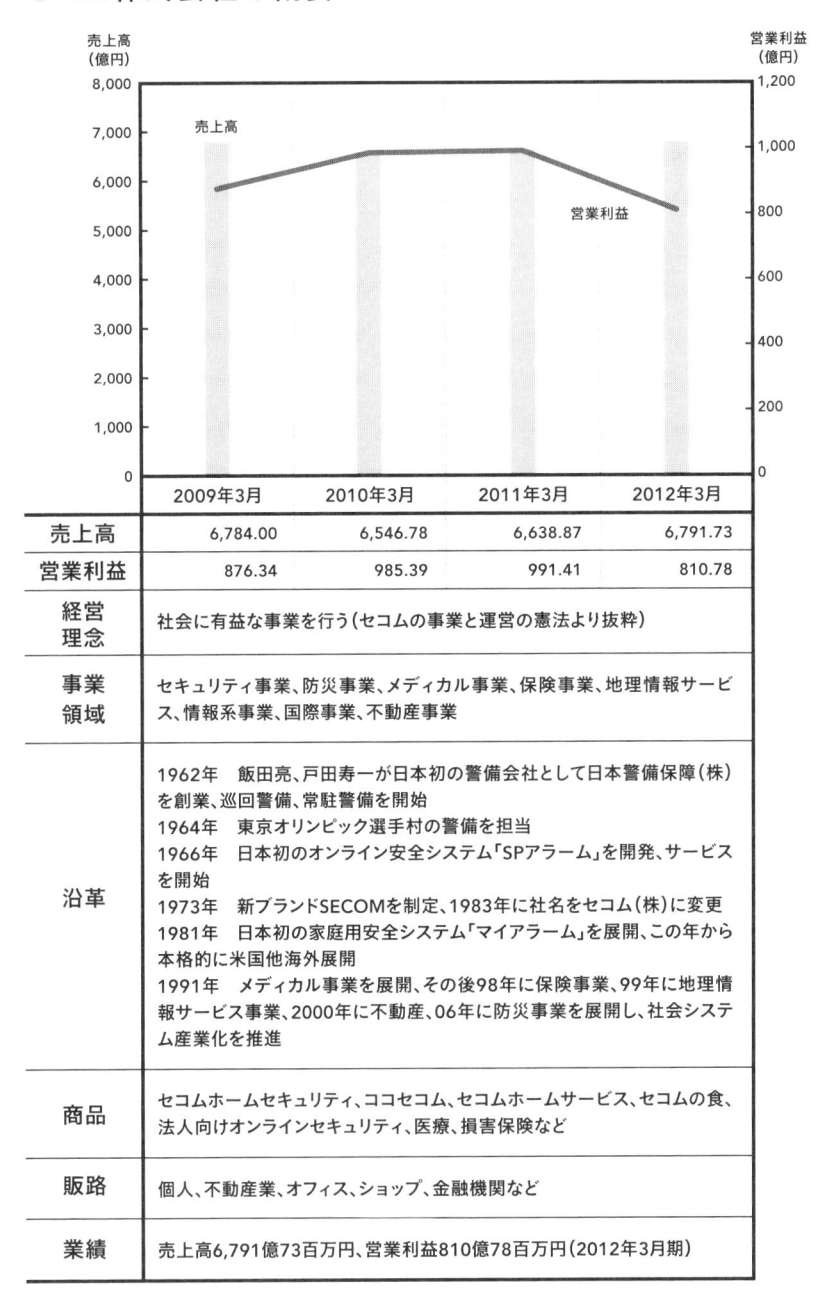

| | 2009年3月 | 2010年3月 | 2011年3月 | 2012年3月 |
|---|---|---|---|---|
| 売上高 | 6,784.00 | 6,546.78 | 6,638.87 | 6,791.73 |
| 営業利益 | 876.34 | 985.39 | 991.41 | 810.78 |

|  |  |
|---|---|
| 経営理念 | 社会に有益な事業を行う(セコムの事業と運営の憲法より抜粋) |
| 事業領域 | セキュリティ事業、防災事業、メディカル事業、保険事業、地理情報サービス、情報系事業、国際事業、不動産事業 |
| 沿革 | 1962年　飯田亮、戸田寿一が日本初の警備会社として日本警備保障(株)を創業、巡回警備、常駐警備を開始<br>1964年　東京オリンピック選手村の警備を担当<br>1966年　日本初のオンライン安全システム「SPアラーム」を開発、サービスを開始<br>1973年　新ブランドSECOMを制定、1983年に社名をセコム(株)に変更<br>1981年　日本初の家庭用安全システム「マイアラーム」を展開、この年から本格的に米国他海外展開<br>1991年　メディカル事業を展開、その後98年に保険事業、99年に地理情報サービス事業、2000年に不動産、06年に防災事業を展開し、社会システム産業化を推進 |
| 商品 | セコムホームセキュリティ、ココセコム、セコムホームサービス、セコムの食、法人向けオンラインセキュリティ、医療、損害保険など |
| 販路 | 個人、不動産業、オフィス、ショップ、金融機関など |
| 業績 | 売上高6,791億73百万円、営業利益810億78百万円(2012年3月期) |

## セコムのイノベーション位置付け

技術の変化はともなわないが、意味合いの劇的変化をともなう企業 / 技術の劇的変化と意味合いの劇的変化をともなう企業

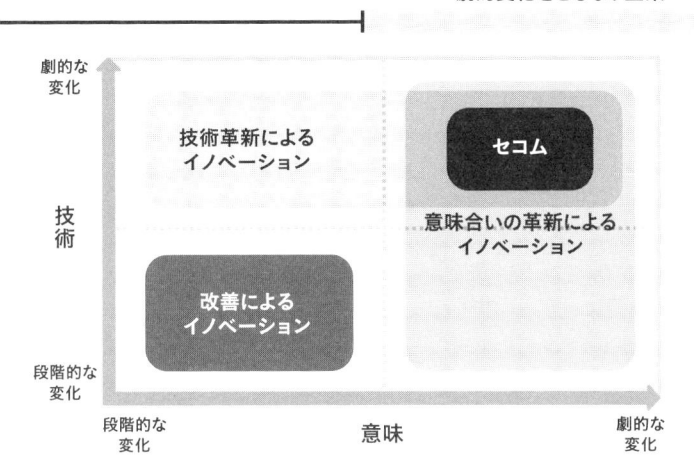

縦軸:技術(段階的な変化〜劇的な変化)、横軸:意味(段階的な変化〜劇的な変化)

- 技術革新によるイノベーション(左上)
- セコム / 意味合いの革新によるイノベーション(右上)
- 改善によるイノベーション(左下)

## セコムの意味合い革新

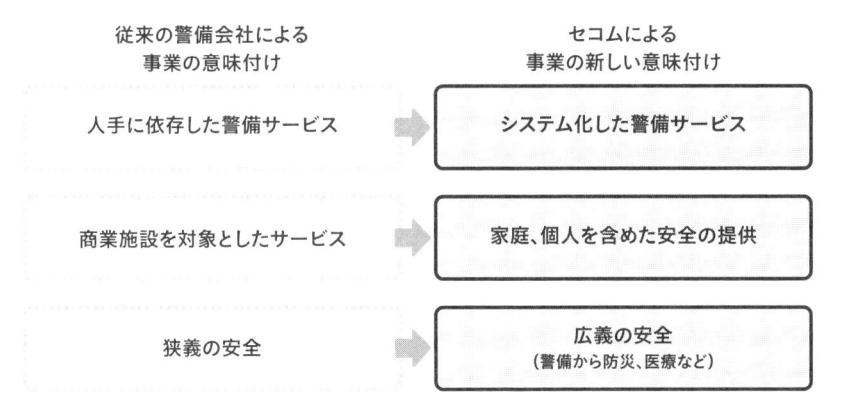

| 従来の警備会社による事業の意味付け | セコムによる事業の新しい意味付け |
| --- | --- |
| 人手に依存した警備サービス | システム化した警備サービス |
| 商業施設を対象としたサービス | 家庭、個人を含めた安全の提供 |
| 狭義の安全 | 広義の安全（警備から防災、医療など） |

▶SECOM

アメリカで鉄道事業が廃れた理由は、「自社を『鉄道事業』と定義し、近視眼的に事業を展開した結果、自動車や航空会社に敗れたから」という有名な話がある。その逆がセコムだ。自社を「警備会社」でなく「社会システム産業」とし、警備に新しい意味付けを与え、その事業領域を拡大している。主力のセキュリティサービス事業は、売上構成比を落とし（売上は伸長）、その他のサービス事業が伸長している。

CHAPTER06

CASE

## 35 エムスリー

技術と意味の劇的変化をともなう企業④

## 医師の情報収集効率を高め、製薬会社のコスト圧縮と営業活動支援を両立

1960年代から80年代にかけて、日本の医薬品市場は過度な接待や薬のダンピング販売、リベートなどが横行し、薬害が発生する弊害も生まれた。そこで90年代以降は、過度な接待を規制し、MR（製薬会社に所属する医薬情報担当者）による薬価の価格決定権の廃止などが行われてきた。だが業界の構造は、旧態依然としていた。

バブル崩壊後、日本企業は接待交際費を大幅に削減した。だが、医師と製薬会社の間では法外な接待が続けられ、接待を受ける側もそれに麻痺し、ときに強要することもある関係だった。2012年4月に製薬会社225社で構成する医療用医薬品製造販売業公正取引協議会（医薬品公取協）は、製薬会社のMRによる医師への接待に関して自主規制を強化。接待の上限金額は2万円とした。商談や打ち合わせをともなう飲食の上限も5000円。ゴルフやカラオケ、観劇やスポーツ観戦、そして二次会の費用提供や茶菓の上限は3000円。商品説明会などでの弁当は禁止された。

製薬会社のMRは、医師に対して自社の医薬品情報や適正使用情報を提供する。だが一般企業

の営業マンと違う点は、病院や医師からの医薬品関連の情報収集業務も担う点だ。日本の製薬会社のMRは、医療先進国である米国よりも多い6万人。製薬会社の営業コストの大部分をMR関連費用が占め、高コスト体質の要因となってきた。

エムスリーは、「MRを増員して医師との面談機会を増やし、利益率の高い薬を購入してもらうことで売上を増やす」というこれまで製薬会社がとってきた経営視点に疑問を持つ。そして、製薬会社の経営コストを最適化することに着目して、成長してきた。

エムスリーという社名は、医療（Medicine）、メディア（Media）、変革（Metamorphosis）の頭文字をとったものだ。

実は、医師が最も長い時間を使って医療情報を収集するのがインターネットで、製薬会社のMRから得ている情報比率は17％程度に過ぎない。ところが、製薬会社の営業コストの9割以上がMR関連費用なのだ。同社は、このギャップに着目して事業を開始した。

同社が手掛ける事業は次のようなものがある。

● m3.com

日本最大級の医療従事者専用サイト。各種医療ニュース、医療コラム、薬剤情報、参考文献情報などを公開している。医師にとって貴重な情報交流の場であり、医師のSNSにもなっている。日本の医師数は約27万人だが、同社の医師会員は10年12月時点で20万人を超える。

● MR君

診療に役立つ医療情報や薬品情報を届けるサービス。同社とm3.comを通じて契約した製薬会

▶POINT

情報は必要なときに入手できることが重要で、入手したい時間は日中とは限らない。顧客の事情を正確に把握することだ。

社が、会員の医師向けに医薬品などの情報提供を行う。製薬会社はMR君に掲載料を支払えば、医師に伝えたい自社情報を医師に直接発信できる。同社は製薬会社から年間基本料7000万円で契約し、1つのメールごとに配信料を徴収して送信するという仕組みになっている。

● エムスリーキャリア

医師・薬剤師のための転職支援サービス。

以上を中心に、同社はリサーチ、医師限定掲示板、ブログ、SNS、モバイル・スマートフォンサイト、医院開業支援サイトなども手掛けている。

また同社は、生活者向けサイトも運営しており、ネットで医師に質問できるQ&Aサイト「Ask Doctors（PC&モバイル）」、女性向けヘルスケアサイト「Ask Moon女性の医学（モバイル）」、心の健康をサポートし、悩みやストレスを解消するサイト「Ask Mindココロ日記（モバイル）」がある。

製薬会社が抱える問題は、MRのコスト負担が重く、その割に情報提供に対する薬品の成約率が低く事業採算性が悪いことだ。一方で、医師・病院側には、効率良く情報収集をしたいという需要があった。エムスリーは両者の事情を正確に把握し、事業を開始した。

高額な契約金額や利用料にもかかわらず、同社の事業が順調に運営できている理由は、①相当数の医師が同社の会員になっていること、②MRに比べて医師の情報接触率が高いこと、③同社のようなビジネスを展開している企業が他にないことだ。

## エムスリー株式会社の概要

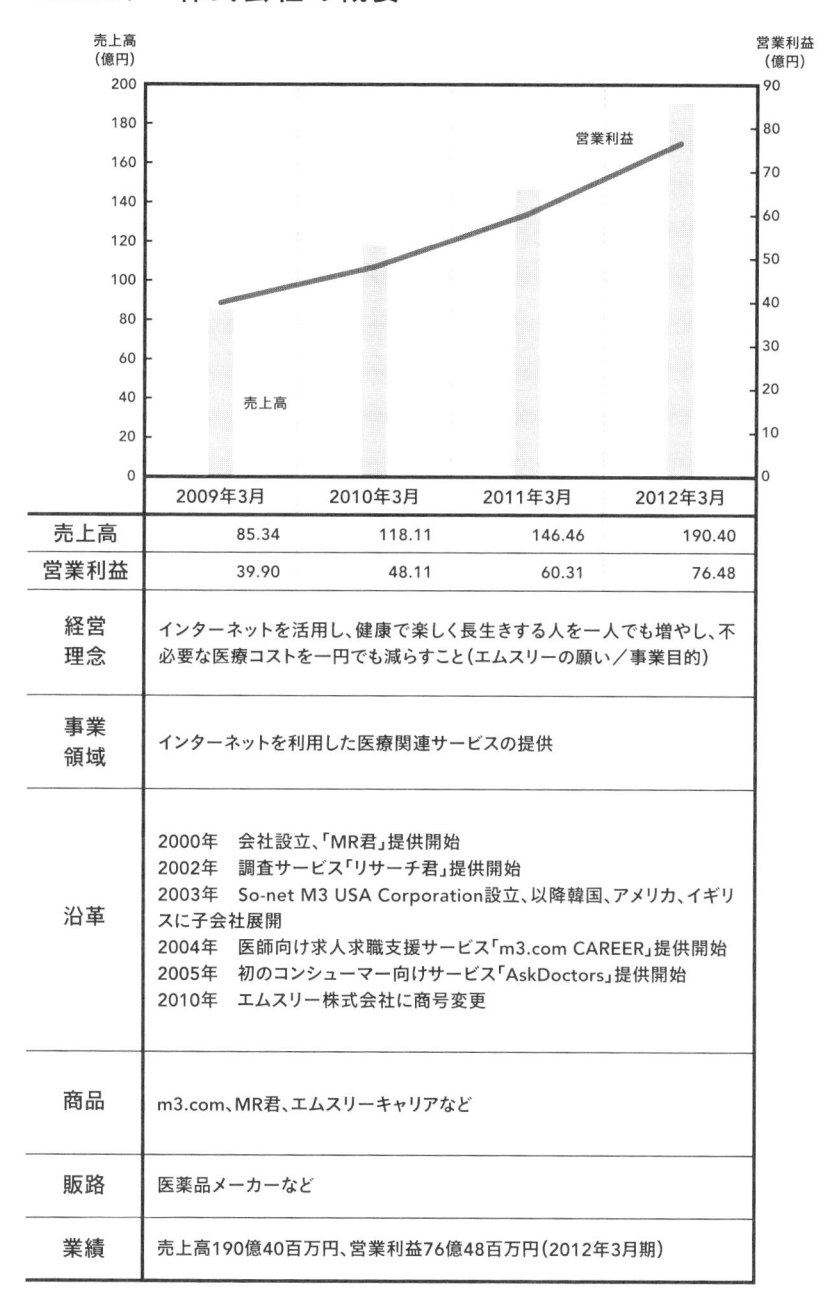

| | 2009年3月 | 2010年3月 | 2011年3月 | 2012年3月 |
|---|---|---|---|---|
| 売上高 | 85.34 | 118.11 | 146.46 | 190.40 |
| 営業利益 | 39.90 | 48.11 | 60.31 | 76.48 |

| | |
|---|---|
| 経営理念 | インターネットを活用し、健康で楽しく長生きする人を一人でも増やし、不必要な医療コストを一円でも減らすこと（エムスリーの願い／事業目的） |
| 事業領域 | インターネットを利用した医療関連サービスの提供 |
| 沿革 | 2000年　会社設立、「MR君」提供開始<br>2002年　調査サービス「リサーチ君」提供開始<br>2003年　So-net M3 USA Corporation設立、以降韓国、アメリカ、イギリスに子会社展開<br>2004年　医師向け求人求職支援サービス「m3.com CAREER」提供開始<br>2005年　初のコンシューマー向けサービス「AskDoctors」提供開始<br>2010年　エムスリー株式会社に商号変更 |
| 商品 | m3.com、MR君、エムスリーキャリアなど |
| 販路 | 医薬品メーカーなど |
| 業績 | 売上高190億40百万円、営業利益76億48百万円（2012年3月期） |

## エムスリーのイノベーション位置付け

技術の変化はともなわないが、意味合いの劇的変化をともなう企業

技術の劇的変化と意味合いの劇的変化をともなう企業

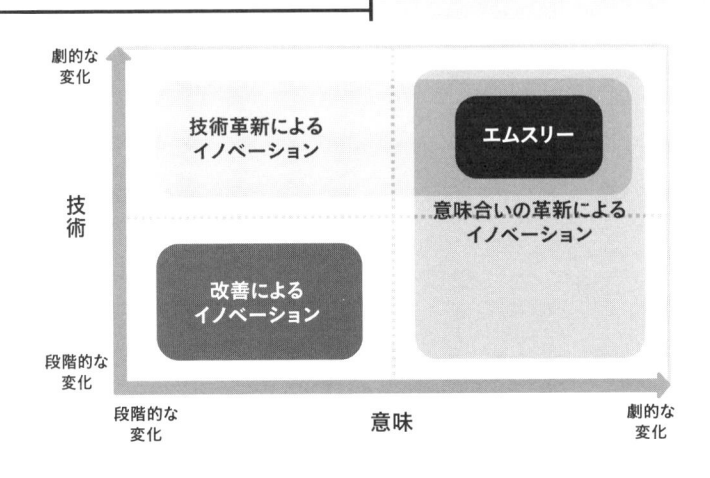

```
技術
 ↑
劇的な変化
         技術革新による        エムスリー
         イノベーション
                          意味合いの革新による
                          イノベーション
         改善による
         イノベーション
段階的な変化
         段階的な変化    意味    劇的な変化 →
```

## エムスリーの意味合い革新

| 従来の医薬品メーカーによる MRの意味付け | エムスリーによる 事業の新しい意味付け |
|---|---|
| 自社医薬品の他、関連医薬品の情報提供 | → 医薬品情報全般および医師に役立つ情報提供 |
| 医療従事者から自社の医薬品の効果や安全性情報を収集し、その結果のフィードバック | → ネットを介した医師との双方向コミュニケーション |
| 対面による人的ネットワーク形成 | → ネット経由で時間と場所を選ばずに情報を提供 |

▶M3

「営業活動がネットに置き換わる」ことは、ネットが普及し始めた1990年代後半には想像もできなかったことだ。同社調査によると製薬会社のMRとエムスリーのMR君併用が一番営業効果が大きいということだが、医療の世界のみならず他業界でもこのイノベーションが始まるだろう。医療専業広告代理店も少なからず影響を受けるだろう。劇的な変化をともなうイノベーションではこのように異業種間の競争が見られる。

CHAPTER

# 07

## マーケティング3.0時代の新戦略

・MARKETING3.0

## CHAPTER07
## マーケティングは進化を続ける

・MARKETING3.0

## 何が企業をマーケティング3.0に向かわせているのか

商品間の違いが希薄化する時代にあって、「技術力の高い商品」によって顧客を満足させ、「顧客の声に耳を傾ける企業」でいるだけでは、生活者から継続購入という信任投票を受けられない。企業は商品力やサービス力による価値観に加えて、企業が持つ価値観、存在意義、事業を通じて行う社会貢献などの企業価値がともなって、本当に信任される時代が始まったからだ。

コトラーは企業がマーケティングを実践するガイドラインとして、「製品の説明」と「企業と製品のポジショニング」に加え、「企業のミッション・ビジョン・価値」が必要になったと指摘する。こうした取り組みの結果として、企業は顧客から信任を受け、企業と商品に対するロイヤルティ（忠誠心）が向上し、ブランド力も高まっていくというプロセスになる。

「参加の時代」「グローバル化の逆説（パラドックス）の時代」「クリエイティブの時代」という3つの時代の力が生活者を協働志向、文化志向、精神重視に変えている。それを受けてマーケティングには、「協働マーケティング」「文化マーケティング」「スピリチュアル・マーケティング」の3つが必要になった。この3つが融合したものが、「マーケティング3.0」である。

## 1 協働マーケティング（価値共創のマーケティング）

ソーシャルメディアの登場で、「参加の時代」が到来した。ブログ、ツイッター、ユーチューブ、フェイスブックの登場で、個人が社会に向けて発言でき、相互にコミュニケーションを図れるようになった。こうした表現型ソーシャルメディアと、ウィキペディアのように誰もが編集に参加できる協働型ソーシャルメディアによって、生活者が主体的に参加できる社会になった。

これまで企業は、自社の商品やサービスを開発し、あるいは改良改善を行う際に、顧客となる生活者には定量調査や定性調査を通じて、その声を聴いてきた。

だがソーシャルメディアによる「参加の時代」には、単に顧客の声を聴くだけでは終わらない。自社の事業に積極的に参画してもらう「協働マーケティング」が可能になり、また企業と顧客が協働することが必要になった。既存商品を改良改善する持続的イノベーションが必要なビジネスを展開する企業では、すでにこの取り組みを始めている。

## 2 文化マーケティング（地域に根ざした企業文化や独自の企業文化によるマーケティング）

社会がグローバル化することで生じる逆説について、コトラーは次の3点を指摘している。

● 経済はグローバル化しても政治は国単位で行われるため、政治は開放されない。グローバル経済はグローバル化する中国だが、同国に民主主義は未だ成立していない。

● グローバル化は経済的な統合を推進するが、平等な経済にはならず、富の分配に関して不平等を起こしている。貧しい国と国民が存在する反面、従来考えられなかったような富豪が誕生していることがいい例だ。

● グローバル化は世界共通の文化を生み出す一方で、地元の伝統的文化を目覚めさせ、地球の市民でありつつローカルの市民でもあるという矛盾が顕在化した。こうした逆説が貧困や不公正、環境問題、地域社会への責任などへの関心を高めることになる。

以上の3点により、望まれないグローバル文化を広げる存在として、グローバル企業やグローバルブランドに反発したり抵抗を示したりする人たちが生まれる。これを回避するには、世界をより良い場所にする役割を担うブランドが必要であり、これを「文化マーケティング」と呼ぶ。

「文化マーケティング」は企業が行う国や地域への社会貢献性、自社の存在意義として地域を重視し地域の文化に根ざした活動により、共感される企業や商品を目指す。

3 スピリチュアル・マーケティング（感動のマーケティング）

人類がする仕事は、「肉体を使う仕事」から「左脳を使うホワイトカラーの仕事」、そして「右脳を使う創造的（クリエイティブ）な仕事」へと進化してきた。先進国では「右脳を使う創造的な仕事」をする人たちが経済を牽引し、高い成長を遂げている。

「右脳を使う創造的な仕事」をする人たちが増え、生活者は物質的充足だけでなく、精神的な充足（豊かさ）を与えてくれる企業活動やビジネスモデル、商品、サービスによる経験、意味付けを求めるようになる。これがクリエイティブの時代の「スピリチュアル・マーケティング」だ。

こうした中、企業も精神的動機付けを付与するため、企業のミッションやビジョン、企業の存在意義と企業価値を企業の文化に組み込む取り組みを始めた。企業がその事業を通じて人の幸せに貢献すれば、売上と収益はついてくるからだ。これは人の心に訴えるマーケティングである。

CHAPTER07 マーケティング3.0時代の新戦略

CASE 36
Ryohin Keikaku

## 価値共創のマーケティング① 良品計画の無印良品

メーカーは顧客に販売することには熱心だが、組織小売業などの販路でセルフ販売している企業では、どんな顧客が購入しているのか正確に把握できずにいる。そのため生活者を理解するために多大な調査費を費やし、ニーズを探る努力をする。しかし、この方法ではいつまでたっても企業と顧客との間に絆は生まれず、顧客の声を事業や商品づくりに反映できない。

### 顧客の声に耳を傾け、顧客との共創関係をつくり出す

ネットとソーシャルメディアを活用し、顧客との共創関係をつくり上げ、O2O（オンライン・ツー・オフライン）で支持を集める企業がある。良品計画の無印良品だ。

無印良品は、西友のPBとして1980年に誕生（その後、西友から独立）。セゾングループ元代表の堤清二氏とクリエイティブディレクターの故田中一光氏により、既存ブランドに対抗する新しい概念を掲げた。「わけあって、安い」をスローガンに、衣料品から生活雑貨、食品から家具、そして住宅までもと商品範囲の広いスタイルストアとして、その優位性を発揮。同社は研ぎ澄まされたシンプルさを商品企画の背景に置き、幅広い顧客層に支持されている。

2001年、同社は顧客と相互にコミュニケーションを図りながら、生活者視点で商品開発を

> POINT
> 
> 今は、ソーシャルメディアを活用し、自ら進んで顧客の声を聞き、顧客の理解を深め、顧客の声を事業に反映する時代だ。

進めるために、「モノづくりコミュニティー」をサイト上に開設する。

コミュニティサイトでの流れは、まず顧客にMUJI.netメンバーに登録してもらい、顧客が持つアイデアを投稿してもらう。そして同社は、プロジェクトの進捗状況を会員に知らせ、その後購入予約をしてもらう。予約が一定数を超えると商品化する、というプロセスと仕組みによってスタートした。この取り組みによって、「体にフィットするソファ」「壁棚」「持ち運びできるあかり」といったヒット商品が誕生していく。

無印良品のコンセプトは守りながら、生活者視点を加味した商品開発を行うわけだ。この取り組みによって、「体にフィットするソファ」「壁棚」「持ち運びできるあかり」といったヒット商品が誕生していく。

同社は顧客との共創関係をさらに高度化するため、09年に「くらしの良品研究所」というサイトを開設。無印良品が重視しているテーマやコラムによってサイトをつくり、生活者の感想や意見を始めとするやり取りを通じて、双方向コミュニケーションを図っていく。

同サイトでは、「生活者と協働しながら、良品である理由を常に点検し、新しい素材開発やライフスタイルなどにも目を向けていく」と表明し、寄せられた顧客の声とその声に対する同社の対応、さらには商品化された結果まで掲示する。

同社は09年にツイッター、10年からはフェイスブックの運用を開始。これまで以上に顧客に近づき、相互に絆を強くする関係構築を目指している。同社は他社にない新技術の商品や低価格を売り物にするブランドではないため、企業の顔が顧客に見えるコミュニケーションを重視した。

その結果、同社には年間に17万件（12年時点）におよぶ顧客の声が集まるようになる。

生活者と同社との共創により、素材や機能、デザインなどをはじめとする商品の高度化や改良改善、生活者ならではの知恵や使い勝手を商品企画に取り入れ、無印良品は顧客のブランドとして進化していく。

SNSや同社サイトを通じて顧客との対話を行い、商品開発をはじめとして、同社の事業に顧客の声を生かしていくことが、愛されるブランドになるには必要だと考えているようだ。

同社では"B with C"という言葉が登場する。これは生活者に単にモノを販売するだけではなく、「生活者や社会のために企業としてともに何を行っていくか」という共創概念の視点で事業に取り組む必要性を表現したものだ。

送り手が一方的に発言するマスメディアの時代は終わり、ブログやSNS、ツイッターに代表されるソーシャルメディアの登場により、顧客も企業に発言し、企業は顧客の声に耳を傾けて事業を進めることが可能になった。自ら進んで顧客の声を聞き、顧客の理解を深め、顧客の声を事業に反映するブランドと企業が選ばれる時代だ。

無印良品は、日常の暮らしに密着した商品企画と商品構成から成り立っている。同社サイト「くらしの良品研究所」を覗いてみれば、商品に対する顧客の指摘や提案に正面から取り組んでいることが誰の目にも伝わる。顧客は単に売りつける相手ではなく、また不満を口にするだけの存在ではない。

無印良品は顧客との関係強化の重要性と、生活実感に基づく顧客からの指摘の価値に気づき、価値共創のマーケティングをいち早く展開している。

## 株式会社 良品計画の概要

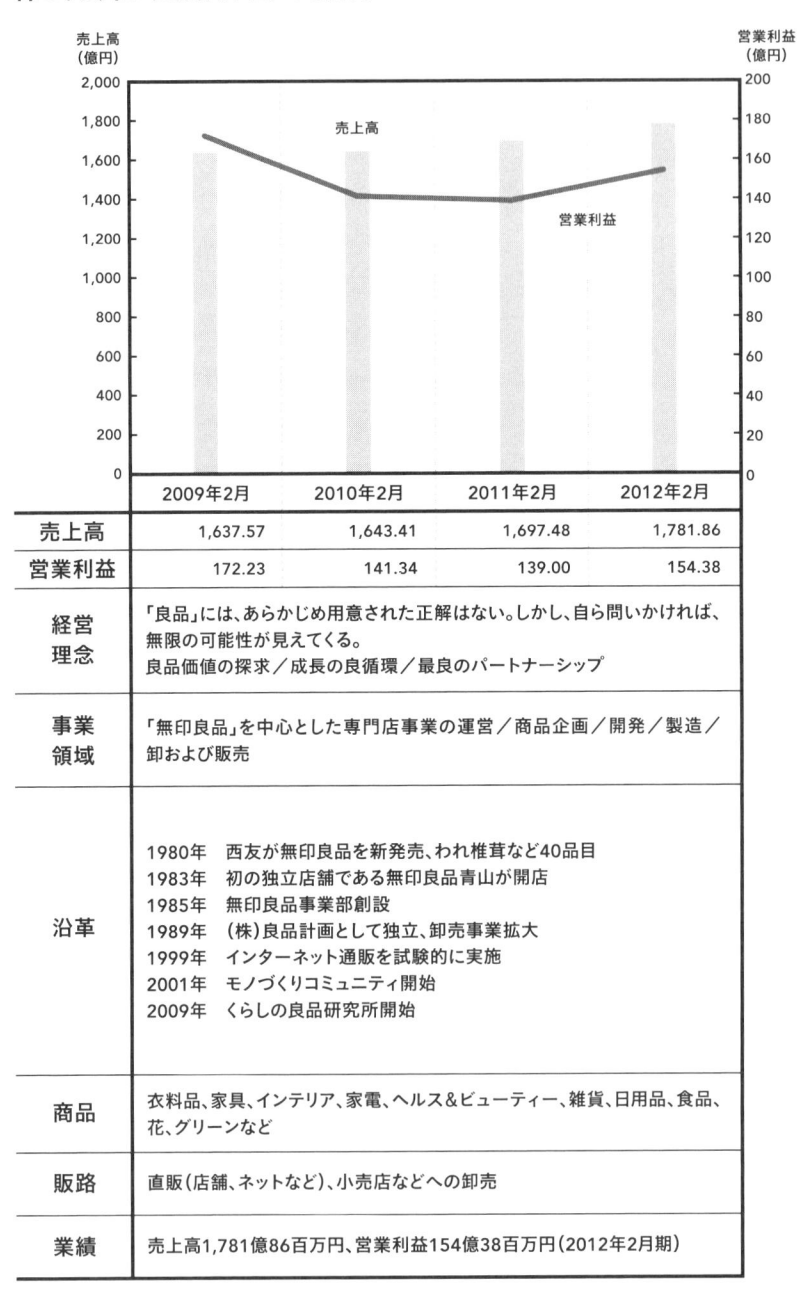

売上高（億円） / 営業利益（億円）

| | 2009年2月 | 2010年2月 | 2011年2月 | 2012年2月 |
|---|---|---|---|---|
| 売上高 | 1,637.57 | 1,643.41 | 1,697.48 | 1,781.86 |
| 営業利益 | 172.23 | 141.34 | 139.00 | 154.38 |
| 経営理念 | 「良品」には、あらかじめ用意された正解はない。しかし、自ら問いかければ、無限の可能性が見えてくる。<br>良品価値の探求／成長の良循環／最良のパートナーシップ ||||
| 事業領域 | 「無印良品」を中心とした専門店事業の運営／商品企画／開発／製造／卸および販売 ||||
| 沿革 | 1980年　西友が無印良品を新発売、われ椎茸など40品目<br>1983年　初の独立店舗である無印良品青山が開店<br>1985年　無印良品事業部創設<br>1989年　(株)良品計画として独立、卸売事業拡大<br>1999年　インターネット通販を試験的に実施<br>2001年　モノづくりコミュニティ開始<br>2009年　くらしの良品研究所開始 ||||
| 商品 | 衣料品、家具、インテリア、家電、ヘルス＆ビューティー、雑貨、日用品、食品、花、グリーンなど ||||
| 販路 | 直販(店舗、ネットなど)、小売店などへの卸売 ||||
| 業績 | 売上高1,781億86百万円、営業利益154億38百万円(2012年2月期) ||||

## 良品計画のマーケティング3.0位置付け

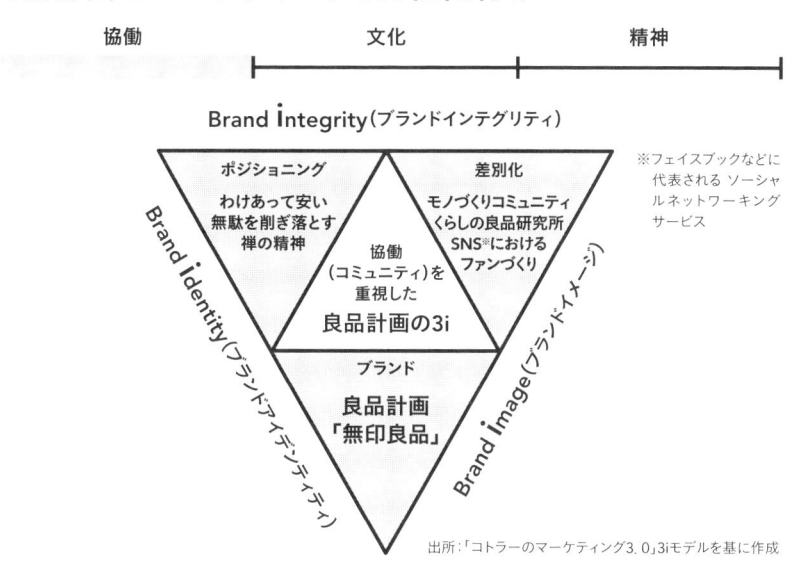

```
　　協働　　│　　　　文化　　　　│　　精神
```

Brand Identity(ブランドアイデンティティ)／Brand Image(ブランドイメージ)

- ポジショニング: わけあって安い　無駄を削ぎ落とす禅の精神
- 差別化: モノづくりコミュニティ　くらしの良品研究所　SNS※におけるファンづくり
- 協働(コミュニティ)を重視した 良品計画の3i
- ブランド: 良品計画「無印良品」

※フェイスブックなどに代表されるソーシャルネットワーキングサービス

出所:「コトラーのマーケティング3.0」3iモデルを基に作成

## 良品計画のマーケティング3.0に向けた変遷

**マーケティング1.0　製品中心マーケティング**
西友のPB(プライベートブランド)として「無印良品」を立ち上げ。当初は40品目で安くて、品質の良い商品の提供。

↓

**マーケティング2.0　生活者志向マーケティング**
直営店の展開と商品カテゴリー拡大による無印良品のライフスタイル提案。

↓

**マーケティング3.0　価値主導マーケティング**
ソーシャルネットワーキングサービス上の双方向コミュニケーションによる生活者との関係性強化、モノづくりコミュニティ、くらしの良品研究所による生活者の声を活かした商品開発。

▶Ryohin Keikaku

西友のPBとしてブランドを否定することからブランドが誕生した稀有な事例の無印良品。無駄を削ぎ落としたライフスタイルの提案は海外でも評価を受け、グローバルブランド化に成功。ソーシャル・ネットワーキング・サービスの活用で英語による情報発信はもちろんのこと、各国支社の現地言語でも展開。無印良品ファンのコミュニティが世界規模で立ち上がる。コミュニティの声を商品開発に活かし、さらなる無印良品ファン化を推進。

CHAPTER07

CASE

## 37 価値共創のマーケティング② レゴ

The LEGO Group

## 熱烈な顧客層を味方につけて商品開発に参画してもらう

国も企業も、ネット上から自社のサイトやシステムに侵入するサイバー攻撃から身を守るために、多額の費用を投じてその侵入や攻撃を防ぐ手立てを講じている。

ところがハッカーに自社の制御ソフトに使用されているプログラムのソースコードを公開して、自由にソフトウェアに手が加えられるようにし、さらに商品開発に顧客が積極的に参画できる仕組みを盛り込んで自社の強みにした企業がある。レゴだ。

同社は1932年に創業、本社は人口560万人のデンマークにある。プラスチック製のレゴブロックは49年に発売されるが当初はまったく売れなかった。だが66年のトレインシリーズがヒットし、99年のスターウォーズシリーズによりファンがいっきに拡大していく。

レゴの売上はおよそ1000億円で、世界第6位の玩具メーカーの地位にある。4億人以上の顧客基盤を世界に持つグローバル企業だ。税引き前利益率は24・8％（2009年12月期時点）と、高収益企業でもある。

同社が顧客との共創関係の重要性に気付く契機は、98年発売の「レゴ マインドストーム」だ。

マインドストーム（以下MS）は、教育用ロボットとして米国のMIT（マサチューセッツ工科大学）と共同開発され、マイクロコンピュータを搭載した組み立てキットによる自律型ロボットだ。

MSが発売されて間もなく、MSを作動させるソフトウエアにハッカーが着目し、プログラムコードを解読してネット上に公開する事件が起きる。コードがわかれば、コンピュータプログラムに素養のある人なら、ソフトウエアを書き換えることが可能になる。自分たち流にMSを動かせるプログラムが、ネット上に公開されてしまったわけだ。

当初同社の経営陣は、セキュリティを強化して改ざんできないようにしようとも考えた。だが彼らが最終的に選んだ方法は、プログラムのコードを公開。さらに、「ソフトを改良してもよい権利」までライセンスに盛り込んで完成させてしまう。というのも、同商品は開発から完成までに3名の同社開発者が7年の歳月をかけて完成させたのに対し、900人以上のハッカーの手により短期間にプログラムが書き換えられ改良されたからだ。

同社はプログラムコードを公開するだけに留まらず、改良したソフトで動くMSをユーザーどうしで発表できる大会を開催。MSの愛好者が集まる場にはレゴの社員も参加して、交流するようにした。このような斬新な発想と同社の取り組みによりユーザーが拡大し、MSは累計で約100万セットという過去最大のヒット商品に成長する。

これを契機に、同社ではブロックの商品開発に対して、積極的に顧客に参画してもらうビジネスモデルに転換する。

▶POINT
ハッカーを味方に付けて彼らのノウハウを活用したように、敵をつくらず、すべての人をサポーターに変える視点を学ぼう。

同社は「レゴ・ファクトリー（その後、デザイン・バイ・ミーという名に変更。現在は中止）」という同社サイトの中に、「デジタルデザイナー」という3次元のデザインソフトを開発。レゴのファンが、自由に好きなレゴのデザインをパソコン内でつくれる環境を無料で用意する。

さらに、顧客がデザインした商品の中から、最優秀作品は実際に商品化。企画デザインを行った顧客には、売上の一部を提供。商品パッケージには、発案した顧客の名前と顔写真を掲載する。

このように、顧客が積極的に参加してくれるようなさまざまな工夫を凝らしている。

またレゴのファン同士が積極的に交流してもらえるように、同社サイト上に設けられたレゴクラブの中で、クラブメンバーが自分のホームページを簡単につくれるようにもなっている。

同社は顧客参加による共創型事業をさらに進化させ、日本でレゴCUUSOO（レゴ社とエレファントデザイン社が共同で運用）という会員制ネットサイトを立ち上げた。ここでは会員が新しいレゴの商品企画を考えて提案し、他の1000名以上の会員から購入したいという投票があると商品化されるという仕組みだ。

レゴCUUSOOからは、フリーデザイナーの永橋渉氏の企画による有人潜水調査船の「しんかい6500」が、第1号商品として発売されている。

レゴはサイト上で顧客がデザインした商品の中で、優れたものを商品化するという仕組みをつくり上げた。**社内の力だけでなく、同社の熱烈なファンが持つ知恵を商品開発に組み込み、魅力ある商品づくりに成功しただけでなく、自社と顧客との関係を強化することにも成功している熱烈な顧客層を味方につけるマーケティングだ。**

268

## レゴグループの概要

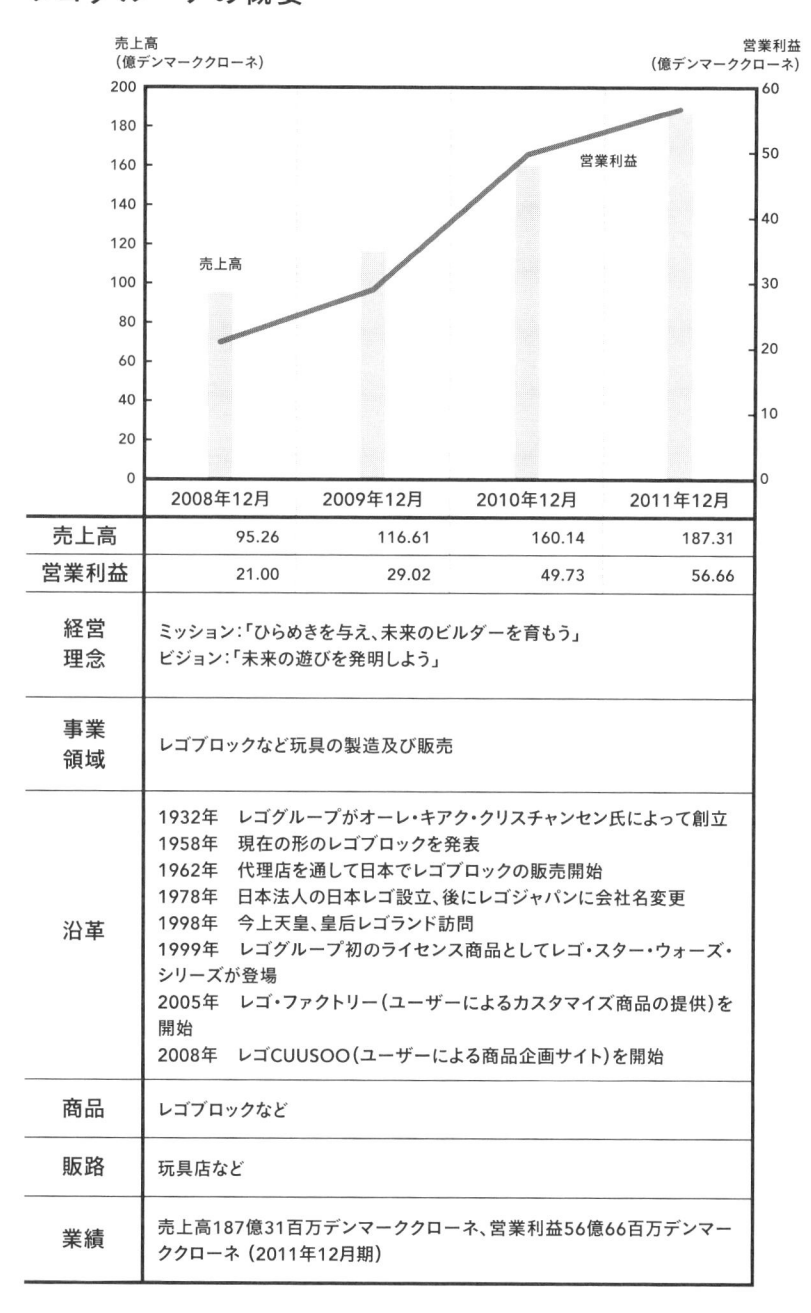

売上高
（億デンマーククローネ）

営業利益
（億デンマーククローネ）

|  | 2008年12月 | 2009年12月 | 2010年12月 | 2011年12月 |
|---|---|---|---|---|
| 売上高 | 95.26 | 116.61 | 160.14 | 187.31 |
| 営業利益 | 21.00 | 29.02 | 49.73 | 56.66 |

| 経営理念 | ミッション：「ひらめきを与え、未来のビルダーを育もう」<br>ビジョン：「未来の遊びを発明しよう」 |
|---|---|
| 事業領域 | レゴブロックなど玩具の製造及び販売 |
| 沿革 | 1932年　レゴグループがオーレ・キアク・クリスチャンセン氏によって創立<br>1958年　現在の形のレゴブロックを発表<br>1962年　代理店を通して日本でレゴブロックの販売開始<br>1978年　日本法人の日本レゴ設立、後にレゴジャパンに会社名変更<br>1998年　今上天皇、皇后レゴランド訪問<br>1999年　レゴグループ初のライセンス商品としてレゴ・スター・ウォーズ・シリーズが登場<br>2005年　レゴ・ファクトリー（ユーザーによるカスタマイズ商品の提供）を開始<br>2008年　レゴCUUSOO（ユーザーによる商品企画サイト）を開始 |
| 商品 | レゴブロックなど |
| 販路 | 玩具店など |
| 業績 | 売上高187億31百万デンマーククローネ、営業利益56億66百万デンマーククローネ（2011年12月期） |

## レゴのマーケティング3.0位置付け

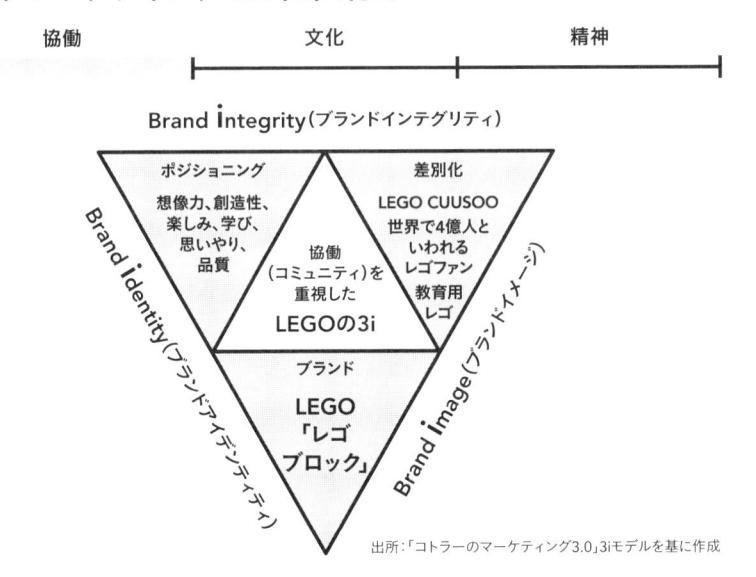

協働 ｜ 文化 ｜ 精神

Brand integrity（ブランドインテグリティ）

- ポジショニング
  - 想像力、創造性、楽しみ、学び、思いやり、品質
- 差別化
  - LEGO CUUSOO
  - 世界で4億人といわれるレゴファン
  - 教育用レゴ
- 協働（コミュニティ）を重視したLEGOの3i
- ブランド
  - LEGO「レゴブロック」

Brand identity（ブランドアイデンティティ）
Brand image（ブランドイメージ）

出所:「コトラーのマーケティング3.0」3iモデルを基に作成

## レゴのマーケティング3.0に向けた変遷

**マーケティング1.0**
製品中心マーケティング

子供向けの玩具として1949年に初のプラスチックのレゴブロックを発売。

→

**マーケティング2.0**
生活者志向マーケティング

汽車型や人形型のレゴブロック提供による顧客へのレゴブロックによる遊び方の提示。レゴランド展開によるレゴの世界観提供。

→

**マーケティング3.0**
価値主導マーケティング

世界に点在するレゴファンの声を活かしたカスタマイズ商品の展開と、レゴ認定プロフェッショナル、レゴアンバサダーなどの大人の先端ユーザーの囲い込み。学校の授業におけるレゴの活用。

▸The LEGO Group

4億人のファンが楽しみ方をサイトやユーチューブなどに投稿して楽しんでいる。そこで、レゴで育った大人が商品開発に参加する仕組みをネット上で提供。子供向けには学校の授業でレゴを活用しファンを育成。日本では3,000校以上で導入されているという。ユーザーのLTV[※]を高め、イノベーションを生む新しいマーケティングに注目したい。

※顧客生涯価値。レゴの場合は子供の教育から大人のホビーとしてのレゴブロックの提供による生涯にわたる顧客との関係構築

CHAPTER07

CASE
38

・NAGATANIEN

価値共創のマーケティング③
永谷園の永谷園生姜部

## あえてオフィシャルではない活動によって社会を巻き込む

ビジネスが成功するには、いくつかの条件が存在する。「命令されて動くのではなく、自発的に考えて動く組織として機能する」「部門間の垣根のない柔軟なメンバー構成」「自社で取り組んでいるテーマを世の中に喚起し話題にする」「顧客に参画してもらい共創する」「社員が仕事を面白がる」などがその例だ。

人件費を削減し、安価な材料に切り替え、生産工程の効率化を図り、過剰包装をやめるといったコスト削減の取り組みは短期的には効果が出ても、企業の本質的な問題解決やブレイクスルーにはならない。販売価格が下落したら、その効果は霧散するからだ。

お茶漬け海苔に代表される、誰もが知るロングセラーブランドを持ちながら、社として注目した素材に関して自発的にプロになろうと社員が取り組み、新たな市場を創造した企業がある。永谷園の生姜部だ。

永谷園は多くの女性が世代を問わず抱える冷えの悩みを和らげるため、体を温めるといわれてきた生姜を使った"冷え知らず"さんの生姜シリーズ"を2007年6月に発売する。女性向

▶POINT
商品販促ではなく、商品資源である「生姜」の効能と注目度を高めたことが、結果的に販促につながっている。

けの商品であることを考慮して、当初カップスープをコンビニエンスストア（CVS）限定で発売。初年度の売上が約4億円と社内の予想を超えたことから、同社は生姜の可能性に着目する。

生姜は昔から多くの長所があるといわれてきたが、その特徴や効用などは解明されていないことが社内で判明する。そこで生姜が持つ可能性に着目し、社員が知識を深め、その特徴を生かした商品を開発するために、「生姜部」という組織を発足させることになる。生姜部は同社の正式な部門ではない。趣味のクラブ活動的位置付けとして社内で始まり、部門や年齢、役職を超えて同志が集まった。

具体的な活動としては、生姜を知るには生姜を育てることが必要だと千葉に1500平方メートルの畑を借り、08年5月から有機栽培を開始。畑や土を選び、数種類の生姜を植えて生長過程を観察し、有機栽培のため夏場は除草を行い、収穫するといった経験を積む。

08年9月には、同社の生姜関連商品と生姜に関するレシピ情報などを提供するサイト「永谷園生姜部」を開設。ユーチューブやブログなどを活用して生姜に関する情報を提供し、「生姜に強い企業」というイメージの確立を図る取り組みを開始する。

同サイトでは、料理研究家の行正（ゆきまさ）か香氏が監修した生姜を使った動画付き料理レシピを掲載。そのすべてのつくり方は、動画で見ることができる。また「生姜部の歌」も聞ける。

この動画は、永谷園の社員がレシピに基づいて料理をつくる様子を撮影した手づくりだ。企業のサイトと違ってユーチューブを活用することで、より多くの人にレシピが広がり、また海外の人にも見てもらえるよう、動画で紹介されている材料や分量は英語表記も行っている。生姜部の

社員が自ら生姜を育て収穫するまでをレポートする「生姜部ブログ」もアップし、生姜に関する情報を徹底的に発信する。

さらに、同社は、生姜部に社外から部員を公募。書類審査と面接の入部試験に通った特別生姜部員17名は、社内生姜部員とともに、生姜の収穫、商品開発、レシピムービーへの出演といった活動を行っている。17名の社外特別生姜部員のメンバーは、男子高校生、主婦、高校の化学教師、生姜農家、産婦人科医、ヨガ・インストラクターなど多彩だ。またオンライン生姜部員は、生姜部マガジン「生姜だより」を配信し、商品モニターに参加する。

"冷え知らず"さんの生姜シリーズ"は、カップ入りスープから箱入りスープ、生姜カレー、生姜はちみつのど飴などに商品ラインを拡張。

さらに、他社とのコラボレーション・タイアップ商品として、サントリーの生姜リキュールなどが誕生。同社の新資源として成長している。これらの取り組みにより、販路もCVSからすべての小売業チャネルに拡大した。

同社は、オフィシャルでない生姜部の活動を通じて世の中に生姜を注目させ、生姜の可能性を引き出した商品をつくり、他社をも巻き込みながら新市場の創造に成功した。

# 株式会社永谷園の概要

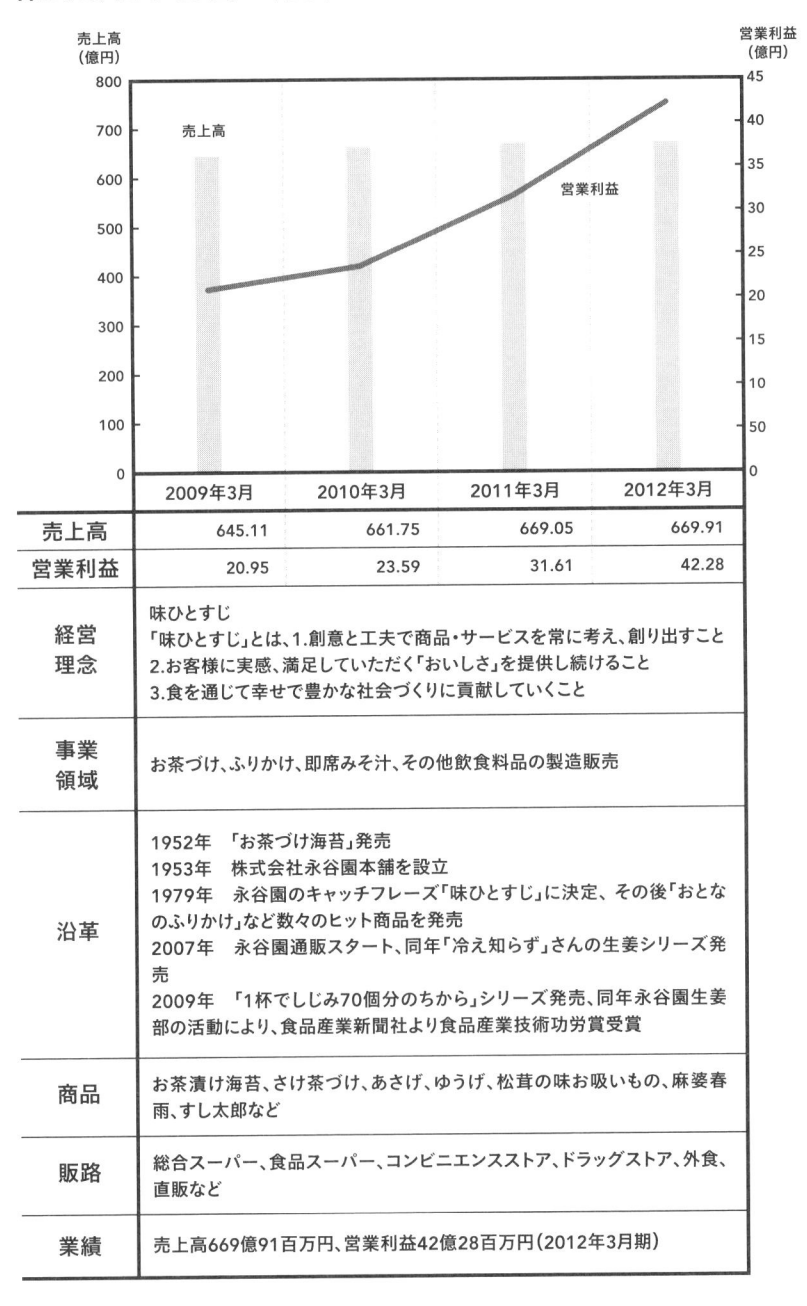

| | 2009年3月 | 2010年3月 | 2011年3月 | 2012年3月 |
|---|---|---|---|---|
| 売上高 | 645.11 | 661.75 | 669.05 | 669.91 |
| 営業利益 | 20.95 | 23.59 | 31.61 | 42.28 |

| | |
|---|---|
| 経営理念 | 味ひとすじ<br>「味ひとすじ」とは、1.創意と工夫で商品・サービスを常に考え、創り出すこと<br>2.お客様に実感、満足していただく「おいしさ」を提供し続けること<br>3.食を通じて幸せで豊かな社会づくりに貢献していくこと |
| 事業領域 | お茶づけ、ふりかけ、即席みそ汁、その他飲食料品の製造販売 |
| 沿革 | 1952年　「お茶づけ海苔」発売<br>1953年　株式会社永谷園本舗を設立<br>1979年　永谷園のキャッチフレーズ「味ひとすじ」に決定、その後「おとなのふりかけ」など数々のヒット商品を発売<br>2007年　永谷園通販スタート、同年「冷え知らず」さんの生姜シリーズ発売<br>2009年　「1杯でしじみ70個分のちから」シリーズ発売、同年永谷園生姜部の活動により、食品産業新聞社より食品産業技術功労賞受賞 |
| 商品 | お茶漬け海苔、さけ茶づけ、あさげ、ゆうげ、松茸の味お吸いもの、麻婆春雨、すし太郎など |
| 販路 | 総合スーパー、食品スーパー、コンビニエンスストア、ドラッグストア、外食、直販など |
| 業績 | 売上高669億91百万円、営業利益42億28百万円（2012年3月期） |

## 永谷園のマーケティング3.0位置付け

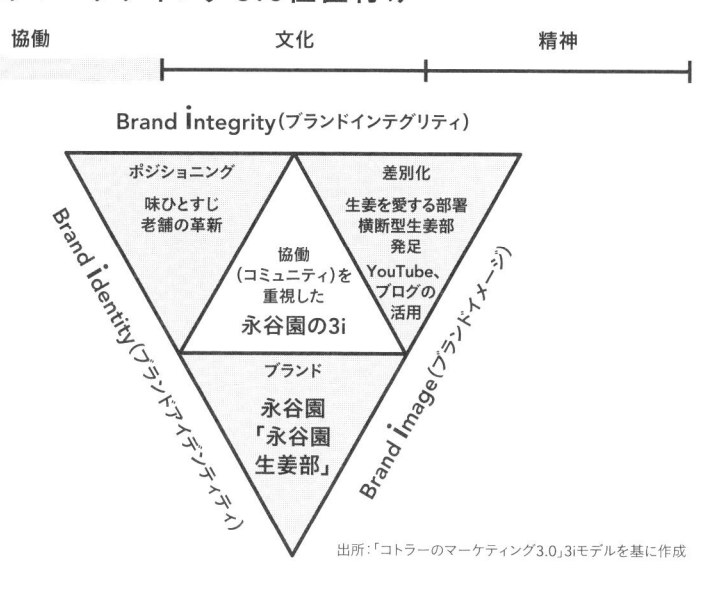

協働 | 文化 | 精神

Brand integrity(ブランドインテグリティ)

- ポジショニング
  - 味ひとすじ
  - 老舗の革新
- 差別化
  - 生姜を愛する部署
  - 横断型生姜部発足
  - YouTube、ブログの活用
- 協働(コミュニティ)を重視した永谷園の3i
- ブランド
  - 永谷園「永谷園生姜部」

Brand identity(ブランドアイデンティティ) / Brand image(ブランドイメージ)

出所:「コトラーのマーケティング3.0」3iモデルを基に作成

## 永谷園のマーケティング3.0に向けた変遷

**マーケティング1.0**
製品中心マーケティング

「お茶づけ海苔」に始まる簡便性の高い加工食品の製造販売。

**マーケティング2.0**
生活者志向マーケティング

即席みそ汁「あさげ」「ひるげ」「ゆうげ」による時間帯別マーケティングや「おとなのふりかけ」による年齢別マーケティングによる商品展開。

**マーケティング3.0**
価値主導マーケティング

社内外の生姜に関心の高い人を生姜部に集めて、生姜を使ったレシピや商品開発をYouTubeやブログで展開。生姜の試験農場を持つほか、生姜の食べ歩き、他社コラボレーションなど、販促情報だけではない情報発信

▶NAGATANIEN

生活者とのコトづくりを通した価値提供で、社内外から共感を寄せるファンに支えられる永谷園「生姜部」。前述のタニタと同様に社内に蓄積した生姜レシピを書籍化して情報発信。「生姜といえば永谷園」というイメージづくりに成功。インスタント加工食品中心の品揃えから、生姜を核にした商品展開を新たに加えることで、同社に「健康」というイメージが加わった。コミュニティによるブランディングの好例といえる。

CHAPTER07

CASE
39
モンベル

*mont-bell*

## 地域に根ざした企業文化や独自の企業文化によるマーケティング①

### モノづくりには儲けることよりも大事なことがある

売れる商品をつくりたい。その思いはどの企業も同じだが、商品開発担当者にとっては「売れること」が重圧となり、結果的に売れない商品が生まれてしまう。そうなる最大の理由は、商品開発担当者自身が欲しいと思う商品が自分にも見えなくなるためだ。

大部分の社員がアウトドアのプロであり、自分たちがつくりたいものをつくり、結果として日本発のアウトドアブランドに成長した企業がある。モンベルだ。

同社は1975年に創業し、2012年時点でのグループ全体の年商は420億円。創業者で会長の辰野勇氏は、21歳でスイスアルプスのアイガー北壁登頂に日本人で2人目に成功するほどの登山家であり冒険家だ。登山家としてのノウハウを基に、自ら登山用品メーカーをつくろうと、75年に登山仲間だった真崎文明氏（現在代表取締役社長）と増尾幸子氏の3人で登山用品メーカーのモンベルを設立する。

設立後間もなく、大手スポーツ用品メーカーから商品開発の依頼があり、ユーザー視点とノウハウを生かした商品を納入しヒットする。だがコストダウンを理由に、他社に製造を委託されて

しまう。自社ブランドを持たず、大手企業の下請け的存在だったために起きたことだ。これを契機に、同社は自社ブランドによる事業展開が必要だと痛感する。同時期に、経営には哲学が必要だとも気付き、「儲けること以上に、どう生きるか」という概念も浮上する。

設立5年後から自社商品への取り組みが本格的に始動し、同社の商品で最初にヒットするのが、登山用の寝袋だ。デュポン社が開発した通気性に優れた化学繊維を使い、水に強くて軽い上に保温性が高い寝袋を開発した。

90年に同社のブランド力を向上するため、JR大阪駅構内のGARE大阪（現在のALBi大阪駅店）に直営店を出店。この店舗を手始めに、製造だけでなく小売機能も備えることになる（13年3月時点で直営店舗数は約80店）。

卸と違い直営店では定価販売が可能な上に、一般のアウトドアショップでは取り扱わない同社商品を取り揃えることができる。この対応がアウトドアファンを共感させ、モンベルのブランド価値は向上していく。

またローカルと違い、競争が激しい大都市部では商品が安く売られるという価格格差を解消するため、全国一律に同社商品を3割値下げして値引き販売を原則として中止する。

95年に起きた阪神淡路大震災では、約2000の寝袋と数百に及ぶテントなどを支援物資として提供。多くの社員がボランティア活動に参加した。

同社では冒険家や探検家を応援する「チャレンジ支援」として、レーシングドライバーで登山家の片山右京氏や、七大陸最高峰を当時最年少記録で達成した石川直樹氏らを支援。05年には

▶POINT

その道のマニアやプロが欲しいと思うモノなら、そこに需要は存在する。自分たち自身がモニターでもあるからだ。

「モンベル・チャレンジ・アワード」を創設した。手づくりボートで大西洋を横断した中島正晃氏や、癌と闘いながら世界一周走破に挑戦しているサイクリストのシール・エミコ氏に贈賞。計画段階から彼らの活動を支援している。

さらに自然環境保護と社会福祉活動の支援を目的に、「モンベルクラブ・ファンド」を立ち上げている。このファンドの母体は、モンベルの会員組織「モンベルクラブ」。会員の年会費1500円のうち、50円相当のポイントをファンドに集める。そしてそのポイントで、世界の子どもたちを支援するNGO「セーブ・ザ・チルドレン・ジャパン」や、日本障害者カヌー協会、日本自然保護協会などに同社の商品提供などを行っている。

同社では、利潤の追求を第一の目的には置かない。「楽しいことをしている幸せは、人と比べられず、幸せを感じ続けられる」ことから、「世界一幸せな会社をつくる」ことが創業者の辰野勇氏によって標榜されている。

同社は採用活動を行わずとも、毎年400〜500人の入社希望者が、同社の門を叩くという。モンベルの価値観に共鳴し、同じ価値観を共有できる組織で働きたいという意識の高い人材が集まれば、**組織は活性化する。経営陣と同様にアウトドアのプロである社員が、自分たちが欲しい商品をつくれば、それがヒットにつながる。**

この考え方はモノをつくる企業にとって創業の原点となる発想であり、理念だと改めて気付かされる。儲けることだけを考えたモノづくりにファンは生まれず、商品寿命も短命だ。だがモンベルが開発した商品は、寿命が非常に長い。そうなる理由は述べるまでもない。

## モンベルグループの概要

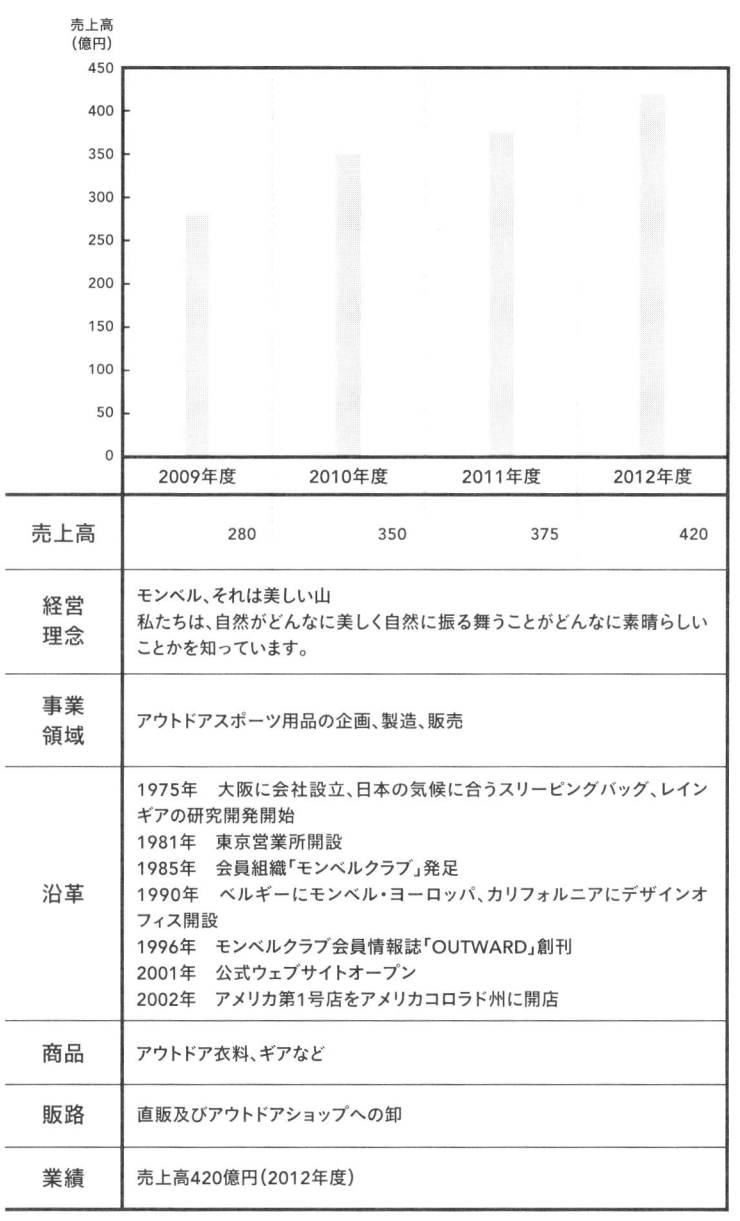

売上高(億円)

| 年度 | 2009年度 | 2010年度 | 2011年度 | 2012年度 |
|---|---|---|---|---|
| 売上高 | 280 | 350 | 375 | 420 |

| 経営理念 | モンベル、それは美しい山<br>私たちは、自然がどんなに美しく自然に振る舞うことがどんなに素晴らしいことかを知っています。 |
|---|---|
| 事業領域 | アウトドアスポーツ用品の企画、製造、販売 |
| 沿革 | 1975年　大阪に会社設立、日本の気候に合うスリーピングバッグ、レインギアの研究開発開始<br>1981年　東京営業所開設<br>1985年　会員組織「モンベルクラブ」発足<br>1990年　ベルギーにモンベル・ヨーロッパ、カリフォルニアにデザインオフィス開設<br>1996年　モンベルクラブ会員情報誌「OUTWARD」創刊<br>2001年　公式ウェブサイトオープン<br>2002年　アメリカ第1号店をアメリカコロラド州に開店 |
| 商品 | アウトドア衣料、ギアなど |
| 販路 | 直販及びアウトドアショップへの卸 |
| 業績 | 売上高420億円(2012年度) |

※モンベルグループは財務非公開のため、営業利益を割愛。売上は概算で各種サイトよりブレインゲイト収集。決算月は不明のため、年度で表示

## モンベルのマーケティング3.0位置付け

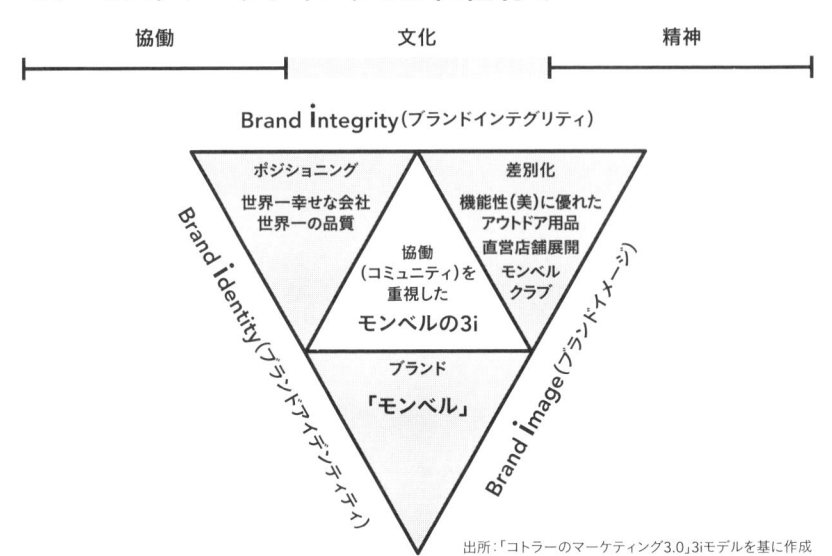

協働　　　　　　文化　　　　　　精神

Brand integrity(ブランドインテグリティ)

- ポジショニング
  - 世界一幸せな会社
  - 世界一の品質
- 差別化
  - 機能性(美)に優れたアウトドア用品
  - 直営店舗展開
  - モンベルクラブ
- 協働(コミュニティ)を重視したモンベルの3i
- ブランド「モンベル」

Brand identity(ブランドアイデンティティ)
Brand image(ブランドイメージ)

出所:「コトラーのマーケティング3.0」3iモデルを基に作成

## モンベルのマーケティング3.0に向けた変遷

**マーケティング1.0**
製品中心マーケティング

当初は下請けとして機能性の高いスリーピングバッグやレインギアの研究開発。その後、登山衣料、グッズなど商品カテゴリーの拡大。

→

**マーケティング2.0**
生活者志向マーケティング

他社商品卸からの脱却と自社ブランド商品の拡充。自社ブランドショップの直営展開。

→

**マーケティング3.0**
価値主導マーケティング

モンベルクラブによる顧客の会員組織化とアウトドアイベントツアーによる顧客との関係強化。登山・冒険家の創業者とアウトドアファン社員による「自分達が欲しいものをつくる」商品開発で社員の自社へのロイヤルティ向上。

▸mont-bell

登山家、冒険家として豊富なキャリアをもつ創業者のアウトドア用品にかける想い。そこに共感する社員および顧客がファン化して日本屈指のアウトドアブランドに育ったモンベル。強いブランド力を発揮する企業の条件として、「社員に自社製品のファンがどれだけ存在するか?」という問いがある。同社の強みは社員が、1ユーザーとして自分たちが使う商品開発に主体的に関わっている点だ。その想いは顧客にもきっと届く。

CHAPTER07

CASE 40

Ina Food Industry

## 伊那食品工業

### 地域に根ざした企業文化や独自の企業文化によるマーケティング②

20世紀における企業経営の価値観は、「規模の拡大」「売上高の追求」「ナンバーワン」「上場を目指す」「米国型経営」が主流だった。そしてバブル崩壊後、多くの日本企業はリストラクチャリングの本来の意味である「再構築」を逸脱した。すなわち人員整理や解雇によって正社員の数を減らし、非正規雇用者を増やしていった。日本企業の特徴だった終身雇用制度が崩れ始め、企業に働く人材は転職を繰り返し、労使双方に不信が広がっていった。

### あえて売上の数値目標を設定しないことで持続的な成長を実現

「どれだけ企業が儲けていても、社員が貧しく、社会に失業者が溢れていては意味がない。エブリデイ・ロープライスを掲げる世界一の小売業が米国にあるが、従業員の10％近くが生活保護を受けている。これはいったいどういうことだ」。伊那食品工業の塚越寛社長は、メディアの取材にこう語っている。同社は、日本の多くの大企業が選んできた経営とは対照的な経営視点で、好業績を続けている。

同社は1958年創業。長野県伊那市に本社を置く非上場企業で、寒天のトップメーカーだ。年商は173億円（2011年実績）、社員数は433名（12年7月現在）。毎年利益の10％をR

▶POINT

単に経営数字が良いだけでは、良い企業とはいえない。社員の物心両面での幸せがその企業の継続性と発展を支える。

&D（研究開発）に振り向ける。食品メーカーはもとより、外食、医薬品、化粧品などにも取引先を持ち、80年から業務用に加え家庭用市場にも進出。「かんてんぱぱ」という家庭用ブランドにより、デザートゼリー、海藻サラダ、スープなど寒天を使用した商品を販売している。

同社の社是は、「いい会社をつくりましょう 〜たくましく そして やさしく〜」だ。この企業が優良企業として成長を続ける要素は、すべてこの社是の中に込められている。

「企業とは単に経営上の数字が良いだけでなく、そうなることがすべての人たちの幸せにつながる。すべての人たちから企業が永続する人々の幸せに寄与し、社員が精神と物質の両面でよりいっそう幸せを感じて企業が永続できれば、環境整備、雇用、納税、メセナなどさまざまな分野で社会に貢献できる。それゆえ売上や利益の大きさよりも、企業として常に輝きながら永続することに努める」。これが同社の考え方だ。

同社が「年輪経営」という名を掲げて、推進する経営のポイントは3つある。

1 商品を売りすぎない

一部の商品を除いて、同社の一般家庭用商品は直営店か通信販売で販売している。無理をせずに生産し、販売量を自社で最適にコントロールし、自社のペースで生産を徐々に増やしていく。

2 商品を廃番にしない

商品を求める顧客がいる限り、商品を廃番にしない。可能な限り生産を続けて、ロングセラーを目指す。

3 売上の数値目標を設定しない

売上の数値目標を設定せず、結果として前年を上回ればいい。人口が増えないこの国で、食品業界の市場には自ずと限界がある。「売上増は成長した証ではなく、他社から市場を奪っているに過ぎない。成長を急がず、ゆっくり確実に成長し、急成長させない」ことも同社の特徴だ。

同社の考える「成長」の定義が、「企業が適正な利益を生み、その利益が正しく投資され、また社内に還元されれば人は『成長した』と実感できる」ということだ。社員全体の幸福度の総和が大きくなれば、同社は成長していると認識している。

伊那食品工業では、次のような手厚い福利厚生策がとられている。

● 1日2回おやつ休憩があり、1カ月当たり500円のおやつ手当を支給
● 給与体系は年功序列による終身雇用
● 定年後に希望すれば、自社農園の「ぱぱな農園」で再雇用
● 社員旅行制度があり、2年に1回は海外に出掛け、補助金として9万円を支給
● 自宅の駐車場に屋根をつける際には、7万円の補助金を支給
● 冬期のクルマ通勤用スタッドレスタイヤの手当が4年に1回、2万円の補助金を支給

また同社のホームページには、「道徳なき経済は犯罪であり、経済なき道徳は寝言である」の言葉が引用され記載されている。

いくら綺麗ごとを並べても、企業が収益を出さなければ社会に貢献できず、またそこに働く人たちが幸せでなければ、良い企業とはいえない。伊那食品工業は、世間やメディアが口にする良い会社の基準とは異なる「良い企業」の好例だ。

## 伊那食品工業株式会社の概要

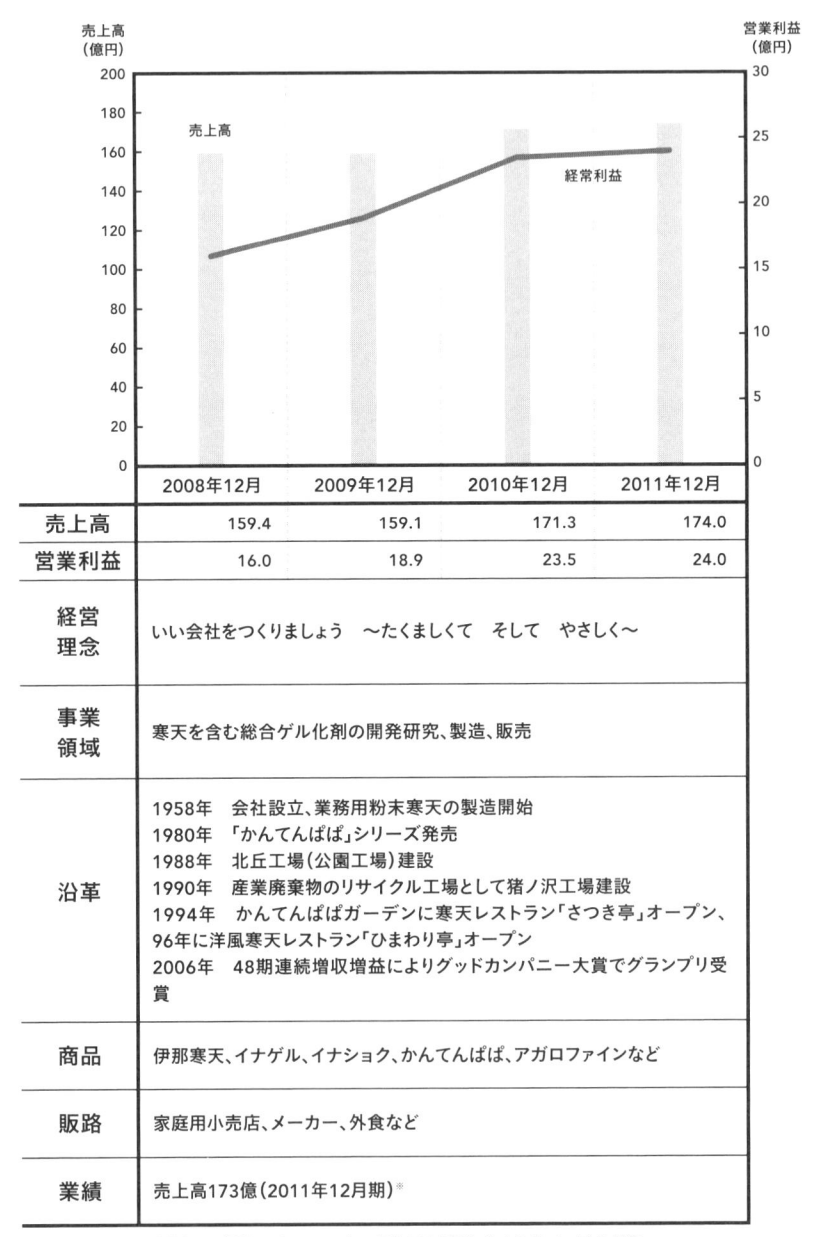

| | 2008年12月 | 2009年12月 | 2010年12月 | 2011年12月 |
|---|---|---|---|---|
| 売上高 | 159.4 | 159.1 | 171.3 | 174.0 |
| 営業利益 | 16.0 | 18.9 | 23.5 | 24.0 |

| 経営理念 | いい会社をつくりましょう ～たくましくて　そして　やさしく～ |
|---|---|
| 事業領域 | 寒天を含む総合ゲル化剤の開発研究、製造、販売 |
| 沿革 | 1958年　会社設立、業務用粉末寒天の製造開始<br>1980年　「かんてんぱぱ」シリーズ発売<br>1988年　北丘工場(公園工場)建設<br>1990年　産業廃棄物のリサイクル工場として猪ノ沢工場建設<br>1994年　かんてんぱぱガーデンに寒天レストラン「さつき亭」オープン、96年に洋風寒天レストラン「ひまわり亭」オープン<br>2006年　48期連続増収増益によりグッドカンパニー大賞でグランプリ受賞 |
| 商品 | 伊那寒天、イナゲル、イナショク、かんてんぱぱ、アガロファインなど |
| 販路 | 家庭用小売店、メーカー、外食など |
| 業績 | 売上高173億(2011年12月期)※ |

※伊那食品工業は財務情報を一部開示のため、2011年12月売上は各種サイトよりブレインゲイト収集

## 伊那食品工業のマーケティング3.0位置付け

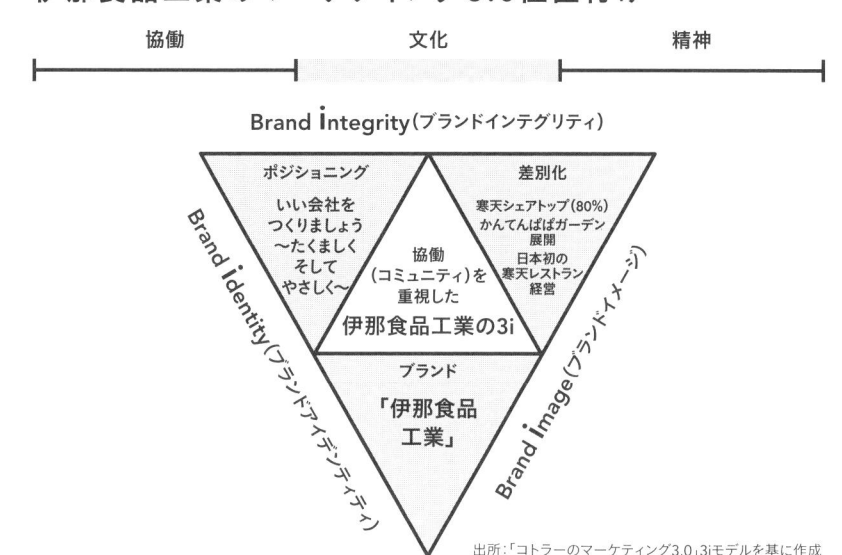

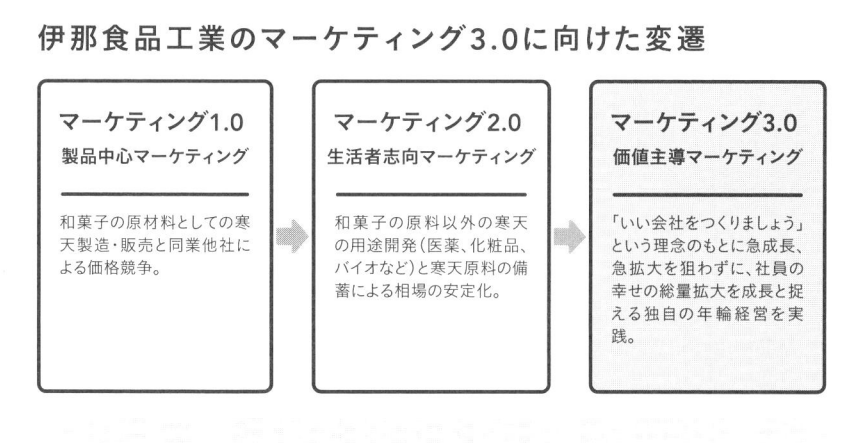

| 協働 | 文化 | 精神 |
|---|---|---|

Brand **i**ntegrity（ブランドインテグリティ）

- ポジショニング：いい会社をつくりましょう〜たくましくそしてやさしく〜
- 差別化：寒天シェアトップ（80%）、かんてんぱぱガーデン展開、日本初の寒天レストラン経営
- ブランド：「伊那食品工業」
- 中央：協働（コミュニティ）を重視した伊那食品工業の3i

Brand identity（ブランドアイデンティティ）／Brand image（ブランドイメージ）

出所：「コトラーのマーケティング3.0」3iモデルを基に作成

## 伊那食品工業のマーケティング3.0に向けた変遷

**マーケティング1.0　製品中心マーケティング**
和菓子の原材料としての寒天製造・販売と同業他社による価格競争。

→

**マーケティング2.0　生活者志向マーケティング**
和菓子の原料以外の寒天の用途開発（医薬、化粧品、バイオなど）と寒天原料の備蓄による相場の安定化。

→

**マーケティング3.0　価値主導マーケティング**
「いい会社をつくりましょう」という理念のもとに急成長、急拡大を狙わずに、社員の幸せの総量拡大を成長と捉える独自の年輪経営を実践。

▶Ina Food Industry

48期増収増益を継続した伊那食品工業には大手企業の視察も多いが見学しても同社の躍進理由は目には見えない。それは理念に基づいた経営が会社独自の社風と企業文化を築いているからだ。年輪経営による家族主義的な経営で社員の定着を図り、仕入先との関係も大切に育む他、会社を育む地域社会への利益還元も疎かにしない。会社の理念や経営者の想いを重視する姿勢が、ステークホルダーとの良好な関係を育んでいる。

CHAPTER07

CASE

41

Culture Convenience Club

地域に根ざした企業文化や独自の企業文化によるマーケティング③
カルチュア・コンビニエンス・クラブ

## 少子高齢化時代は、「大人」を魅了する業態にシフトチェンジする

 人口が増え経済力が伸びているとき、企業は生産年齢人口（労働力の中核を担う15歳以上65歳未満の人口）の中でも可処分所得が多く、消費に積極的な若者を顧客に想定することが多い。それゆえ音楽やアートなどの文化も、若者中心になっていく。

 その一方、国の高齢化が始まると、大人たちを相手にしたビジネスが主流になり、文化面でも成熟した大人文化が花開く。それは欧州諸国を見ればわかる。

 カルチュア・コンビニエンス・クラブ（以下CCC）は、市場が衰退しているといわれる中で、自社が持つデータベースのノウハウを生かして売上を伸ばしている。さらに、これまでにない書店、公立図書館の運営受託といった企画立案とプロデュース力を発揮している。

 同社は1983年創業。書籍や雑誌の販売、CD・DVDのレンタルを行う企業として成長してきた。中でも創業と同じ83年に発行を始めたTカードは、2003年に共通ポイントサービス「Tポイント」が加味され、Tポイント提携企業19社でTカードを発行するまでに成長。現在Tポイントが利用できる店舗数は4万3710店舗。81企業がTカードに参加し、累計発行枚数

は1億3255万枚、実利用者数は3865万人を誇る規模だ（13年同社公表データ）。

TSUTAYAと蔦屋書店による書籍と雑誌の販売額は、12年1月から12月で1097億円。書店大手である紀伊国屋書店の1081億円（文具などを含む）、丸善・ジュンク堂（ネット書店分を含む）の837億円を超え、実店舗展開する書籍販売では国内最大規模の企業に成長した。

TSUTAYAはCDやDVDのレンタルや販売が知られているが、書籍や雑誌の販売も主力事業にしている。12年末時点で、全国に696店舗のTSUTAYA BOOKSを展開。書籍と雑誌の売上は、02年に350億円だったのが、10年後には3倍を超えるまでに成長した。

**業績好調の背景には、Tカードの Tポイントの仕組みを活用したデータベース・マーケティングの存在がある。** Tポイントの仕組みを使えば、購入金額が多い顧客の購入履歴を分析して品揃えが行える。また、各店舗の立地特性や利用者傾向に合致する商品品揃えも可能になる。

さらに同社は、書店の大型化を進めており、12年に出店した書籍売場の平均面積は1000平方メートルと、11年と比較して1.5倍、10年比では3.6倍の規模になっている。

同社は新業態の店舗展開にも積極的だ。「代官山 蔦屋書店」（東京都渋谷区）を開業。この店舗は、「50代から60代のプレミア世代」を対象にして11年に原宿で多くのクリエイターを集めた伝説の喫茶店「レオン」をモチーフにしている。「70年代から80年代に多くの大型書店でありながら、どの書店にもあるコミックや参考書などは置かない。クルマ、旅行、料理といった趣味のジャンル、文学、歴史、哲学、建築、アートといった分野に注力。雑誌は国内外から2300種類におよぶ品揃えを誇る。書店員の目で選んだ書籍が、古本まで含めて品揃

▶POINT

少子高齢化する国内市場で伸長するには、対象顧客をシフトさせ、独自性を発揮することが重要になってくる。

えされている。また映画フロアには、DVD化されていない映画をDVDにプレスしてくれるサービスまで用意する。

利用者の価値を高めて、他店にはない優位性を発揮するため、同店は分野ごとにコンシェルジュを置き、その人選も多彩だ。たとえば、青山ブックセンター六本木店の名物書店員として知られ、同店を退職後に書評家になった間室道子氏に始まり、世界100カ国以上を旅したライターや料理専門誌の元編集長など、その道の専門家を起用している。同店ではコンシェルジュの数だけ書棚が用意されているのが特徴だ。

また店内のラウンジには、創刊号から休刊するまでの『平凡パンチ』（マガジンハウス）などが置かれ、非売品の蔵書も用意されている。

これまでCCCの顧客は20〜30代が中心だった。しかし現状のままなら、高齢化する日本で同社の市場は縮小していく。そこで日本を牽引し、消費にも積極的だった団塊世代を中心としたシニア層をファンにするために、TSUTAYAの大人化モデルとして登場したのが代官山の蔦屋書店だ。

佐賀県武雄市は、図書館の企画運営をCCCと提携し、代官山の蔦屋書店のノウハウを活用して、これまで公共施設では望めなかった図書館を実現させている。

今後モノづくりは、人件費の安い新興国に流れる。日本企業が注力すべきは、デザインやブランディングなど知的資産や知的資源の創造に変わってくる。代官山の店舗は、知的資本によって同社ができることの具現化であり先行事例だと、同社増田宗昭社長は考えているようだ。

## カルチュア・コンビニエンス・クラブ株式会社の概要

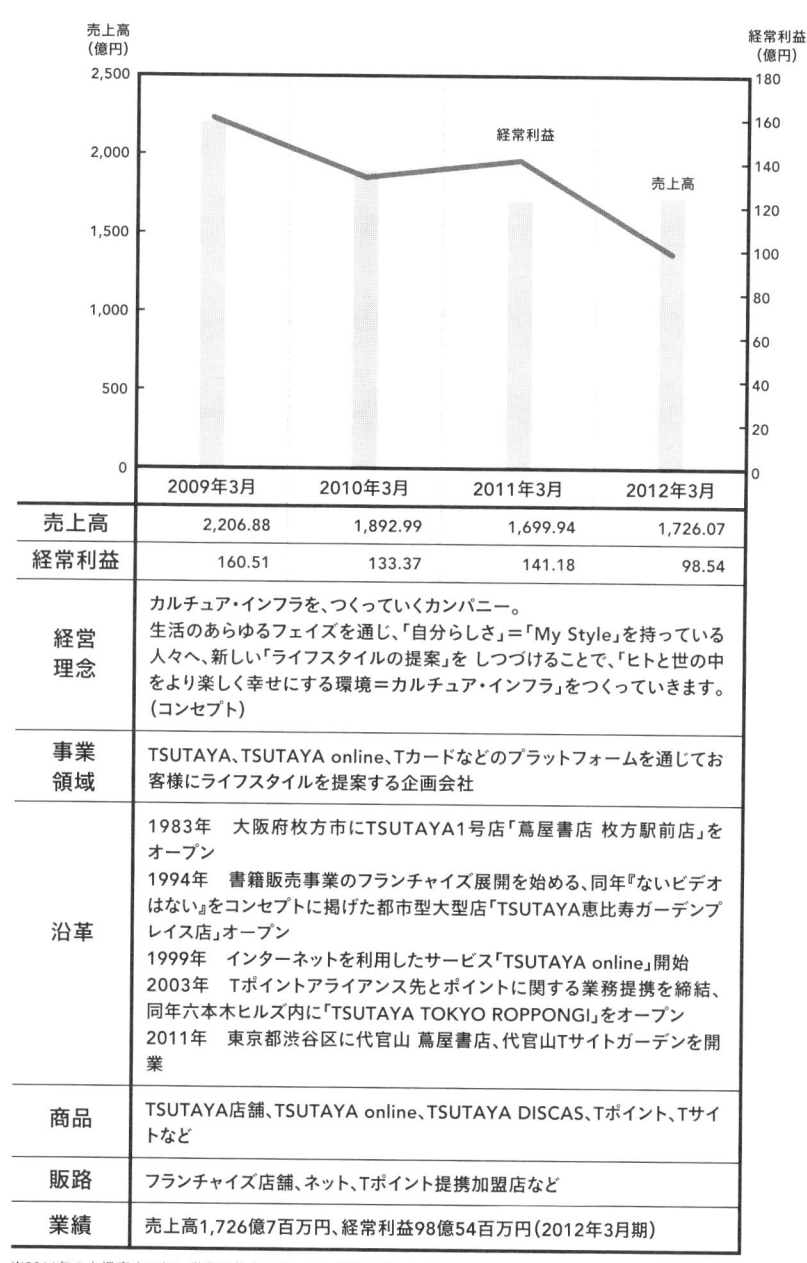

| | 2009年3月 | 2010年3月 | 2011年3月 | 2012年3月 |
|---|---|---|---|---|
| 売上高 | 2,206.88 | 1,892.99 | 1,699.94 | 1,726.07 |
| 経常利益 | 160.51 | 133.37 | 141.18 | 98.54 |

(売上高：億円、経常利益：億円)

| | |
|---|---|
| 経営理念 | カルチュア・インフラを、つくっていくカンパニー。生活のあらゆるフェイズを通じ、「自分らしさ」=「My Style」を持っている人々へ、新しい「ライフスタイルの提案」を しつづけることで、「ヒトと世の中をより楽しく幸せにする環境=カルチュア・インフラ」をつくっていきます。(コンセプト) |
| 事業領域 | TSUTAYA、TSUTAYA online、Tカードなどのプラットフォームを通じてお客様にライフスタイルを提案する企画会社 |
| 沿革 | 1983年　大阪府枚方市にTSUTAYA1号店「蔦屋書店 枚方駅前店」をオープン<br>1994年　書籍販売事業のフランチャイズ展開を始める、同年『ないビデオはない』をコンセプトに掲げた都市型大型店「TSUTAYA恵比寿ガーデンプレイス店」オープン<br>1999年　インターネットを利用したサービス「TSUTAYA online」開始<br>2003年　Tポイントアライアンス先とポイントに関する業務提携を締結、同年六本木ヒルズ内に「TSUTAYA TOKYO ROPPONGI」をオープン<br>2011年　東京都渋谷区に代官山 蔦屋書店、代官山Tサイトガーデンを開業 |
| 商品 | TSUTAYA店舗、TSUTAYA online、TSUTAYA DISCAS、Tポイント、Tサイトなど |
| 販路 | フランチャイズ店舗、ネット、Tポイント提携加盟店など |
| 業績 | 売上高1,726億7百万円、経常利益98億54百万円(2012年3月期) |

※2011年の上場廃止により、営業利益非公表のため、経常利益で掲載

## CCCのマーケティング3.0位置付け

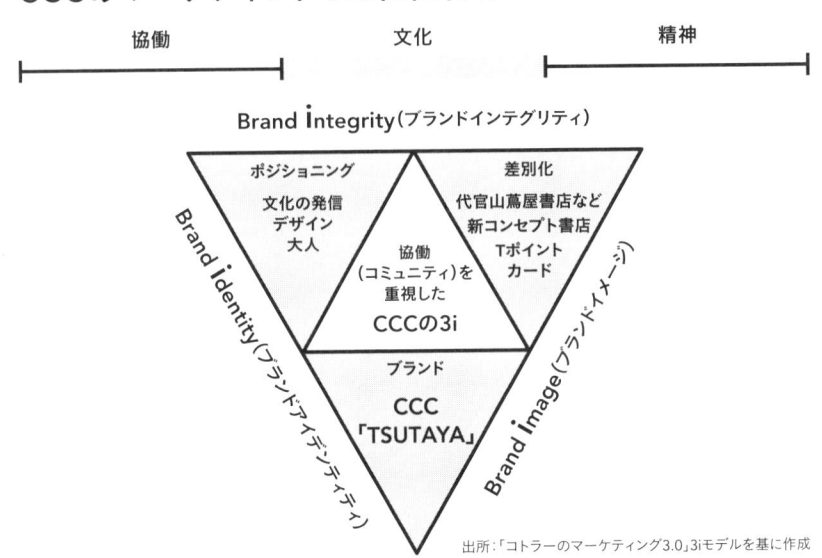

協働　　　　文化　　　　精神

Brand integrity(ブランドインテグリティ)

Brand identity(ブランドアイデンティティ)

Brand image(ブランドイメージ)

- ポジショニング
  - 文化の発信
  - デザイン
  - 大人
- 差別化
  - 代官山蔦屋書店など新コンセプト書店
  - Tポイントカード
- 協働(コミュニティ)を重視した CCCの3i
- ブランド
  - CCC「TSUTAYA」

出所:「コトラーのマーケティング3.0」3iモデルを基に作成

## CCCのマーケティング3.0に向けた変遷

**マーケティング1.0**
製品中心マーケティング

レンタルレコード、書籍の販売、および「TSUTAYA RECORDS」、「TSUTAYA BOOKS」のフランチャイズ展開。

→

**マーケティング2.0**
生活者志向マーケティング

TSUTAYAのレンタル会員証としてのTポイントカード、およびそのポイント付与から、提携先におけるポイントの共通化と、その購入履歴を活かしたマーケティング展開。

→

**マーケティング3.0**
価値主導マーケティング

2003年のTSUTAYA TOKYO ROPPONGI」、2007年の「TSUTAYA BOOKS 東京ミッドタウン店」、2011年の「代官山 蔦屋書店」など、一連の文化発信型新コンセプト書店の展開。

▸Culture Convenience Club

CCCのTSUTAYAといえば20代の保有比率64.3％にのぼるTポイントカードが有名だ。近年は若者に身近なTUTAYAから大人のTUSTAYAに向けて、書店の位置付けを「本を販売する場所」から「文化を発信する場所」に転換。趣味性の高い書籍を、独自の売り場編集で展開。スターバックスと同居する代官山 蔦屋書店では、コーヒーを飲みながら、顧客はくつろいだ環境でじっくり書籍を選べる。その文化に共鳴する顧客が同社の将来を支える。

CHAPTER07

CASE

# 42 住友化学

感動のマーケティング①

"Sumitomo Chemical"

## 命を救う事業を実践する企業

一時期日本でもCSR（企業の社会的責任）が注目され、多くの企業が社会貢献活動に取り組み始めた。だが、景気の後退や企業業績の悪化などの理由で、継続が難しくなった企業は多い。

命を救う社会貢献活動でありながら、WHO（世界保健機関）から要請されて収益事業として結実させ、さらに仕事のないアフリカに雇用を創出している企業がある。住友化学だ。

同社の事業は6部門に分かれるが、この中でもとりわけ「農業科学」や「医薬」の分野に強みを持ち、海外にも積極的に進出している。

同社の基本方針として、①成長を目的とした事業、②グローバルな事業展開、③社会に貢献しながら事業を成り立たせていく、という3視点をCSR経営の柱に掲げ、すべての企業活動で「レスポンシブル・ケア」「社会」「経済」に配慮している。同社は「化学の力を通じて、人々の役に立つものを、環境や社会に望ましい形で継続して提供する」というサステナブル・ケミストリーの思想から生まれた製品とサービスで、社会に貢献するCSR経営を進めている。

同社では、除虫菊に含まれる殺虫成分ピレスロイドを人工的に合成する技術を世界に先駆けて

▶POINT

本業を通じて社会に貢献する企業は、その社会貢献活動に継続性が期待できる。

開発。現在、蚊取り線香を始めとして、蚊の防除に関連する商品を製造するメーカーに対し、殺虫成分の原料をほぼ100％提供してきた。

蚊が媒介して感染する病気には、マラリア、デング熱、ウエストナイル脳炎、黄熱、日本脳炎などが存在する。中でもマラリアに苦しむ国々は多い。マラリアは、4種類（熱帯熱、三日熱、卵形、四日熱）あり、最も危険なのが熱帯熱マラリア原虫だ。人間に感染するマラリア原虫を媒介して人に感染する病だ。世界のマラリア感染例の約半数を占め、マラリアによる死亡の約95％を引き起こし、脳症の原因ともなる。

症状は発熱をともなう悪寒で、脳症、急性腎不全、出血傾向、肝障害などの合併症が起き、死に至るケースも多発する。そしてその約9割は、アフリカのサハラ砂漠以南の地域のサブサハラで発生しているといわれる。世界中で毎年5億人がマラリアを発症し、100万人以上の人が落命するといわれる。マラリアは別名「貧困の病」とも呼ばれ、アフリカの経済成長を1・3％遅らせ、その経済的損失は年間120億ドルと見積もられる。

マラリアの対処法には、マラリアを防御する「予防」と、かかったマラリアの「治療」の2つの方法がある。ワクチンは現地の人には高額な上に1年半ごとに打ち直しが必要だ。しかも、100％の効果は期待できない。またワクチンは、冷温状態にして安定的に保存する必要があるため、海外で製造し現地に届けることが難しいという問題を抱えている。

住友化学は、古くから蚊の殺虫薬剤を開発してきた技術力がある。90年代前半に海外の3食品製造工場で、蚊やゴキブリ、ハエの侵入を防ぐ目的で、工場用の虫除け網戸に殺虫機能を持たせ

る技術を所有していた。WHOから「マラリア用に蚊帳を開発してほしい」という依頼を受けて作業に着手し、オリセットネットというマラリア対策用の蚊帳が誕生する。

同商品は過去のマラリア対策用の蚊帳とは違う。繊維に薬剤を浸さず、繊維にペルメトリン製剤を練り込んで薬剤が徐々に染み出すようにしているからだ。洗濯しても5年間防虫効果が持続。素材にはポリエチレン繊維を使用して強度を高めている。熱帯地方で蚊が入らず、しかも寝苦しくないよう、通気性を考慮した4ミリ×4ミリの目の大きさを採用。使う人の立場に立ってつくられている。

2001年、WHOから長期残効型蚊帳として指定される。当時は一蚊帳あたり3000～4000円したものを、徹底的なコストダウンに取り組み、現在では一蚊帳あたり500円前後で提供できるようになった。

同社は、蚊帳事業は社会貢献が目的だと考えていた。だが購入先である国際機関から、「事業継続ができなければ、蚊帳の供給が止まる」として、適正な利益を確保するように要請される。そのため同社は、収益の一部をアフリカの学校建設などに提供して地域に還元。また現金収入のある仕事が限られるアフリカのため、同社は現地工場での直接雇用を創出。さらに運送や補修などの周辺ビジネスも含めて、新規関連雇用を生み出している。

住友化学にある言葉「自利利他公私一如」は、「事業は会社としての利益を得るものでなければならない」という意味で、CSRの考え方と一致する。なお同社は04年、米誌『タイム』から「世界で一番クールな技術」に選ばれている。

## 住友化学株式会社の概要

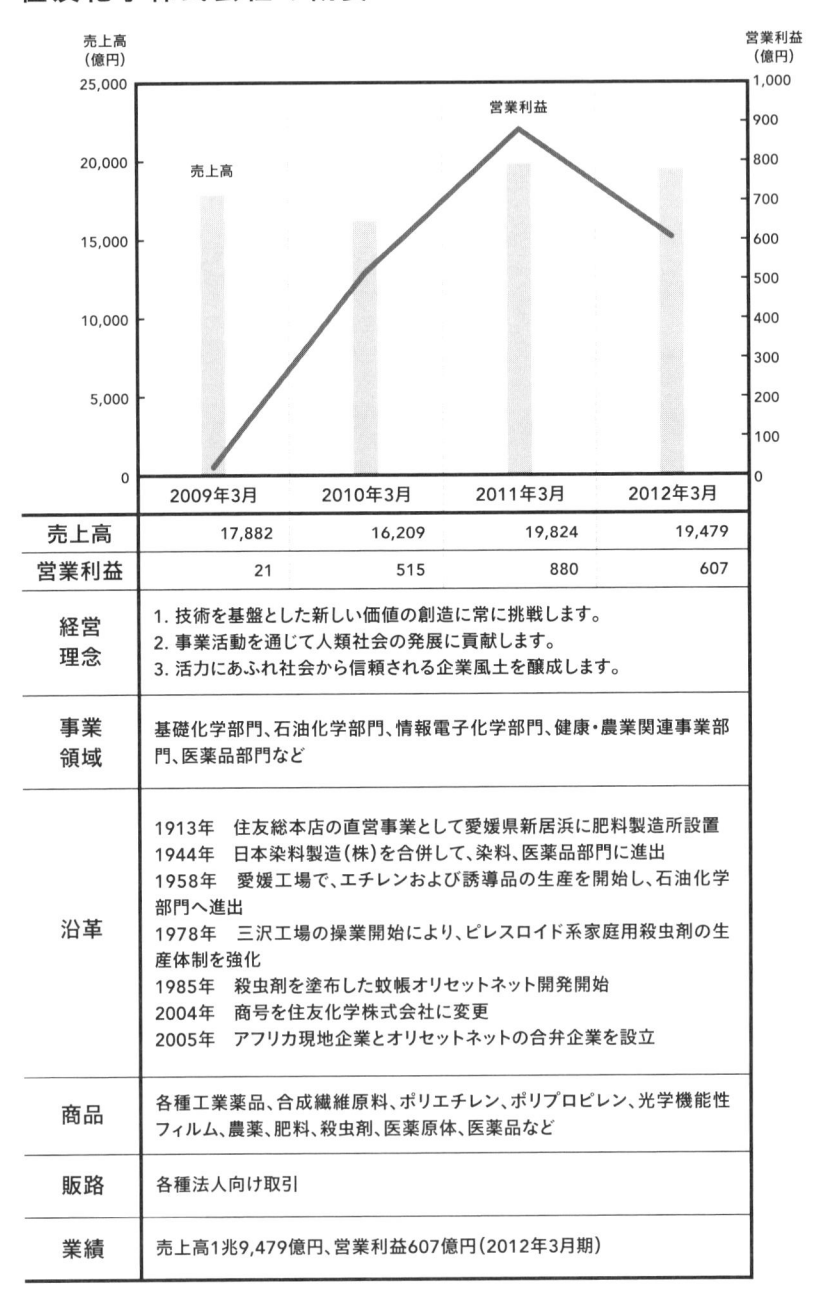

| | 2009年3月 | 2010年3月 | 2011年3月 | 2012年3月 |
|---|---|---|---|---|
| 売上高 | 17,882 | 16,209 | 19,824 | 19,479 |
| 営業利益 | 21 | 515 | 880 | 607 |

| | |
|---|---|
| 経営理念 | 1. 技術を基盤とした新しい価値の創造に常に挑戦します。<br>2. 事業活動を通じて人類社会の発展に貢献します。<br>3. 活力にあふれ社会から信頼される企業風土を醸成します。 |
| 事業領域 | 基礎化学部門、石油化学部門、情報電子化学部門、健康・農業関連事業部門、医薬品部門など |
| 沿革 | 1913年　住友総本店の直営事業として愛媛県新居浜に肥料製造所設置<br>1944年　日本染料製造(株)を合併して、染料、医薬品部門に進出<br>1958年　愛媛工場で、エチレンおよび誘導品の生産を開始し、石油化学部門へ進出<br>1978年　三沢工場の操業開始により、ピレスロイド系家庭用殺虫剤の生産体制を強化<br>1985年　殺虫剤を塗布した蚊帳オリセットネット開発開始<br>2004年　商号を住友化学株式会社に変更<br>2005年　アフリカ現地企業とオリセットネットの合弁企業を設立 |
| 商品 | 各種工業薬品、合成繊維原料、ポリエチレン、ポリプロピレン、光学機能性フィルム、農薬、肥料、殺虫剤、医薬原体、医薬品など |
| 販路 | 各種法人向け取引 |
| 業績 | 売上高1兆9,479億円、営業利益607億円(2012年3月期) |

## 住友化学のマーケティング3.0位置付け

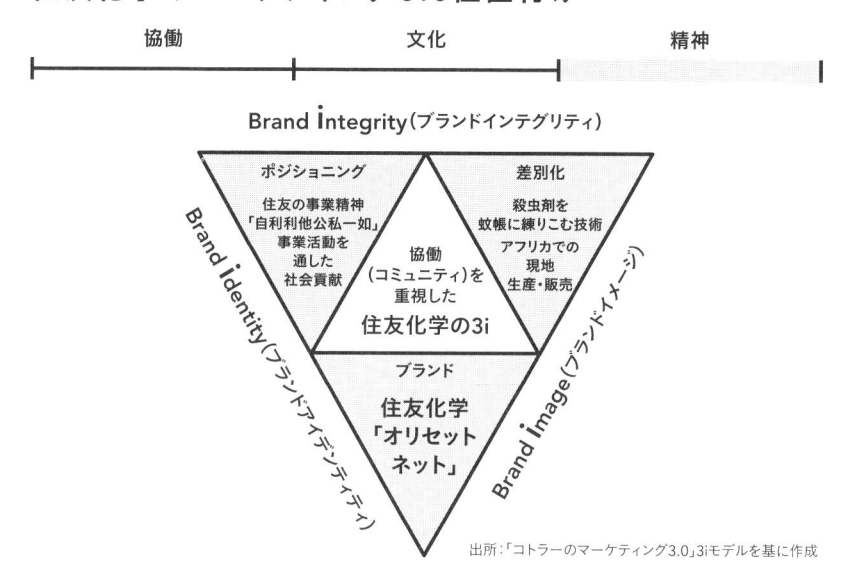

協働　　　　　　　文化　　　　　　精神

Brand integrity(ブランドインテグリティ)

- ポジショニング
  住友の事業精神「自利利他公私一如」事業活動を通した社会貢献
- 差別化
  殺虫剤を蚊帳に練りこむ技術 アフリカでの現地生産・販売
- 協働(コミュニティ)を重視した 住友化学の3i
- ブランド 住友化学「オリセットネット」

Brand identity(ブランドアイデンティティ)　Brand image(ブランドイメージ)

出所:「コトラーのマーケティング3.0」3iモデルを基に作成

## 住友化学のマーケティング3.0に向けた変遷

**マーケティング1.0**
製品中心マーケティング

合成樹脂ポリエチレンやピレスロイド系薬剤の需要家メーカーに向けた製品販売。

→

**マーケティング2.0**
生活者志向マーケティング

工場の虫除け網戸として、プラスチックに防虫剤を練りこみ、薬剤を徐々に表面に染み出させる「コントロール・リリース」技術による差別化。

→

**マーケティング3.0**
価値主導マーケティング

「コントロール・リリース」技術を活用して、アフリカのマラリア撲滅に向けた社会貢献と現地生産による雇用確保と貧困削減による価値づくり。

▸Sumitomo Chemical

生活者との接点がなく顔が見えない生産財メーカー。住友化学は生産財メーカーでありながら、自社技術を使った蚊帳をアフリカに展開することで、マラリア撲滅という社会課題に貢献。日本よりむしろ海外の国際機関でその名が知られている。成長が見込まれるアフリカ市場に先鞭をつけた同社。今後アフリカに展開する日本企業が待たれる中、ベンチマークしたい企業だ。生産財メーカーといえどもマーケティング3.0と無縁ではない。

CHAPTER07

·Groupe Danone

CASE

43 — 感動のマーケティング② ／ ダノングループのボルヴィック

## 個人の商品購入が人命を救う社会貢献につながるシステム

企業が社会貢献活動（CSR）を行う際の最大の課題は、「継続性」にある。これは、個人が行う寄付行為やボランティア活動でも同様だ。社会福祉法人中央共同募金会が行う「赤い羽根共同募金」など、福祉団体が行う募金活動はある。だが支援対象は主に国内であり、実施時期も決まっていて、通年にわたり個人が支援活動に参加できる機会は限られている。社会貢献が社会に浸透している欧州と違い、日本では関心はあってもこれまで参加する機会は限られていた。生活者が商品を購入すれば、自動的に社会貢献活動につながるなら、あえてその商品を選ぶ大きな理由になる。

ミネラルウォーターのボルヴィックは、この方法でCSRと商品の販売を成立させている。ボルヴィックはフランスのジェルペダノン社の商品で、日本ではキリンが販売している。ボルヴィックが行っている「1ℓ for 10ℓ」は、同商品を顧客が購入すると、劣悪な水環境の中で暮らしているアフリカのマリ共和国の子どもたちに、清潔で安全な水を飲めるようすることができる。

マリ共和国では、清潔で安全な水を利用できる人の割合が農村部では約2.2人に1人に留まり、半数以上の人は沼や池、浅い井戸の水を使って生活している。この不衛生な水により、5歳未満の児童の死亡率が1000人あたり178人（『世界子供白書2012』によれば世界で2番目）と高い。また不衛生な水が原因の下痢が、子どもの死亡原因の3番目を占めている。

もともとこの取り組みは、2005年に社員の発案によってドイツで始まった。その後06年にはフランスでも開始。この動きに、日本法人の社員が国内でも実施することを提案してスタート。支援先は国ごとに異なり、ドイツはエチオピア、フランスはニジェールを支援している。

「1ℓ for 10ℓ」のプログラムは、途上国の水と衛生問題に取り組んできたユニセフとの共同プロジェクトの形式をとる。ボルヴィックの売上総量（対象期間が9月30日まで）に応じて、ダノングループが売上の一部をユニセフに寄付する。その寄付金でユニセフは現地で井戸の整備などを行い、ボルヴィック出荷量1リットルにつき10リットル分の清潔で安全な水が現地に生まれる仕組みだ。

この取り組みにより初年度は約4200万円、10年までの総額は約1億8460万円（協賛企業分を含む）に達し、新設や修復された井戸によりマリの約19万5000人を劣悪な水環境から救っている。

具体的には開始後5年間で手押しポンプ付の深井戸52基が新設され、故障していた井戸106基を修復。人口の多い村には、ソーラーパネルを利用して水をくみあげる給水設備が6施設つくられた。また支援地域にいる修理工に対して井戸のメンテナンス法を指導し、現地で継続して井

▶POINT

生活者が商品を購入すれば、自動的に社会貢献活動につながるなら、あえてその商品を選ぶ大きな理由になる。

戸を利用できるように支援が行われている。

ダノングループは社会貢献活動に積極的に取り組む企業で、この社風が本プロジェクトを推進している。同グループは社会貢献活動を行う際のポリシーとして、2つの考え方を持っている。1つは一過性のものではなく、持続性のある支援にすることだ。そのため単に水を送るだけでなく、現地で井戸の運営や修理が行えるようにサポートし、自分たちの手で継続的に水を獲得できるように支援している。

もう1つは、本業に隣接した分野で支援を行うことだ。本業の飲料水事業の中で支援を行えば、同社も継続して支援できるからだ。

「1ℓ for 10ℓ」プログラムはユニセフへの寄付という形をとるが、日本の社員は、毎年現地へ足を運び状況を視察している。井戸が整備されたゴロンボ村などを同社社員が訪問した際には、東日本大震災の惨状が村人たちに伝わっており、応援のメッセージや義援金が社員に託された。飲む水にも困っている人たちが、日本という遠い国の災害を痛み、義援金を集めてくれたのだ。

ボルヴィックの事例は、あらゆる企業は「世界をより良い場所にする」ために、マーケティングというサイエンスを活用できることを教えてくれる。

## ダノングループの概要

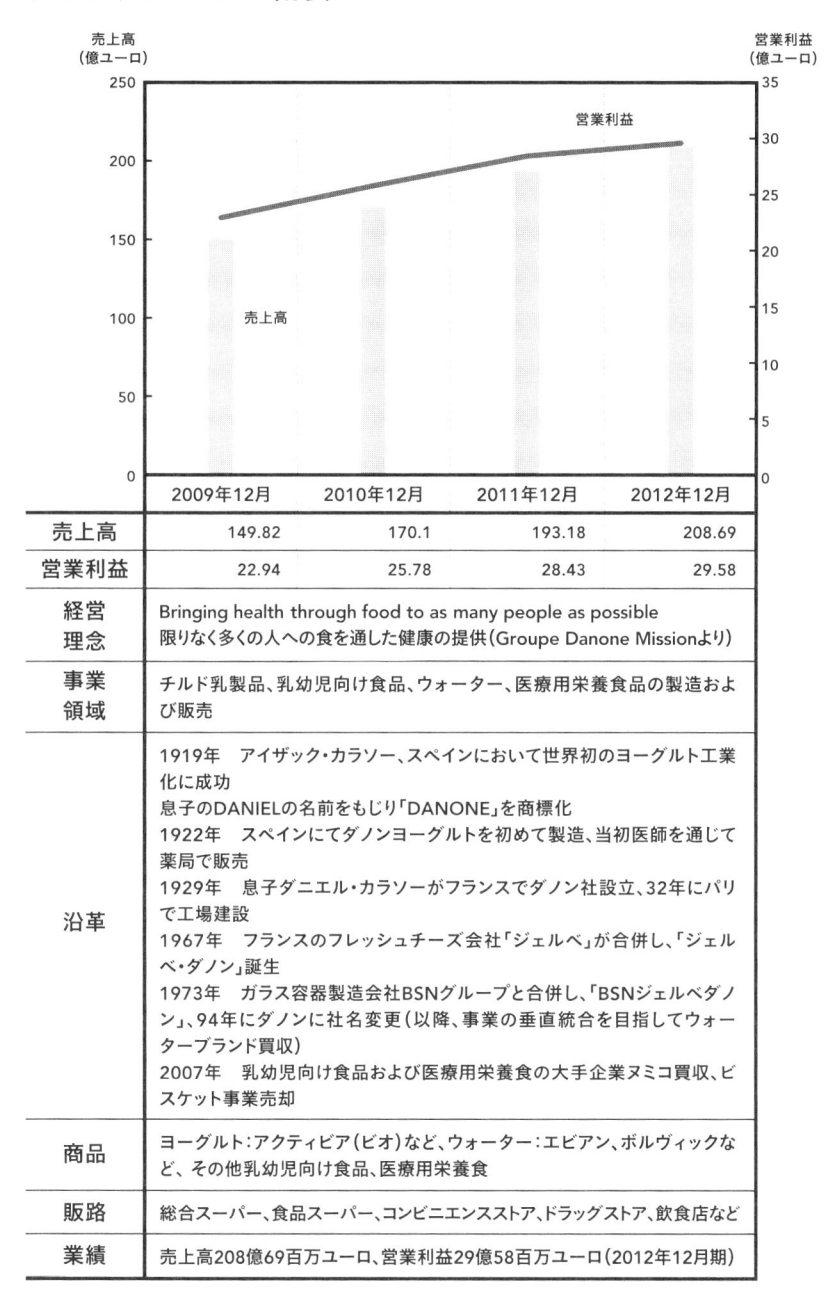

売上高
(億ユーロ)

営業利益
(億ユーロ)

| | 2009年12月 | 2010年12月 | 2011年12月 | 2012年12月 |
|---|---|---|---|---|
| 売上高 | 149.82 | 170.1 | 193.18 | 208.69 |
| 営業利益 | 22.94 | 25.78 | 28.43 | 29.58 |
| 経営理念 | Bringing health through food to as many people as possible<br>限りなく多くの人への食を通した健康の提供（Groupe Danone Missionより） | | | |
| 事業領域 | チルド乳製品、乳幼児向け食品、ウォーター、医療用栄養食品の製造および販売 | | | |
| 沿革 | 1919年　アイザック・カラソー、スペインにおいて世界初のヨーグルト工業化に成功<br>息子のDANIELの名前をもじり「DANONE」を商標化<br>1922年　スペインにてダノンヨーグルトを初めて製造、当初医師を通じて薬局で販売<br>1929年　息子ダニエル・カラソーがフランスでダノン社設立、32年にパリで工場建設<br>1967年　フランスのフレッシュチーズ会社「ジェルベ」が合併し、「ジェルベ・ダノン」誕生<br>1973年　ガラス容器製造会社BSNグループと合併し、「BSNジェルベダノン」、94年にダノンに社名変更（以降、事業の垂直統合を目指してウォーターブランド買収）<br>2007年　乳幼児向け食品および医療用栄養食の大手企業ヌミコ買収、ビスケット事業売却 | | | |
| 商品 | ヨーグルト：アクティビア（ビオ）など、ウォーター：エビアン、ボルヴィックなど、その他乳幼児向け食品、医療用栄養食 | | | |
| 販路 | 総合スーパー、食品スーパー、コンビニエンスストア、ドラッグストア、飲食店など | | | |
| 業績 | 売上高208億69百万ユーロ、営業利益29億58百万ユーロ（2012年12月期） | | | |

## ダノングループのマーケティング3.0位置付け

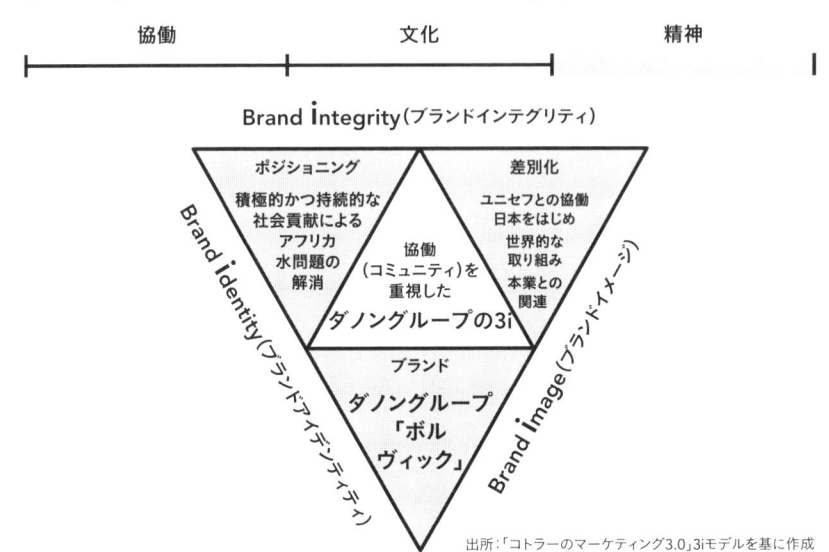

協働　　　　　　文化　　　　　　精神

Brand integrity(ブランドインテグリティ)

- ポジショニング：積極的かつ持続的な社会貢献によるアフリカ水問題の解消
- 差別化：ユニセフとの協働　日本をはじめ世界的な取り組み　本業との関連
- 協働(コミュニティ)を重視したダノングループの3i
- ブランド：ダノングループ「ボルヴィック」

Brand identity(ブランドアイデンティティ)
Brand image(ブランドイメージ)

出所:「コトラーのマーケティング3.0」3iモデルを基に作成

## ダノングループのマーケティング3.0に向けた変遷

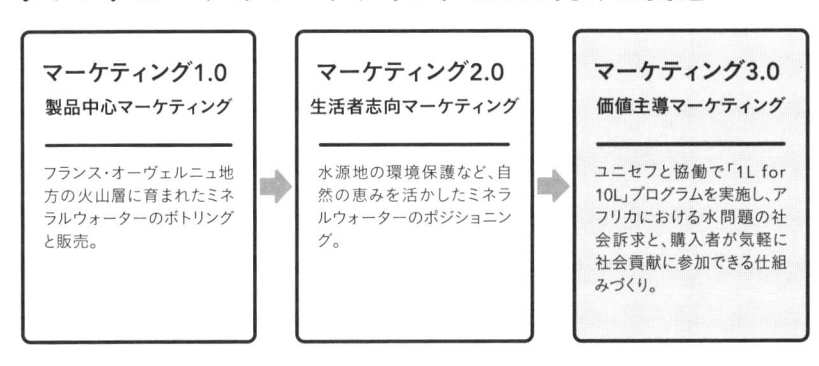

**マーケティング1.0**
製品中心マーケティング

フランス・オーヴェルニュ地方の火山層に育まれたミネラルウォーターのボトリングと販売。

→

**マーケティング2.0**
生活者志向マーケティング

水源地の環境保護など、自然の恵みを活かしたミネラルウォーターのポジショニング。

→

**マーケティング3.0**
価値主導マーケティング

ユニセフと協働で「1L for 10L」プログラムを実施し、アフリカにおける水問題の社会訴求と、購入者が気軽に社会貢献に参加できる仕組みづくり。

### ▸Groupe Danone

多くの企業が社会貢献活動に取り組む中で、ダノングループによる「1L for 10L」プログラムは、本業を通じてアフリカの「水」問題解消に取り組んでいる点が出色だ。生活者のボルヴィック購入量が増えるにつれて、マリ共和国(日本のボルヴィック売上の寄付先)の井戸が増え、企業としても顧客との関係強化が図れるというウィン・ウィンの関係構築を持続できるからだ。

## おわりに

本書に登場した43社の事例を俯瞰してみると、次の10の要素を指摘することができる。

1 事業や商品・サービスが社会と生活者にとって有益な存在になっている
2 企業の所在地は大都市とは限らず、制約のあるローカル都市でも健闘している
3 自社の事業領域において徹底したセグメンテーションが行われ、ナンバーワンのポジションを実現している
4 独自のセグメンテーションによってナンバーワンになった結果、企業、商品・サービスそれぞれの領域でブランド力を高めている
5 自社のブランド力を高めるために企業理念や社是を活用し、社内の求心性を高める源泉にしている（これをインターナル・ブランディングと呼ぶ）
6 商品（モノ）を売るだけでなく、独自のサービスを開発したり付与したりして、社会や顧客にソリューションを提供している
7 自社の事業や商品・サービスに関して、過去の延長線上で取り組むのではなく、新たな意味を見つけ、独自の価値を創造し提供している
8 企業の成功要因は、複数のマーケティング要素から構成されている。成功している要素が複合

化されているため、競合企業が容易に真似ができない

9 どの企業も倫理観を備えた企業活動を行っている。収益を上げるためなら、手段を選ばないという企業は存在せず、どの企業も顧客に支持されながら、高い収益力を誇っている

10 メディアが報道する表面的な業績の良し悪しで、ビジネスパーソンは企業を判断すべきでない

本書で紹介した企業群は、低成長とデフレ社会の中でも堅実に業績を伸ばしてきた。ただし我々人間と同じように、企業には良いときもあれば苦しいときもある。どんなに幸せそうに見える人にも、他人はあずかり知らない悩みや悲しみを抱えている面がある。それは企業も同じだ。企業の成功や好業績の裏には、誰にも知られずにいる経営者や担当者の苦悩や苦しみがあり、それを乗り越えてきたから現在の笑顔があるのだと思う。そして次は、読者の企業が成功事例として紹介されることを、筆者は何よりも願っている。

本書の執筆に際して、企画の立案段階からかんき出版編集部の濱村眞哉氏には多大なるお力添えをいただいた。また各企業のIR情報を分析した上で、本書に採用する企業事例の選択と酒井への助言、そして作表を弊社の武田雅之が担当してくれた。武田との協働作業があったからこそ、本書が執筆できた。両氏に対して心より御礼申し上げる。

最後に本書を手にしていただいた読者の方々に、本書が少しでもお役に立てたら、執筆者としてこれに勝る喜びはない。

酒井光雄

参考図書一覧

『マーケティング原理 第9版』フィリップ・コトラー、ゲイリー・アームストロング著、和田充夫監訳（ダイヤモンド社）

『コトラーのマーケティング入門』フィリップ・コトラー、ゲイリー・アームストロング著、恩藏直人監修（ピアソン・エデュケーション）

『コトラーのマーケティング3.0 ソーシャル・メディア時代の新法則』フィリップ・コトラー、ヘルマワン・カルタジャヤ、イワン・セティアワン著、恩藏直人監訳（朝日新聞出版）

『人を呼ぶ法則』堺屋太一著（幻冬社新書）

『イノベーションと企業家精神』ピーター・ドラッカー著、上田惇生翻訳（ダイヤモンド社）

『2006年機械工業の展望と課題に関する調査』社団法人日本機械工業連合会 次世代機械産業動向調査研究専門部会

【編著者紹介】

**酒井　光雄**（さかい・みつお）

●──ブレインゲイト(株)代表取締役。1953年生まれ。学習院大学法学部卒業。企業のマーケティング戦略、ブランド戦略の第一人者。常に生活者を意識した独自の「価値づくり」を事業戦略にまで高め、価格ではなく「価値」で競える企業づくり、愛される商品づくり、企業ブランド価値の形成と向上、顧客との強固な信頼関係づくり、既存事業の深みある拡大など、「確実に事業を成長させていく戦略」を展開する。自動車関連、飲料、食品、ビール、アパレル、情報機器、化粧品、医薬品、宝飾品、住宅・不動産、人材、生活関連など100余社の著名企業のコンサルティングを行う。

●──ブレインゲイトは97年8月に日本経済新聞社が実施した「企業に最も評価されるコンサルタント会社ベスト20」に選ばれた実績を持ち、世界4大会計事務所の1つと同一ランキングになるなど、そのコンサルティング活動の評価は極めて高い。

●──著書に『商品よりも、ニュースを売れ！情報連鎖を生み出すマーケティング』『コトラーを読む』（以上、日本経済新聞出版社）、『価格の決定権を持つ経営』『中小企業が強いブランド力を持つ経営』『ストーリービジョンが経営を変える』（以上、日本経営合理化協会）、『価値最大化のマーケティング』（ダイヤモンド社）など多数。また、日経MJに12年以上にわたって連載コラムの執筆を続け、その鋭い分析に多くのファンがついている。(社)日本マーケティング協会が主催する第1回日本マーケティング大賞運営副委員長を務めたほか、日経BP社が主催する日経BP広告賞選考委員を長年務めている。

【著者紹介】

**武田　雅之**（たけだ・まさゆき）

●──ブレインゲイト(株)取締役パートナー。1973年生まれ。96年関西学院大学経済学部卒業後、外資系の食品会社、飲料会社を経てブレインゲイト入社。マーケティング、事業、企業ブランドの戦略策定に参画。2003年青山学院大学大学院（MBA）卒業。09年コペンハーゲンビジネススクール（MBA）卒業。

●──特に消費財業界に強く、現場に精通した経験を活かしてコンサルティングに従事する。企業の人材育成にも取り組み、戦略実行に向けた活動を支援。食品、飲料、化粧品、医薬品、日用雑貨、アパレル、宝飾品、流通、住宅・不動産、人材の各業界を長く手がけ、近年は自動車関連部品や機械、精密機器などの生産財領域にも活動を拡大している。

●──共著に『MBA国際マネジメント事典』（中央経済社）がある。そのほか『マーケティングホライズン』（日本マーケティング協会）など専門誌に寄稿し、各種講演・セミナーに登壇している。

---

成功事例に学ぶ マーケティング戦略の教科書　　〈検印廃止〉

2013年6月21日　　第1刷発行
2013年7月8日　　第2刷発行

編著者──酒井　光雄ⓒ
発行者──斉藤　龍男
発行所──株式会社　かんき出版
　　　　　東京都千代田区麴町4-1-4西脇ビル　〒102-0083
　　　　　電話　営業部：03(3262)8011(代)　編集部：03(3262)8012(代)
　　　　　FAX　03(3234)4421　　振替　00100-2-62304
　　　　　http://www.kankidirect.com/

印刷所──大日本印刷株式会社

乱丁・落丁本は小社にてお取り替えいたします。
ⒸMitsuo Sakai 2013 Printed in JAPAN
ISBN978-4-7612-6924-1 C0034